Festschrift zum 75. Geburtstag von
Prof. Dr. Horst Walter Endriss

75 Jahre: Prof. Dr. Horst Walter Endriss

Festschrift zum 75. Geburtstag von Prof. Dr. Horst Walter Endriss

Ulrich Breier
Heinrich Buschkühler
Andreas Dinkelbach
Michael Dobler
Axel Endriss
Dorothee Endriss
Bärbel Ettig
Sascha König
Kirsten Lipka
Thomas Meurer
Hans J. Nicolini
Markus Peter
Jörg Philippen
Katharina Schneider
Heinz Schwiete
Stephan Vossel
Thomas Wiegmann

ISBN 978-3-482-**64891**-5

© NWB Verlag GmbH & Co. KG, Herne 2013
www.nwb.de

Alle Rechte vorbehalten.

Dieses Buch und alle in ihm enthaltenen Beiträge und Abbildungen sind urheberrechtlich geschützt. Mit Ausnahme der gesetzlich zugelassenen Fälle ist eine Verwertung ohne Einwilligung des Verlages unzulässig.

Druck: medienHaus Plump GmbH, Rheinbreitbach

Vorwort

Am 19. April 2013 vollendet Prof. Dr. Horst Walter Endriss das 75. Lebensjahr. Ähnlich wie es Dr. Hans. J. Nicolini 1998 im Vorwort der Festschrift zum 60. Geburtstag formulierte, soll auch dieser Geburtstag kein Rückblick auf das Lebenswerk sein. Wie vor 15 Jahren gilt: Prof. Dr. Horst Walter Endriss' Rat und Tat werden auch künftig gebraucht, vielleicht sogar drängender denn je. Denn die Prüfung zum Bilanzbuchhalter befindet sich derzeit im Umbruch – wieder einmal. Daher soll diese Festschrift einladen, innezuhalten, ihm für das Geleistete zu danken und ihn aber auch ermuntern, weiter so engagiert für seine „Sache" zu streiten.

Was zeichnet Prof. Dr. Horst Walter Endriss aus? Eine seiner Leidenschaften sei das Schachspiel, so war im Vorwort 1998 zu lesen. Was könnte besser seine Fähigkeit beschreiben zur klaren Analyse, auch zur schonungslosen, wenn es denn sein muss und wenn es der Sache dient? Aber hinzu kommt etwas, das der Schachweltmeister Emanuel Lasker 1895 in einem kleinen Lehrbuch formuliert hat. Das Werk mit dem Titel „Gesunder Menschenverstand im Schach" hatte das Ziel, den Details der unendlichen Schachvarianten Klarheit und einige wenige Prinzipien entgegenzusetzen. Lasker hoffte, durch diese Prinzipien die Tatsachen in der richtigen Gewichtung und Beziehung zueinander verständlich werden zu lassen. Salopp könnte man sagen, den Wald also trotz der vielen Bäume zu sehen, den Blick auf das Ganze zu bewahren, statt sich in vermeintlichen oder tatsächlichen Sachzwängen oder Irrwegen zu verlieren.

Klarheit in der Formulierung und der Blick auf das große Ganze zeichnen Prof. Dr. Horst Walter Endriss im besonderen Maße aus. Er streitet dabei unermüdlich und an der Sache orientiert für seine Argumente – egal ob im Steuerrecht oder in der Bilanzbuchhalterprüfung. Und auch im Detail, wenn es notwendig und sinnvoll ist. Seine jahrzehntelange Erfahrung gibt seinen Ansichten ein besonderes Gewicht. Herzenswärme und Zugewandtheit zu den Menschen ermöglichen es ihm dabei aber leicht, stets dem besseren Argument den Vortritt zu lassen. Das macht ihn zu einem überaus geschätzten Gesprächs- und Diskussionspartner.

Ganz besonders wissen dies seine Studenten an der TU Dresden zu schätzen, auf deren Antrag hin er 1997 zum Honorarprofessor berufen worden ist – eine Tätigkeit, die ihm besonders am Herzen liegt. Öffentlichen Dank fand sein Wirken durch die Verleihung der Ehrenmedaille der TU Dresden 2006 und des Bundesverdienstkreuzes im Jahr 2008.

Diese Festschrift ehrt Prof. Dr. Horst Walter Endriss. Nicht zuletzt gebührt großer Dank allen, die an diesem Werk mitgewirkt und es durch ihren Einsatz überhaupt erst möglich gemacht haben.

Herne, im April 2013   NWB Verlag

Inhaltsverzeichnis

Vorwort V

Inhaltsverzeichnis VII

Autorenverzeichnis IX

Heinrich Buschkühler und *Heinz Schwiete*
Zum 75. Geburtstag von Prof. Dr. Horst Walter Endriss 1

Bärbel Ettig
Bilanzbuchhalter – Berufung mit Tradition – Perspektive Deutschland 3

Andreas Dinkelbach und *Jörg Philippen*
Steuerliche Behandlung von Studiengebühren und Studienkosten –
Anhaltender Streit um Bildungsaufwendungen 7

Stephan Vossel
Steuerliche Einflüsse auf den Einkommensbegriff des BAföG 19

Sascha König
Wer leistet? – Ein Diskussionsbeitrag aus der Praxis für die Praxis 45

Hans J. Nicolini
„Man soll niemals den Sand in den Kopf stecken" –
Stilblüten aus der Bilanzbuchhalter-Prüfung 61

Ulrich Breier
Schenkungsteuer bei verdeckter Einlage und verdeckter Gewinnausschüttung 75

Michael Dobler
Relevanz der Aktivierung von Entwicklungsausgaben –
Ergebnisse einer empirischen Analyse 111

Markus Peter und *Katharina Schneider*
Ertragsteuerliche Organschaft im Fluss – eine Momentaufnahme 125

Thomas Meurer
Neue Ortregelungen bei sonstigen Leistungen 139

Thomas Wiegmann
E-Bilanz... 145

Dorothee Endriss und *Axel Endriss*
Zivilrechtliches Eigentum contra steuerliche Zurechnung im Lichte
des BFH-Urteils vom 21. 10. 2012 – IX R 51/10 181

Autorenverzeichnis

Ulrich *Breier*, ist Volljurist und leitet als Vorsteher seit vielen Jahren das Finanzamt für Groß- und Konzernbetriebsprüfung in Bonn mit ca. 160 Mitarbeitern/innen (ca. 135 Betriebsprüfer/innen). Neben Veröffentlichungen in Fachzeitschriften zu Themen des Ertragsteuerrechts ist er seit vielen Jahren als Lehrbeauftragter an der Bundesfinanzakademie, als Vortragender in Steuerseminaren und in der Steuerberaterausbildung tätig.

Heinrich *Buschkühler*, ist freiberuflich tätig als Dipl.-Betriebswirt, Steuerbevollmächtigter und Hochschullehrbeauftragter.

Prof. Dr. Andreas *Dinkelbach*, ist Steuerberater und Professor für Betriebswirtschaftliche Steuerlehre und Rechnungslegung an der Hochschule Fresenius in Köln. Neben seiner publizistischen Tätigkeit in verschiedenen Fachzeitschriften und Monografien ist er seit 2002 als Dozent für die Steuer-Fachschule Dr. Endriss tätig.

Prof Dr. Michael *Dobler*, MBR, ist Inhaber der Lehrstuhls für Betriebswirtschaftslehre, insbesondere Wirtschaftsprüfung und Steuerlehre, Fakultät Wirtschaftswissenschaften, Technische Universität Dresden.

Dr. Axel *Endriss*, ist Geschäftsführer der Steuer-Fachschule Dr. Endriss GmbH & Co. KG, Köln.

Prof. Dr. Dorothee *Endriss*, ist Juniorprofessorin an der Heinrich-Heine-Universität Düsseldorf, Richterin am Landgericht Essen (derzeit beurlaubt).

Bärbel *Ettig*, ist Präsidentin des Bundesverbandes der Bilanzbuchhalter und Controller e. V., selbstständige Bilanzbuchhalterin und Dozentin für Rechnungswesen.

Sascha *König*, ist Dozent der Steuerfachschule Dr. Endriss, Rechtsanwalt, Steuerberater, lic. rer. publ.

Dipl.-Finw. (FH) Thomas *Meurer* (Stolberg), arbeitet im Umsatzsteuerreferat der OFD Rheinland und betätigt sich nebenberuflich als Autor und Vortragender.

Dr. Hans J. *Nicolini*, hat an der Universität Köln Betriebswirtschaftslehre studiert und in Volkswirtschaftslehre promoviert. Seit über dreißig Jahren engagiert er sich in unterschiedlichen Funktionen in der kaufmännischen Fort- und Weiterbildung. Er ist Mitglied in mehreren Aufgabenstellungs- und Prüfungskommissionen an verschiedenen Industrie- und Handelskammern. Als Autor hat er über zwanzig Lehrbücher verfasst und herausgegeben.

StB Prof. Dr. Markus *Peter*, Professur für Internationales Steuerrecht, BWL Steuerlehre und Allgemeine BWL an der Hochschule Aalen, ist Studiendekan beim Taxmaster sowie Partner bei SPS - Spohn Peter Steuerberater, Offenburg, Freiburg und Aalen.

Dr. Jörg *Philippen*, ist Geschäftsführer der Steuer-Fachschule Dr. Endriss GmbH & Co. KG, Köln.

Int. Betriebswirtin (B.A.) Katharina *Schneider*, wissenschaftliche Mitarbeiterin beim Taxmaster, Dozentin an der Hochschule Aalen sowie Managerin bei SPS - Spohn Peter Steuerberater, Offenburg, Freiburg und Aalen.

Heinz *Schwiete*, 35jährige Tätigkeit als Steuerreferent in Konzernabteilungen, 1968 bis heute Tätigkeit als Dozent für StB/ StBv und Bilanzbuchhalter, 23jährige Mitgliedschaft (1986 bis 2009) in Prüfungsausschüssen bei verschiedenen Kammern (IHK), Mitglied der Studienleitung VWA Oberhausen, Sachverständiger des Bundes bei der Erarbeitung der Fortbildungsprüfungsordnung Geprüfte/-r Bilanzbuchhalter/-in.

Stephan *Vossel*, ist Dozent der Steuer-Fachschule Dr. Endriss GmbH & Co. KG, Köln.

Thomas *Wiegmann*, ist Dozent an der Fachhochschule für Finanzen Nordkirchen.

Zum 75. Geburtstag von Prof. Dr. Horst Walter Endriss

Heinrich Buschkühler und Heinz Schwiete

Die Kölner Steuerfachschule Endriss, die im Kalenderjahr 2010 ihr 60jähriges Bestehen gefeiert hat, genießt bundesweit einen hervorragenden Ruf. Maßgebenden Anteil daran hat Herr Prof. Dr. Endriss, der das Fachinstitut von seinem Vater übernommen hat, zeitweise hatte das Fachinstitut eine Steuerfachschule auf Mallorca. Inzwischen wird die Steuerfachschule in der 3. Generation von seinem Sohn Dr. Axel Endriss und Herrn Dr. Jörg Philippen fortgeführt. Schwerpunkte sind die Fortbildung auf Steuerfachwirt- und Steuerberaterprüfung sowie auf die Bilanzbuchhalterprüfung.

Herr Prof. Endriss hat die Steuerfachschule zu dem ausgebaut, was sie heute ist: ein in der Wirtschaft und Verwaltung hoch anerkanntes Fortbildungsinstitut.

Seit jeher galt aber sein besonderes Interesse den Bilanzbuchhaltern. Die Bilanzbuchhalter-Prüfung ist eine der ältesten Weiterbildungsprüfungen der Industrie- und Handelskammern. Geprüfte Bilanzbuchhalter/Geprüfte Bilanzbuchhalterinnen sind hoch qualifiziert. Der IHK-Weiterbildungsabschluss war und ist im Zuge der sich rasch wandelnden beruflichen Aufgaben und Anforderungen aufgrund der Globalisierung stetig weiterzuentwickeln.

Dieser Aufgabe hat sich Herr Prof. Dr. Endriss verschrieben. In einem von ihm verfassten Memorandum zur Bilanzbuchhalter-Prüfung stellt er grundsätzliche Überlegungen zu den Prüfungsaufgaben, zu den unterschiedlichen Ergebnissen bei den einzelnen Kammern, zum Rahmenplan mit seinen Anwendungstaxonomien und zur Überprüfung der Prüfungsergebnisse u. a. an.

Dabei steht im Mittelpunkt seiner kritischen Auseinandersetzung der Prüfling. Er fordert den Respekt gegenüber den Prüfungsteilnehmern(innen) ein. Sein Credo lautet: Die Prüfungsaufgaben sollten qualitativ auf hohem Niveau stehen, aber fair sein, d. h. inhaltlich korrekt und zeitlich machbar.

Große Sorge bereitet ihm die Weiterentwicklung des Berufsbildes des Bilanzbuchhalters. Die Teilnehmerzahlen an den Vorbereitungslehrgängen brechen ein. Die Gründe hierfür sieht Herr Prof. Dr. Endriss u. a. darin, dass die Prüfungsfächer nicht den Anforderungen, die die Wirtschaft an das Berufsbild des Bilanzbuchhalters stellt, entsprechen. Bilanzbuchhalter/innen werden am häufigsten in klein- und mittelständischen Unternehmen eingestellt. Prüfungsfächer wie IFRS und das internationale Steuerrecht werden hier kaum benötigt. Das Schwergewicht liegt in diesen Unternehmen im Bereich des nationalen Jahresabschlusses und Steuerrechts. Bei all seinen Vorhaben wird Herr Prof. Endriss unterstützt vom Bundesverband der Bilanzbuchhalter und Controller, insbesondere vom Arbeitskreis „Prüfungsausschuss Bilanzbuchhalter und Controller". In diesem Arbeitskreis, dem auch Vertreter der Kammern und der DIHK-Bildungs-GmbH angehören, trägt er seine Themen vor, die kontrovers diskutiert werden. Auch innerhalb der DIHK-Bildungs-GmbH, die er für die Aufgabenerstellung der Prüfungsaufgaben verantwortlich zeichnet, wird seine Kritik zu den Aufgaben aufgenommen und in den einzelnen Ausschüssen mit verarbeitet.

Im Schrifttum hat sich Prof. Dr. Endriss in vielen Beiträgen zum Thema Bilanzbuchhalterprüfungen Gehör verschafft. Darüber hinaus hat er an der Herausgabe vieler Fachbücher vorwiegend zu Themen aus dem Bereich des Rechnungswesens und des Steuerrechts mitgewirkt.

Wer Prof. Dr. Endriss näher kennengelernt hat – mit ihm ins Gespräch gekommen ist – weiß, dass er ausschließlich für sachliche Inhalte eintritt, seine Ansichten allerdings auch heftig verteidigt.

Seine fachliche Kompetenz ist unbestritten, sein Eintreten für die Belange des Bilanzbuchhalters unbeirrbar. Er hat sich deshalb um dieses Thema verdient gemacht. Wir sollten ihn für die bisher geleistete Arbeit zum Dank verpflichtet sein.

Möge er den Bilanzbuchhaltern noch lange erhalten bleiben!

Heinrich Buschkühler

Heinz Schwiete

Bilanzbuchhalter – Berufung mit Tradition – Perspektive Deutschland

Bärbel Ettig

Bereits im Mittelalter gewann der Beruf des Buchhalters an Bedeutung. Im 16. Jahrhundert erhielt Matthäus Schwarz im Handelshaus der Fugger den Status eines Hauptbuchhalters. Er verfasste in Deutschland als einer der ersten eine detaillierte Buchungsanweisung auf der Grundlage der doppelten Buchführung.

Die IHK Chemnitz und IHK Reutlingen führten im Jahr 1927 die ersten Bilanzbuchhalterprüfungen durch. Kurz danach wurden 1928 auf Anregung des Deutschnationalen Handlungsgehilfen-Verband (DHV) Fachprüfungen für Bilanzbuchhalter durchgeführt, die eine noch schwierigere Prüfung darstellte.

In der Nachkriegszeit war es vorerst schwierig, die Weiterbildung zum Bilanzbuchhalter zu etablieren. Erst 1951 wurden durch die Industrie- und Handelskammern auf der Grundlage einer Fachprüfungskonzeption des Deutschen Industrie- und Handelstages (DIHT) Bilanzbuchhalterprüfungen durchgeführt. Den Sinn von Bilanzbuchhalterprüfungen definiert der DIHT wie folgt:

„Der DIHT als Spitzenorganisation der deutschen Industrie- und Handelskammern sieht den Sinn der Bilanzbuchhalterprüfung vornehmlich darin, den im betrieblichen Rechnungswesen bereits bewährten kaufmännischen Angestellten ihre Kenntnisse und Fähigkeiten im Buchhaltungs- und Bilanzwesen zu bestätigen."

Im Wirtschaftsmagazin des Gabler-Verlages erscheint im Jahr 1952 ein erster Aufruf zur Gründung einer „Vereinigung der Bilanzbuchhalter" (VdBB). Am 23. 3. 1954 wurde in Saarbrücken die Vereinigung der Bilanzbuchhalter für das Saarland e. V. gegründet. Dreizehn Jahre später, am 19. 7. 1967 wurde die Vereinigung IHK geprüfter Bilanzbuchhalter e. V. (VBB) ins Leben gerufen.

Unter Leitung von Dr. Horst Walter Endriss von der Kölner Steuerfachschule gab es seit 1971 Überlegungen zur Gründung eines Berufsverbandes. Am 10. 10. 1975 schreibt Dr. Endriss an alle Lehrgangsteilnehmer und Ehemalige der Schule und nennt erstmals den „Bundesverband der Bilanzbuchhalter". Die Gründungsversammlung findet am 1. 2. 1976 mit 135 Teilnehmern aus dem gesamten Bundesgebiet in der Kaufmännischen Schule III der Stadt Köln statt.

In der Satzung des BVBB heißt es in § 2:

„Der Bundesverband der Bilanzbuchhalter hat die Aufgabe, die ideellen, beruflichen, wirtschaftlichen und sozialen Interessen des Berufsstandes zu fördern, ihn nach außen und innen zu vertreten und alle Maßnahmen zu treffen, die der Gesamtheit seiner Mitglieder dienen."

Dazu gehört auch, dass Bilanzbuchhalter als selbstständige Unternehmer zur geschäftsmäßigen Führung von Büchern berechtigt sind. Besonders ist das Grundsatzreferat von Dr. Endriss hervorzuheben. Die Schlussbetrachtung ist zukunftsweisend:

„Nach allem besteht kein Zweifel, dass ein Bilanzbuchhalter-Verband wichtige und lohnende Ziele hat, die ohne Verbandsorganisation nicht zu erreichen sind. Jemand anders wird sich für den Berufsstand des Bilanzbuchhalters nicht einsetzten, und einzelne Bilanzbuchhalter – das beweist die Erfahrung – werden nichts erreichen. Man darf nicht erwarten, dass alle genannten Ziele – oder auch andere – schon in kurzer Zeit zu erreichen sind. Es wird viel Tatkraft, Energie und Geduld notwendig sein, um Erfolge – oder auch nur Teilerfolge – zu erzielen. Gewisse Ziele sind ständige Aufgaben, wie zum Beispiel die Information der Mitglieder und die Fortbildung. Jeder Bilanzbuchhalter muss am Verband ein vitales Interesse haben. Dies gilt auch für die, die sich nach bestandener Prüfung mit einem höheren Gehalt zufrieden geben. Niemand weiß nämlich, ob er seinen Arbeitsplatz, den er heute noch sicher zu haben glaubt, auch morgen noch hat. Es sollte deshalb jeder Bilanzbuchhalter Mitglied des Verbandes werden. Je höher die Mitgliederzahl ist, umso stärker ist der Verband und umso größer sind die Aussichten, dass die Ziele erreicht werden. Ich glaube, dass der Bilanzbuchhalterberuf trotz der angedeuteten Gefahren und Probleme eine gute Zukunft hat. Ich stütze diese These vor allem auf Folgendes: Bei einem Bilanzbuchhalter stehen theoretische Ausbildung und praktische Tätigkeit in einem guten und wohlausgewogenen Verhältnis zueinander. Dies ist ein Vorteil gegenüber Diplomkaufleuten und Betriebswirten, bei denen das nicht der Fall ist, der manchen Nachteil vielleicht mehr als wettmachen kann. Mit Hilfe des Verbandes sollte es möglich sein, die guten Zukunftsaussichten des Bilanzbuchhalterberufs zu sichern. Ich wünsche dazu viel Erfolg!"

Eine gesetzliche Regelung zur Weiterbildung zum Bilanzbuchhalter wurde mit Inkrafttreten der Rechtsverordnung vom 29. 3. 1990 „Geprüfter Bilanzbuchhalter/Geprüfte Bilanzbuchhalterin" getroffen.

In den neunziger Jahren folgt der Verband auf Anregung des Präsidenten Udo Binias der wirtschaftlichen Entwicklung und öffnet sich für die Berufsgruppe der Controller mit der Folge, dass 1998 aus dem BVBB der BVBC wird.

Der Bundesverband der Bilanzbuchhalter und Controller e. V. setzt sich seit seiner Gründung für die Stärkung der Berufsstände ein. Bilanzbuchhalter und Controller genießen in der Wirtschaft einen hohen Stellenwert. Sie sind gefragte Fachkräfte im Bereich des Rechnungswesens von kleinen Unternehmen bis hin zu Konzernen. Durch Bilanzbuchhalter und Controller wird der Gesamtumfang des Rechnungswesens – Buchhaltung, Erstellung von Bilanzen und Steuererklärungen sowie die Bereiche Kosten- und Leistungsrechnung sowie dem Reporting – abgedeckt. Auch Steuerberater und Wirtschaftsprüfer stellen gern Bilanzbuchhalter und Controller in ihren Kanzleien ein.

Allerdings ist es in Deutschland nach wie vor schwierig, den Beruf des Bilanzbuchhalters trotz des hohen Ausbildungsniveaus selbstständig auszuüben. Nach dem Steuerberatungsgesetz ist die Hilfeleistung in Steuersachen ausschließlich Steuerberatern, Wirtschaftsprüfern und Rechtsanwälten gestattet. Grundlage dafür bildet die Verordnung zur Durchführung des § 107 a der Reichsabgabenordnung vom 11. 1. 1936 (RGBl. I S. 11) in der erstmals die Hilfeleistung bei Erfüllung der Buchführungspflichten als Teil der Hilfeleistung in Steuersachen genannt wird. Lediglich im § 6 (4) StBerG wird es Personen mit einem kaufmännischen Abschluss erlaubt, die Verbuchung der laufenden Geschäftsvorfälle vorzunehmen und die laufende Lohnbuchhaltung und die Lohnsteueranmeldung zu erstellen. Trotz intensiver Bemühungen des BVBC e. V. beharren die Steuerberater auf ihrem „Buchhaltungsprivileg".

Daraus ergeben sich für den selbstständigen Bilanzbuchhalter enorme Einschränkungen. Wenn ein Bilanzbuchhalter von einem Kunden den Auftrag zur Bearbeitung der Buchhaltung erhält, dann muss ein Steuerberater oder von ihm Beauftragter die Buchhaltung einrichten, d. h. er muss die Stammdaten erfassen und den Kontenplan festlegen. Hierbei ist es durchaus denkbar, dass der selbstständige Bilanzbuchhalter durch den Steuerberater beauftragt wird. Denn nach § 17 der Berufsordnung der Steuerberater ist er erlaubt, dass der selbstständige Bilanzbuchhalter für den Steuerberater unter dessen fachlichen Aufsicht und beruflicher Verantwortung tätig wird. Die Kontierung, bei der die entsprechende Belegprüfung und steuerliche Würdigung erfolgt sowie die Verbuchung der Geschäftsvorfälle kann selbstständig durch den Bilanzbuchhalter auf eigene Rechnung vorgenommen werden. Allerdings ist es hier wiederum dem Bilanzbuchhalter nicht gestattet, die mit der monatlichen Buchhaltung verbundene Umsatzsteuervoranmeldung für den Kunden zu erstellen. Dies gehört ebenfalls zu den Vorbehaltsaufgaben der Steuerberater, obwohl in jedem Finanzbuchhaltungsprogramm die Umsatzsteuervoranmeldung auf der Grundlage der Schlüsselung in den Kontenstammdaten und der vorgenommenen Buchung abgerufen werden kann.

Bei der Lohnabrechnung verhält es sich leider ähnlich, denn dem selbstständigen Bilanzbuchhalter ist es nicht gestattet, ein Lohnkonto einzurichten. Auch dies ist nur durch einen Steuerberater oder von einem von ihm Beauftragten möglich.

Einem selbstständigen Bilanzbuchhalter ist es untersagt, Jahresabschlüsse und Steuererklärungen zu fertigen. Allerdings darf er in diesem Bereich wiederum unter fachlicher Aufsicht und beruflichen Verantwortung des Steuerberaters für diesen tätig werden.

Doch nicht allein in der Tätigkeit ist der selbstständige Bilanzbuchhalter enorm eingeschränkt, sondern auch in der Verwendung von Begriffen bei der Werbung für sein Unternehmen. Zwar ist es seit der 8. Änderung des StBerG die Berufsbezeichnung „Geprüfter Bilanzbuchhalter/Geprüfte Bilanzbuchhalterin" gestattet, aber bei anderen Wörtern ist Vorsicht geboten. Beispielsweise sollten die Begriffe „Erstellung der Buchhaltung" oder „Bearbeitung des Rechnungswesens" nicht verwendet werden, da der selbstständige Bilanzbuchhalter dadurch den Eindruck erwecken würde, dass er alle damit verbundenen Tätigkeit vornehmen kann. Er verstößt hiermit gegen das UWG und muss mit einer Abmahnung rechnen. Insbesondere Steuerberaterkammern oder von ihnen beauftragte Rechtsanwaltskanzleien achten in der Praxis akribisch auf die Einhaltung.

Dass dies auch anders möglich ist, zeigt das Bilanzbuchhaltergesetz in Österreich. Seit 2008 sind die Rechte der selbstständigen Bilanzbuchhalter in Österreich aufgrund einer Verfassungsklage entscheidend erweitert worden. Mit der Folge, dass die Zulassung von Bilanzbuchhaltern seitdem zugenommen hat und Bilanzbuchhalter und Steuerberater gut zusammenarbeiten können.

Der Bedarf an Beratung ist in der Wirtschaft groß. Gerade kleine und mittelständische Unternehmen können keinen Bilanzbuchhalter fest einstellen und nehmen gern die Dienste der selbstständigen Bilanzbuchhalter in Anspruch. Denn neben der Erstellung der Buchhaltung und der Lohnabrechnung, sind Arbeiten in der Kostenrechnung und Kalkulation sowie in der Planung und Budgetierung notwendig. Unternehmen müssen sich gut auf Bankgespräche vorbereiten, um beim Rating besser abzuschneiden und somit kostengünstiger zu finanzieren. Das Aufgabenspektrum ist breit und eine Zusammenarbeit zwischen Unternehmer, selbstständigen Bilanzbuchhalter und Steuerberater sinnvoll. Die eigentliche Steuerberatung soll dem Steuerberater vorbehalten sein, lediglich das Einrichten einer Lohn- und Finanzbuchhaltung und die Umsatzsteuervoranmeldung muss auch dem selbstständigen Bilanzbuchhalter ermöglicht werden, denn die Notwendigkeit dieser Einschränkungen sind für einen Unternehmer nicht nachvollziehbar und schränken die Wirtschaft eher ein.

Deshalb fordert der Bundesverband der Bilanzbuchhalter und Controller e. V. ein Bilanzbuchhaltergesetz für Deutschland und wird einen entsprechenden Entwurf den Politikern übergeben.

Quellen:

BVBC-Jahrbuch 1976 - 2001

Ernst-Erich Rehse, Ursprünge und Entwicklung der Buchhaltungsberufe

Ernst-Erich Rehse/Udo Binias/Heike Kreten-Lenz, Der Weg zum Bundesverband

Steuerliche Behandlung von Studiengebühren und Studienkosten – Anhaltender Streit um Bildungsaufwendungen

Prof. Dr. Andreas Dinkelbach und Dr. Jörg Philippen

Seit zehn Jahren bestreiten Rechtsprechung einerseits und Gesetzgebung oder Finanzverwaltung andererseits ein „Ping-Pong-Spiel"[1] mit der steuerlichen Behandlung von Bildungsaufwendungen, insbesondere von Aufwendungen für ein „Erststudium" bzw. eine Erstausbildung[2]. Jüngste „Spielzüge" sind die Neufassung von § 12 Nr. 5 EStG und die Einführung von §§ 4 Abs. 9, 9 Abs. 6 EStG[3], das BMF-Schreiben vom 13. 4. 2012[4] zur lohnsteuerlichen Behandlung der Übernahme von Studiengebühren durch den Arbeitgeber sowie bereits erste Entscheidungen bzw. anhängige Musterverfahren[5]. Im Folgenden werden der Status quo dargestellt und bewertet sowie Gestaltungen zur Optimierung des Abzugs der Aufwendungen aufgezeigt.

I. Rechtsentwicklung zur Beurteilung von Bildungskosten

Im Jahr 2002 verwarf der BFH eine bis dahin erfolgte Differenzierung zwischen

▶ als Werbungskosten/Betriebsausgaben abziehbaren Fort- und Weiterbildungskosten in einem ausgeübten Beruf und

▶ demgegenüber der allgemeinen Lebensführung zugerechneten und somit nicht als Werbungskosten/Betriebsausgaben abziehbaren Ausbildungskosten zu einem künftigen Beruf[6].

---

[1] Lohse/Zanzinger, DStR 2012 S. 1053.

[2] Vgl. ausführlich zur Rechtsentwicklung Trossen, FR 2012 S. 502 ff., m. w. N.; Förster, DStR 2012 S. 488 f.

[3] Beitreibungsrichtlinien-Umsetzungsgesetz (BeitrRLUmsG) vom 7. 12. 2011, BGBl 2011 I S. 2592.

[4] BMF, Schreiben vom 13. 4. 2012 - IV C 5 - S 2332/07/0001, BStBl 2012 I S. 531.

[5] FG Düsseldorf, Urteil vom 14. 12. 2011 - 14 K 4407/10 F, Rev. beim BFH: VI R 2/12; FG Münster, Urteil vom 20. 12. 2011 - 5 K 3975/09 F, Rev. beim BFH: VI R 8/12.

[6] BFH, Urteil vom 4. 12. 2002 - IV R 120/01, BStBl 2003 II S. 403; vom 17. 12. 2002 - VI R 137/01, BStBl 2003 II S. 407.

Die Abziehbarkeit betreffender Aufwendungen folge aus deren beruflicher Veranlassung und sei mithin gegeben, wenn ein objektiver Zusammenhang mit dem Beruf besteht und die Aufwendungen im weitesten Sinne subjektiv zur Förderung des Berufs getätigt werden (Sicherung von Einnahmen sowie Erzielung höherer Einnahmen am Markt)[7].

Insbesondere Studiengebühren sind nicht mit dem Argument einer infolge des Abschlusses höherrangigen gesellschaftlichen Stellung als privat (mit-)veranlasst anzusehen. Schließlich entspräche die steuerliche Abziehbarkeit dem aktuellen, durch lebenslanges Lernen geprägten Berufsleben.

Die erste Reaktion des Gesetzgebers bestand darin, Aufwendungen für die erstmalige Berufsausbildung und für ein Erststudium außerhalb eines Dienstverhältnisses über § 12 Nr. 5 EStG – als Vorsorge für die persönliche Existenz – typischerweise den Kosten der privaten Lebensführung zuzuordnen[8]. Dieser Typisierung ist der BFH zunächst (mit der Ausnahme eines Erststudiums im Anschluss an eine abgeschlossene Berufsausbildung) gefolgt[9], bevor er in weiteren Entscheidungen[10] wieder auf den logischen Vorrang von Werbungskosten/Betriebsausgaben gegenüber Sonderausgaben abstellte, der bei einem hinreichend konkreten Veranlassungszusammenhang zur nachfolgenden – auf die Erzielung von Einkünften gerichteten – Berufstätigkeit den Abzug als (ggf. vorweggenommene) Werbungskosten/Betriebsausgaben bedinge[11].

Die erneute Reaktion des Gesetzgebers (vor dem Hintergrund einer kontroversen Diskussion der Rechtsprechung im Schrifttum)[12] im Rahmen des BeitrRLUmsG vom 7. 12. 2011 entspricht einem teilweisen Nichtanwendungsgesetz[13] und hat entsprechend bereits wieder erste anhängige Verfahren zur Folge[14].

---

[7] BFH, Urteil vom 17. 12. 2002 - VI R 137/01, BStBl 2003 II S. 407, m. w. N.

[8] Vgl. BT-Drucks. 15/3339, S. 10.

[9] BFH, Urteil vom 18. 6. 2009 - IV R 14/07, BStBl 2010 II S. 816.

[10] Vgl. stellvertretend BFH, Urteil vom 28. 7. 2011 - VI R 38/10, BStBl 2012 II S. 561.

[11] Vgl. Lohse/Zanzinger, DStR 2012 S. 1054; Trossen, FR 2012 S. 503.

[12] Vgl. z. B. Bergkemper, DB 2011 S. 1947; Ismer, FR 2011 S. 846; Kanzler, FR 2011 S. 862; Schneider, Werbungskostenabzug auch für Erstausbildung und Erststudium durch § 12 Nr. 5 EStG nicht ausgeschlossen, NWB 34/2011 S. 2840.

[13] Förster, DStR 2012 S. 489.

[14] Siehe Fn. 5.

II. Beispielsfälle zum Status quo

Aufwendungen des Steuerpflichtigen für seine erstmalige Berufsausbildung oder für ein Erststudium, das zugleich eine Erstausbildung vermittelt, sind gemäß den insofern gleichlautenden § 4 Abs. 9 EStG und § 9 Abs. 6 EStG keine Betriebsausgaben bzw. Werbungskosten (und gemäß § 12 Nr. 5 EStG nicht abzugsfähig), wenn diese Berufsausbildung oder dieses Erststudium nicht im Rahmen eines Dienstverhältnisses stattfindet. § 10 Abs. 1 Nr. 7 EStG gestattet insoweit lediglich einen Abzug als Sonderausgaben bis zu 6.000 € im Kalenderjahr.

Hinweis: Zu den betreffenden Aufwendungen rechnen in erster Linie Studiengebühren, die bei privaten Hochschulen bereits regelmäßig zwischen 8.000 € und 12.000 € pro Jahr betragen können, sowie ferner z. B. Semesterbeiträge, Aufwendungen für Arbeitsmittel (Kopien, Papier etc.), Fachliteratur, Fahrtkosten (bei Arbeitnehmern im berufsbegleitenden Studium nach neuester Rechtsprechung gemäß den tatsächlich gefahrenen km)[15], Verpflegungsmehraufwendungen, Umzugskosten oder auch Aufwendungen für ein Arbeitszimmer[16].

Beispiel:

Die Aufwendungen von Student X für ein Studium (Vollzeit oder berufsbegleitend) betragen unstreitig pro Jahr 10.000 €. Die Abzugsfähigkeit der Aufwendungen divergiert abhängig von den weiteren Gegebenheiten wie folgt:

1) X studiert ohne vorherige Berufsausbildung außerhalb eines Dienstverhältnisses (unmittelbar nach dem Abitur, als selbständiger Unternehmer, als Arbeitnehmer):

   Die Aufwendungen sind keine Betriebsausgaben/Werbungskosten, sondern nur bis 6.000 € als Sonderausgaben im Jahr abziehbar. Die 6.000 € wirken sich allerdings faktisch lediglich dann („voll") aus, wenn X über steuerpflichtige Einkünfte (keine geringfügige Beschäftigung im Sinne des SGB) in Höhe von mindestens 14.040 € (bei nichtselbständiger Arbeit 15.040 €) verfügt oder X verheiratet ist und der Ehegatte über entsprechend hohe Einkünfte verfügt.

2) X studiert ohne vorherige Berufsausbildung „im Rahmen eines Dienstverhältnisses", z. B. an einer Fachhochschule der öffentlichen Verwaltung oder einer Berufsakademie sowie als „normaler" Arbeitnehmer, bei Erfüllung der Voraussetzungen gemäß BMF-Schreiben vom 13. 4. 2012 (siehe Abschnitt IV) und R 9.2 LStR 2011, H 9.2 Ausbildungsdienstverhältnis LStH 2012, R 19.7 LStR 2011:

   Bei Vorliegen eines ganz überwiegend eigenbetrieblichen Interesses des Arbeitgebers sind vom Arbeitgeber getragene Studiengebühren als Betriebsausgaben abziehbar; beim Ar-

---

[15] Vgl. BFH, Urteil vom 9. 6. 011 - VI R 36/10, BStBl 2012 II S. 36, wonach ein Arbeitnehmer grundsätzlich nur eine regelmäßige Arbeitsstätte haben kann.

[16] Vgl. für eine ausführliche Aufstellung einschließlich Auslandskosten Meeh-Bunse/Lühn, StB 2012 S. 87; Neufang/Neufang, StB 2011 S. 350 ff.

beitnehmer wird insoweit kein (Vorteil mit) Arbeitslohn(-charakter) angenommen. Sämtliche Studiengebühren (10.000 €) sind abziehbar; weitere Aufwendungen (z. B. Reisekosten) sind grundsätzlich Arbeitslohn und beim Arbeitnehmer Werbungskosten. Ohne ein ganz überwiegend eigenbetriebliches Interesse des Arbeitgebers führt die Übernahme von Studiengebühren durch den Arbeitgeber zu Arbeitslohn; der Arbeitnehmer kann die Aufwendungen gemäß R 19.7 Abs. 2 LStR 2011 als Werbungskosten (nur bei beruflicher Veranlassung) oder als Sonderausgaben geltend machen.

3) X studiert im Anschluss an eine abgeschlossene Berufsausbildung oder im Anschluss an ein abgeschlossenes Erststudium, z. B. Studium der Betriebswirtschaftslehre nach kaufmännischer Ausbildung oder Master-Studium im Anschluss an einen Bachelor. Sämtliche Aufwendungen sind in voller Höhe als Werbungskosten/Betriebsausgaben abziehbar. Fraglich könnte sein, ob dies auch dann gilt/gelten soll, wenn „gleichsam ins Blaue hinein" studiert wird[17] oder bei der Aufnahme des Studiums private Interessen/Neigungen und die Absicht der Freizeitgestaltung im Vordergrund stehen[18].

III. Kritische Würdigung der gegenwärtigen Regelung

1. Realitätsferne Abbildung

Die gesetzliche(n) Regelung(en) führen zu erheblichen Ungleichbehandlungen und Verwerfungen[19], wie bereits die obigen Beispiele sowie die Gestaltungsmöglichkeiten in Abschnitt IV zeigen. Als weitere prägnante Ungleichbehandlung wäre insbesondere noch die steuerliche Benachteiligung auch in Deutschland noch angeboteter grundständiger Diplomstudiengänge gegenüber einem nach der Semesterzahl vergleichbaren dichotomen Bachelor-/Master-Studiengang zu nennen.

Die Verfassungsmäßigkeit der Regelungen wird gleichwohl unterschiedlich beurteilt. Während einige Stimmen im Schrifttum die Regelungen kritisieren[20], erkennen andere keinen Verstoß gegen das objektive (und subjektive) Nettoprinzip und keinen Verstoß gegen das Rückwirkungsverbot[21].

---

[17] BFH, Urteil vom 19. 4. 1996 - VI R 24/95, BStBl 1996 II S. 452, m. w. N.

[18] BFH, Urteil vom 26. 1. 2005 - VI R 71/03, BStBl 2005 II S. 349 (Kunstgeschichte); BFH, Beschluss vom 10. 2. 2005 - VI B 33/04, BFH/NV 2005 S. 1056 (Seniorenstudium Philosophie).

[19] Vgl. Braun, Stbg 2012 S. 68; Schulenberg, FR 2012 S. 157; Steck, DStZ 2010 S. 199.

[20] Vgl. stellvertretend Holthaus, Die Berücksichtigung von Bildungskosten im Einkommensteuerrecht, Münster 2011, S. 177 ff., m. w. N.; Meeh-Bunse/Lühn, StB 2012 S. 89 ff.

[21] Vgl. Förster, DStR 2012 S. 489 ff.; Lohse/Zanzinger, DStR 2012 S. 1054; Trossen, FR 2012 S. 505 ff.

III. Kritische Würdigung der gegenwärtigen Regelung　　　　　　　　　　　　　11

Inwieweit die gesetzliche Regelung tatsächlich lediglich klarstellend wirkt[22] oder sich ein schutzwürdiger Vertrauenstatbestand bilden konnte, mag hier nicht beurteilt werden. Jedenfalls stellt die Regelung aber keine realitätsgerechte Abbildung/Typisierung dar, die dem Gebot der Folgerichtigkeit genügt und sich mit Vereinfachungserfordernissen rechtfertigen lässt[23]. Mit Blick auf die anhängigen Musterverfahren ist Steuerpflichtigen daher zu empfehlen, Anträge auf Verlustfeststellung hinsichtlich getätigter Bildungsaufwendungen zu stellen bzw. das Ruhen des Verfahrens im Wege des Einspruchs nach § 363 Abs. 2 Satz 1 AO zu beantragen[24].

2. Beruflicher Veranlassungszusammenhang

Problematisch ist zunächst, dass die Gesetzesbegründung nicht auf das Argument der vorrangigen beruflichen Veranlassung eingeht, sondern schlicht die nach Ansicht des BFH überkommene These wiederholt, wonach das Erlernen der Grundlagen eines Berufs (sic!) dem Erwerb einer gesicherten Position im Leben diene und die Aufwendungen schwerpunktmäßig und untrennbar den Kosten der Lebensführung zuzuweisen seien. Dies gelte ebenso für ein Erststudium, selbst wenn es nach einer ersten anderen Berufsausbildung aufgenommen werde[25]. Zudem würden erheblicher Verwaltungsaufwand und Steuerausfälle von über 1 Mrd. € vermieden[26].

Die Verhinderung staatlicher Einnahmeausfälle kommt als Rechtfertigungsgrund nicht in Frage[27]. Eine Vereinfachung liegt jedenfalls insoweit nicht vor, wie zum einen bei der Übernahme von Studiengebühren durch Arbeitgeber zur Prüfung der lohnsteuerlichen Behandlung insbesondere die berufliche Veranlassung festzustellen ist[28], zum anderen eine Abziehbarkeit als Sonderausgaben gemäß § 10 Abs. 1 Nr. 7 EStG ebenfalls voraussetzt, dass vom Steuerpflichtigen eine nachhaltige berufsmäßige Ausübung der erlernten Fähigkeiten zur Erzielung von Einkünften angestrebt wird[29].

---

[22] BT-Drucks. 17/7524, S. 12 f.

[23] A. A. Förster, DStR 2012 S. 489 ff.; Trossen, FR 2012 S. 505 ff.

[24] DStV, Pressemitteilung vom 1. 2. 2012.

[25] BT-Drucks. 17/7259, S. 2 f.; BT-Drucks. 15/3339, S. 10 f.

[26] BT-Drucks. 17/7524, S. 5.

[27] Vgl. BVerfG, Urteil vom 9. 12. 2008 - 2 BvL 1/07, 2 BvL 2/07, 2 BvL 1/08, 2 BvL 2/08, BFH/NV 2009 S. 338.

[28] BMF, Schreiben vom 13. 4. 2012 - IV C 5 - S 2332/07/0001, BStBl 2012 I S. 53.

[29] Vgl. BFH, Beschluss vom 7. 10. 2008 - VI B 92/07, BFH/NV 2009 S. 148; Urteil vom 22. 9. 1995 - VI R 13/93, BStBl 1996 II S. 8, m. w. N.

Wenn letzteres subjektives Tatbestandsmerkmal aufgrund objektiver Umstände im Einzelfall erkennbar sein muss und als wichtige Indizien die Art der Bildungsmaßnahme, das Alter des Steuerpflichtigen sowie die angestrebte Erwerbstätigkeit herangezogen werden sollen[30], um Aufwendungen ohne Bezug zu einer beruflichen Tätigkeit überhaupt nicht steuerlich zu berücksichtigen (z. B. „Seniorenstudium", fachunspezifischer Sprachunterricht), entspricht dies im Ergebnis der Argumentation des BFH, einen notwendigen beruflichen Veranlassungszusammenhang nach den konkreten Umständen des Einzelfalls zu prüfen, letztlich ggf. auf tatrichterlicher Ebene.

Hinweis: Statt einer Vereinfachung bewirkt der Sonderausgabenabzug insofern vielmehr eine Verkomplizierung, wie anstelle der Entscheidung zwischen abziehbaren und nicht abziehbaren Werbungskosten/Betriebsausgaben eine zusätzliche (dritte) Ebene eingeführt wurde, mithin zwei Abgrenzungen erforderlich sind. Interessanterweise wurde eine solche dreifache Differenzierung bei Kinderbetreuungskosten gerade – wenngleich ebenso systematisch fragwürdig – mit dem Argument der Vereinfachung beseitigt (§ 10 Abs. 1 Nr. 5 EStG).

3. Typisierung ohne Praxisrelevanz

Schließlich wäre zu hinterfragen, inwieweit die Zuordnung der Aufwendungen eines „Erststudiums" zu den – bis 6.000 € abziehbaren – Sonderausgaben dem Maßstab einer realitätsgerechten Regelung eines typischen Falls entspricht[31]. Hinweise auf eine geringe Zahl (etwa 10.000) der von der Anhebung des Höchstbetrags auf 6.000 € betroffenen Fälle[32] oder auf im arithmetischen Mittel pro Veranlagungszeitraum deklarierten Ausbildungskosten in Höhe von 1.229 €[33] lassen eine scheinbar geringe praktische Relevanz bzw. eine hinreichende Berücksichtigung in typisierender Weise vermuten. Indes wird hierbei z. B. die zunehmende Zahl der Studenten an privaten Hochschulen[34] ausgeblendet und die faktische Tatsache, dass bei einem „typischen" Vollzeitstu-

---

[30] Förster, DStR 2012 S. 493.

[31] Bejahend Trossen, FR 2012 S. 507 f.

[32] BT-Drucks. 17/7524, S. 6 (unterstellt werden Mindereinnahmen von 8 Mio. € und damit ein Steuersatz der Betroffenen von 40 %).

[33] BT-Drucks. 17/7259, S. 12.

[34] Stand Ende 2010 studierten ca. 5 % aller Studenten (absolut 95.000) an privaten Hochschulen, mit zweistelligen Zuwachsraten, F.A.Z. vom 2. 10. 2010, abrufbar im Internet unter www.faz.net.

denten der Sonderausgabenabzug infolge des Fehlens – hinreichend hoher – positiver Einkünfte regelmäßig ins Leere läuft[35].

Die in Abschnitt II aufgezeigten Unterschiede bzw. Verwerfungen hinsichtlich der Abziehbarkeit von Studienkosten lassen es daher durchaus zweifelhaft erscheinen, dass die Versagung des Werbungskostenabzugs in der überwiegenden Zahl der Fälle keine steuerliche Auswirkung ergeben dürfte[36] bzw. mit der Typisierung gerade der „typische" Student getroffen wird[37].

Die Typisierung führt zudem, wie bereits gezeigt, nicht zu einer Vereinfachung hinsichtlich der Abgrenzung zwischen Fällen mit einem zur späteren Berufstätigkeit eindeutig bestehenden Veranlassungszusammenhang (z. B. Verkehrsflugzeugpilot, prinzipiell wohl auch Studium der BWL, Maschinenbau etc.) und Fällen ohne einen solchen (angeführt werden hier z. B. Geisteswissenschaften). Schließlich könnte auch bezweifelt werden, die Typisierung als mildestes Mittel anzusehen. Es wäre möglich, bei ggf. zweifelhafter beruflicher Veranlassung die Steuerfestsetzung zunächst gemäß § 165 AO auszusetzen bzw. vorläufig vorzunehmen und z. B. bei einem dreijährigen Bachelor-Studium noch innerhalb der Festsetzungsfrist den beruflichen Veranlassungszusammenhang zu konkretisieren (über die Aufnahme einer entsprechenden Tätigkeit) oder zu widerlegen.

IV. Gestaltungsmöglichkeiten und Musterformulierungen

Ungeachtet der rechtlichen Beurteilung bzw. des Ausgangs der angeführten Musterverfahren stehen Steuerpflichtigen ohne abgeschlossene erste Berufsausbildung verschiedene Gestaltungen offen, den Abzug von Studiengebühren/-kosten zu optimieren.

---

[35] Geserich, SteuK 2011 S. 513.

[36] So aber Trossen, FR 2012 S. 507 f.

[37] Die Anerkennung von Werbungskosten eines Studenten einer privaten Hochschule mit Studiengebühren von z. B. 24.000 € für sechs Semester kann über § 10d EStG (ohne Zinseffekte) bei einem zu versteuernden Einkommen im Anschluss an das Studium in Höhe von 40.000 € zu einer Steuerersparnis von 7.348 € führen, womit sich das Studium um ca. 30 % verbilligt, was die Entscheidung für ein Studium durchaus positiv beeinflussen kann.

1. Studium im Rahmen eines Dienstverhältnisses

Beabsichtigt ein Steuerpflichtiger, ein „Erststudium" aufzunehmen, kann bereits vor Studienbeginn versucht werden, einen adäquaten Arbeitgeber zu finden, der dieses Vorhaben unterstützt, um „im Rahmen eines Dienstverhältnisses" zu studieren und so von der vollumfänglichen Abziehbarkeit der Aufwendungen zu profitieren. Insbesondere in kaufmännischen Berufen ist eine Zunahme entsprechender Möglichkeiten im Rahmen dualer Studiengänge zu verzeichnen, zumal der „Kampf um Talente" zunehmend früher beginnt. Die Liste von Arbeitgebern, die solche Ausbildungsmöglichkeiten offerieren, reicht von Steuerberatungs-/Wirtschaftsprüfungsgesellschaften (z. B. Deloitte, Ernst & Young, KPMG, PwC) über Handelsunternehmen (z. B. ALDI, Metro, REWE) bis zu McDonald´s und schließt auch mittelständische und kleine Unternehmen ein.

Um „im Rahmen eines Dienstverhältnisses" zu studieren, muss das Studium Gegenstand eines Ausbildungsdienstverhältnisses sein und die Teilnahme am Studium zu den Pflichten des Arbeitnehmers aus dem Dienstverhältnis gehören[38]. Eine bloße Förderung des Studiums seitens des Arbeitgebers durch Hingabe von Mitteln (z. B. Stipendium) ist nicht hinreichend. Ebenso liegt kein Studium „im Rahmen eines Dienstverhältnisses" vor, wenn ein Teilzeitarbeitsverhältnis lediglich ein Studium ermöglicht.

Der Anstellungsvertrag könnte z. B. folgende Vereinbarungen enthalten:

Zwischen A (nachfolgend Gesellschaft genannt) und Herrn/Frau B (nachfolgend Mitarbeiter genannt) werden folgende Zusatzvereinbarungen getroffen.

1) Die Gesellschaft verpflichtet sich, das Studium „...." des Mitarbeiters an der Hochschule „...." in „...." zu fördern. Der Mitarbeiter verpflichtet sich, die Präsenzteilnahme kontinuierlich wahrzunehmen, am Prüfungsgeschehen teilzunehmen und das Studium innerhalb von „...." Jahren abzuschließen. Der Mitarbeiter ist verpflichtet, semesterweise den Nachweis über die Teilnahme am Studium zu erbringen (Vorlage einer Leistungsübersicht der Hochschule).

2) Sollten Gründe beim Mitarbeiter vorliegen, die es ihm nicht erlauben, kontinuierlich das Studium zu besuchen (z. B. Krankheit), hat er umgehend, spätestens in einer Frist von acht Tagen nach Bekanntwerden entsprechender Hinderungsgründe, diese der Gesellschaft anzuzeigen.

3) Das Studium „..." hat eine Regelstudienzeit von „..." Semestern. Studienbeginn ist (voraussichtlich) „...".

---

[38] BMF, Schreiben vom 13. 4. 2012 - IV C 5 - S 2332/07/0001, BStBl 2012 I S. 531. Die Finanzverwaltung differenziert insoweit entgegen dem BFH weiterhin zwischen Ausbildung einerseits und Fort-/Weiterbildung andererseits.

IV. Gestaltungsmöglichkeiten und Musterformulierungen

Liegt das Studium im ganz überwiegend eigenbetrieblichen Interesse des Arbeitgebers, führt die Übernahme von Studiengebühren durch den Arbeitgeber (Betriebsausgabe) nicht zu Arbeitslohn. Hierbei ist es grundsätzlich unerheblich, ob der Arbeitnehmer oder der Arbeitgeber Schuldner der Studiengebühren ist. Schuldet der Arbeitgeber die Studiengebühren, wird allerdings das ganz überwiegend eigenbetriebliche Interesse unterstellt, während bei Arbeitnehmern als Schuldner der Studiengebühren zusätzliche Erfordernisse zu beachten sind.

In jedem Fall muss sich der Arbeitgeber arbeitsvertraglich zur Übernahme der Studiengebühren verpflichten. Bei einem Ausbildungsdienstverhältnis verlangt die Finanzverwaltung darüber hinaus, dass der Arbeitgeber die übernommenen Studiengebühren vom Arbeitnehmer (zeitanteilig) zurückfordern kann, sofern der Arbeitnehmer das ausbildende Unternehmen auf eigenen Wunsch innerhalb von zwei Jahren nach dem Studienabschluss verlässt. Demgegenüber ist es nach Ansicht der Finanzverwaltung bei einem berufsbegleitenden Studium als Fort-/Weiterbildungsleistung (nach abgeschlossener erster Berufsausbildung) für die Annahme eines ganz überwiegend eigenbetrieblichen Interesses des Arbeitgebers nicht erforderlich, dass der Arbeitgeber die Studiengebühren zurückfordern kann.

Der Anstellungsvertrag könnte z. B. folgende Vereinbarungen enthalten:

4) Die Gesellschaft verpflichtet sich, die Gebühren für das Studium „..." des Mitarbeiters an der Hochschule „..." in „..." zu übernehmen. Der Gesamtbetrag für das Studium beträgt für die Regelstudienzeit von „..." Semestern „..." € (monatliche Studiengebühr) • „..." Monate = „..." €. Hinzu kommen noch Prüfungsgebühren von „..." €.

5) Die Übernahme der Studiengebühren durch die Gesellschaft erfolgt in monatlichen Teilbeträgen in Höhe von „..." an den Mitarbeiter ab Beginn des Studiums. Die einmalige Prüfungsgebühr in Höhe von „..." wird bei Fälligkeit überwiesen. (Auf die Beträge entfallende Steuer- und Sozialversicherungsabzüge trägt der Arbeitnehmer.)

6) Die Verpflichtung der Gebührenübernahme durch die Gesellschaft erlischt zu dem Zeitpunkt, in dem das durch den o. g. Arbeitsvertrag begründete Dienstverhältnis, unabhängig des Rechtsgrunds und etwaiger arbeitsrechtlicher Auseinandersetzungen, durch eine der Vertragsparteien beendet wird.

7) Des Weiteren erlischt die Verpflichtung zur Gebührenübernahme durch die Gesellschaft, wenn Gründe beim Mitarbeiter vorliegen, die es ihm nicht ermöglichen, die Präsenzteilnahme kontinuierlich wahrzunehmen. Das Studium ist innerhalb von „..." Jahren abzuschließen. Wird das Studium nicht in diesem Zeitraum abgeschlossen oder vorzeitig aufgegeben, kann die Gesellschaft die gezahlten Beträge zurückverlangen.

8) Der Mitarbeiter wird die Kosten tragen und etwaige bereits von der Gesellschaft erbrachte Leistungen an die Gesellschaft zurückzahlen, wenn der Arbeitnehmer sein Dienstverhältnis mit der Gesellschaft während des Studiums und vor dem Ablauf von 24 Monaten nach erfolgreichem Abschluss des Studiums kündigt. ... Die Kostentragungs- und Rückzahlungsverpflichtung besteht auch dann, wenn die Gesellschaft das Dienstverhältnis aus verhaltensbedingten Gründen innerhalb der zweijährigen Bindungsfrist nach erfolgreichem Abschluss des Studiums kündigt. Die Kostentragungs- und Rückzahlungsverpflichtung vermindert sich um 1/24 pro Monat, den das Dienstverhältnis nach erfolgreichem Abschluss des Studiums besteht.

2. Vorschalten einer berufsbezogenen Ausbildung

Kommt ein Studium „im Rahmen eines Dienstverhältnisses" nicht in Frage oder wird ein Vollzeitstudium (anstelle eines berufsbegleitenden Studiums) präferiert, sollte vor Aufnahme des Studiums eine berufsbezogene Ausbildung absolviert werden, die eine (Grund-)Voraussetzung für die geplante Berufsausübung darstellt. In diesem Fall ist das Studium kein „Erststudium, das zugleich eine Erstausbildung vermittelt", sondern in der Diktion des Gesetzgebers und der Finanzverwaltung liegt eine Fort-/Weiterbildung vor, die (sofern das Studium einen Bezug zu einer beruflichen Tätigkeit ausweist) zu in voller Höhe berücksichtigungsfähigen Werbungskosten/Betriebsausgaben führt.

Hinweis: Zur optimalen Nutzung der Abziehbarkeit sollten Vollzeitstudenten/-innen während des Studiums bzw. der vorlesungsfreien Zeit idealerweise keiner Beschäftigung nachgehen oder allenfalls eine geringfügige Tätigkeit ausüben, da sonst entsprechende Einkünfte mit den als Werbungskosten/Betriebsausgaben berücksichtigungsfähigen Aufwendungen verrechnet werden. In diesem Fall liefe die steuerliche Wirkung der Aufwendungen bis zur Höhe des Existenzminimums (8.004 €) ins Leere, anstelle einer Auswirkung zu nennenswerten Grenzsteuersätzen, wenn laufende Verluste über Verlustfeststellungen gemäß § 10d EStG kumuliert werden und im ersten Jahr der Berufstätigkeit mit einem vollen Jahresgehalt verrechnet werden können. Die jährliche Beantragung der Verlustfeststellung darf nicht versäumt werden.

Nach der Rechtsprechung setzt eine erstmalige Berufsausbildung im Sinne von § 12 Nr. 5 EStG weder ein Berufsausbildungsverhältnis nach dem Berufsbildungsgesetz noch eine bestimmte Ausbildungsdauer voraus[39].

Hinweis: Die Vorschaltung einer Ausbildung zum Flugbegleiter würde sich beispielsweise bei der Aufnahme eines Studiums Touristik & Reisemanagement anbieten oder die Ausbildung zum Rettungssanitäter bei der Aufnahme eines Studiums der Gesundheitsökonomie.

Indes qualifiziert das anschließende Studium auch ohne eine – mehr oder weniger starke – innere Verbindung zur vorherigen Erstausbildung nicht mehr als „Erststudium, das zugleich eine Erstausbildung vermittelt". Nach Ansicht der Rechtsprechung lässt sich weder aus dem Wortlaut des § 12 Nr. 5 EStG noch aus dem Gesetzgebungsverfahren entnehmen, dass das Vorliegen einer Berufsausbildung an besondere Anforderungen im Hinblick auf den Ausbildungsgang oder den Ausbildungsabschluss geknüpft sein soll[40]. Abgestellt wird lediglich ganz allgemein auf die erste berufliche Befähigung bzw. den Erwerb von Kenntnissen, die zur Aufnahme eines (ersten) Berufs befähigen. Dies steht sogar im Einklang mit der „Lebenskampfthese", nach der mit dem „Erlernen der Grundlagen eines Berufs zum Erwerb einer selbständigen und gesicherten Position im Leben"[41] die Ebene der allgemeinen Lebensführung spätestens verlassen sein muss.

3. Gestaltung der Zahlungsmodalitäten

Kommt auch die Vorschaltung einer ersten Berufsausbildung nicht in Frage oder ist dies nicht möglich (und wäre somit ein Abzug von Aufwendungen nur im Rahmen von Sonderausgaben eröffnet), bietet sich als weitere Gestaltungsvariante insbesondere hinsichtlich von Studiengebühren an, deren Abfluss in spätere Veranlagungszeiträume zu verlagern.

Die Ausnutzung des auch für Sonderausgaben geltenden Abflussprinzips führt gegenüber einer kumulierten Berücksichtigung von Werbungskosten/Betriebsausgaben im Wege des Verlustabzugs gemäß § 10d EStG (ohne Zinseffekte) sogar zu einer leicht verbesserten steuerlichen Auswirkung, wenn nach dem Abschluss des Studiums der

---

[39] BFH, Urteil vom 27. 10. 2011 - VI R 52/10, BFH/NV 2012 S. 323 (mehrmonatige Ausbildung zum Rettungssanitäter, hier während des Zivildienstes); FG Köln, Urteil vom 12. 12. 2011 - 7 K 3147/08, Rev. beim BFH: VI R 6/12 (sechsmonatige innerbetriebliche Ausbildung zur Flugbegleiterin).

[40] FG Köln, Urteil vom 12. 12. 2011 - 7 K 3147/08, Rev. beim BFH: VI R 6/12; BT-Drucks. 15/3339, S. 10.

[41] BT-Drucks. 15/3339, S. 10.

jährliche Höchstbetrag gemäß § 10 Abs. 1 Nr. 7 EStG in Höhe von 6.000 € ausgeschöpft wird.

Beispiel:
Bei Studiengebühren von z. B. 24.000 € für ein dreijähriges Bachelorprogramm und einem zu versteuernden Einkommen in Höhe von 40.000 € in den anschließenden ersten Berufsjahren ergibt sich beim Sonderausgabenabzug über vier Jahre (ohne Zinseffekte) infolge des jeweils höheren Grenzsteuersatzes c. p. eine Steuerersparnis in Höhe von 8.336 € gegenüber 7.348 €.

Hinweis: Bieten private Hochschulen entsprechende Zahlungsmodalitäten (ggf. kombiniert mit marktüblichen Zinsen und entsprechenden Sicherheiten) nicht schon generell an, sollten unter Hinweis auf die erhebliche Finanzierungswirkung der Ersparnis, die in vielen Fällen ein solches Studium erst möglich machen könnte, individuelle Vereinbarungen angestrebt werden.

4. Übertragung von Einkunftsquellen

Sofern vermögende Steuerpflichtige ihren studierenden Abkömmlingen nicht ohnehin schon ertragbringendes Vermögen übertragen haben, bietet sich diese Gestaltung (z. B. mittels Übertragung von Immobilien) an, um den Sonderausgabenabzug bereits während des Studiums auszunutzen. Zu beachten ist, dass für eine maximale Ausschöpfung ein zu versteuerndes Einkommen in Höhe von mindestens 14.040 € vorliegen muss und die steuerliche Wirkung mit der Höhe des Grenzsteuersatzes zunimmt.

V. Fazit

Die Beurteilung der Verfassungsmäßigkeit der Neuregelung der Abziehbarkeit von Studiengebühren durch den BFH bleibt abzuwarten. Gesetzgebung und Verwaltung halten bisher im Ergebnis weiter an der vom BFH verworfenen Differenzierung zwischen Ausbildung einerseits und Fort-/Weiterbildung andererseits fest. Die zwischenzeitlichen Entscheidungen des BFH zur Qualifikation von Erstausbildungen (Flugbegleiter, Rettungssanitäter) zeigen, dass dieser nach wie vor einer weitgehenden Berücksichtigung von Studiengebühren/-kosten als Werbungskosten/Betriebsausgaben zuneigt. Nicht zuletzt die aufgezeigten Gestaltungsmöglichkeiten zur Optimierung des Abzugs betreffender Aufwendungen lassen daran zweifeln, dass mit der gegenwärtigen Rechtslage eine realitätsgerechte Typisierung und Vereinfachung gelungen ist.

Steuerliche Einflüsse auf den Einkommensbegriff des BAföG

Dipl.-Kfm. Dr. Stephan Vossel

I. Einleitung

Auf seinem langen – und hoffentlich noch lange währenden – Lebensweg wurde Horst Walter Endriss von zwei Themenkomplexen begleitet: Steuern auf der einen Seite sowie Aus- und Weiterbildung bzw. Lehre auf der anderen. Eine große Stärke des Jubilars ist, eine Verbindung dieser beiden Bereiche herzustellen und so komplexe steuerliche Zusammenhänge in seinen Lehrveranstaltungen klar strukturiert und gut verständlich zu vermitteln. Auf diese Weise konnte er einer Vielzahl von Menschen eine umfassende steuerliche Aus- und Weiterbildung[1] angedeihen lassen.

Neben dieser durch Horst Walter Endriss persönlich hergestellten Verknüpfung weisen Steuern und der Bereich der Aus- und Weiterbildung gegenseitige Berührungspunkte auf. Den Zusammenhang von Bildung und Einkünfteerzielung in Blick nehmend rückt beispielsweise die Abzugsfähigkeit von Bildungsaufwendungen im Rahmen des Einkommensteuerrechts in den Fokus der Betrachtung,[2] welche durch Steuerpflichtige, Finanzverwaltung bzw. Gesetzgeber und Rechtsprechung eine bereits langanhaltende Auseinandersetzung erfährt.[3] Über diese steuerentlastende Wirkung hinaus wird Bildung – oder besser: der Aus- oder Weiterbildungswillige – auch direkt durch Mittelzuwendungen gefördert, was gesetzlich prominenten Ausfluss im Berufsausbildungsförderungsgesetz (BAföG)[4] oder im Aufstiegsfortbildungsförderungsgesetz (AFBG – „Meister-BAföG") gefunden hat. Beide Gesetze nutzen im Rahmen der Zuwendungs- und/oder Rückzahlungsbemessung steuerliche Größen, welche im Folgenden genauer betrachtet werden sollen. Hierbei ist zunächst festzuhalten, dass die Vorschriften des „Meister-BAföG" hinsichtlich der nachgehend erörterten Größen auf das BAföG verweisen,[5] so dass im Rahmen dieses Beitrages allein auf das BAföG abgestellt werden kann.

---

[1] Und/oder eine Ausbildung im weiten Feld des Rechnungswesens.

[2] Vgl. hierzu beispielsweise aktuelle Beiträge von *Dinkelbach/Philippen*, Behandlung, BBK 2012, S. 968 ff.; *Förster, J.*, Bildung, DStR 2012, S. 486 ff.; *Greil*, Behandlung, JURA 2012, S. 213 ff.

[3] Vgl. *Dinkelbach/Philippen*, Behandlung, BBK 2012, S. 967 f.; *Wenzel*, Ausbildungskosten, StB 2012, S. 278 ff.; *Trossen*, Regelungen, FR 2012, S. 502 ff.; *Lohse/Zanzinger*, Ertragsteuern, DStR 2012, S. 1053 f.

[4] Zur Bedeutung des BAföG vgl. *Meeh-Bunse/Lühn*, Finanzierung, StB 2012, S. 85.

[5] Konkret gem. § 17 Abs. 1 AFBG.

Eine Besonderheit bei der Verwendung steuerlicher Größen durch das BAföG ist zudem, dass hiermit zusammenhängende Rechtsstreitigkeiten nicht in die Finanz- sondern in die Verwaltungsgerichtsbarkeit fallen. Gleichwohl werden auch von letzteren Gerichten steuerliche Normen ausgelegt und angewandt. Da Urteile der Verwaltungsgerichte vielfach nicht im Zentrum der Aufmerksamkeit des steuerlichen Fachpublikums stehen, greift ungläubiges Entsetzen um sich, wenn beispielsweise nach einem Verwaltungsgerichtsprozess zu einer BAföG-Angelegenheit in der Tagespresse eine „Neudefinition [...] zum [steuerlichen – Einf. d. Verf.] „Einkommen""[6] thematisiert wird. Folglich scheint es angebracht diesen Bereich der Judikatur genauer in Blick zu nehmen.

II. BAföG

Das BAföG normiert den Rechtsanspruch auf eine individuelle Ausbildungsförderung, um einem Auszubildenden die erforderlichen Mittel zur Erreichung seines Bildungszieles und zur Bestreitung seines Lebensunterhaltes zu ermöglichen. Voraussetzung ist gem. § 1 BAföG jedoch, dass diese Mittel dem Auszubildenden nicht anderweitig zur Verfügung stehen. Ausgangspunkt der Ermittlung der konkreten Zuwendung stellt der Bedarf des Auszubildenden dar, auf den gem. § 11 Abs. 2 BAföG das Einkommen und Vermögen des Auszubildenden sowie das Einkommen seines Ehegatten und seiner Eltern[7] (mindernd) angerechnet werden. Entsprechend stellt die Prüfung der Vermögens- und Einkommenssituation des Antragstellers bzw. seiner Angehörigen einen wesentlichen Teil bei der Förderungsgewährung dar. Während das BAföG hinsichtlich des nach § 26 i. V. m. §§ 27 ff. BAföG anzurechnenden Vermögens zunächst gem. § 28 BAföG eine eigenständige Wertermittlung enthält,[8] wird im Rahmen des Einkommensbegriffes gem. § 21 Abs. 1 Satz 1 BAföG[9] direkt an einkommensteuerliche Größen –

---

[6] *Cepielik*, Kürzung, Kölner Stadtanzeiger 2012 (Internetquelle).

[7] Eine Ausnahme besteht für sog. „elternunabhängiges BAföG"; vgl. hierzu *Winkler*, in: Kreikebohm/Spellbrink/Waltermann, Sozialrecht, 2011, Sammelkommentierung BAföG Rz. 49.

[8] Obwohl hinsichtlich konkreter Wertermittlungsüberlegungen auch hier bereits auf steuerliche Vorschriften wie beispielsweise das BewG zurückgegriffen wird; vgl. *Ramsauer/Stallbaum/Sternal*, BAföG, 2005, § 28 Rz. 6.

[9] Zur Bedeutung des Einkommensbegriffes gem. § 21 BAföG für das gesamte Gesetz vgl. VG Sigmaringen vom 14. 12. 2011, 1 K 482/11, juris.de (Internetquelle); VG Göttingen vom 16. 9. 2002, 4 A 4255/99, juris.de (Internetquelle).

konkret Einkünfte gem. § 2 Abs. 1 f. EStG – angeknüpft.[10] Hierbei geht das BAföG partiell schedularisch vor, indem gem. § 21 Abs. 1 Satz 2 BAföG lediglich auf positive Einkünfte abgestellt und ein Verlustausgleich zwischen den Einkunftsarten somit suspendiert wird.[11] Relevant sind somit lediglich solche Einkunftsquellen, bei denen gem. § 2 Abs. 2 EStG die Betriebseinnahmen die Betriebsausgaben bzw. die Einnahmen die Werbungskosten übersteigen.[12] Allerdings ist zu berücksichtigen, dass der Einkommensbegriff des BAföG durch die BAföG-EinkommensV[13] modifiziert wird, welche beispielsweise den Einbezug einiger nach EStG steuerfreier Einnahmen normiert.[14] Zudem besitzt das EStG selbst mit § 2 Abs. 5a EStG eine Vorschrift, welche auf den Umfang der Einkünfte gem. § 2 Abs. 1 f. EStG wirkt, sofern außersteuerliche Normen auf diesen Begriff zurückgreifen.[15]

Die zutreffende Einkünftebemessung stellt somit einen zentralen Punkt bei der Prüfung des Zuwendungsbedarfs für eine Ausbildungsförderung dar und ist entsprechend oft durch gegenteilige Ansichten von Antragsteller und Behörde geprägt, was wiederum verschiedentlich juristische Auseinandersetzungen zur Folge hat.

III. Einkünfteerzielungsabsicht

1. Prüfungssystematik

Bevor eine konkrete Ermittlung der Einkunftshöhe einzelner Einkunftsarten durch Gegenüberstellung positiver und negativer Beiträge vorzunehmen ist, muss die grundlegende Einkünfteerzielungsabsicht des Steuerpflichtigen[16] bestätigt werden. Das (Einkommen-)Steuerrecht differenziert zwischen Einkünfteerzielung und Einkünftever-

---

[10] Für ein Schema der Einkommensermittlung nach BAföG vgl. *Schepers*, BAföG, 2012, § 21 BAföG Rz. 3 (Internetquelle).

[11] Vgl. *Schepers*, BAföG, 2012, § 21 BAföG Rz. 1 (Internetquelle).

[12] Diese einkommensteuerliche Betrachtung ist auch für das BAföG bindend; vgl. *Ramsauer/Stallbaum/Sternal*, BAföG, 2005, § 21 Rz. 2 ff.

[13] Aufgrund der Ermächtigung gem. § 21 Abs. 3 Nr. 4 BAföG.

[14] Vgl. *Ramsauer/Stallbaum/Sternal*, BAföG, 2005, § 21 Rz. 7, 34.

[15] Vgl. *Ramsauer/Stallbaum/Sternal*, BAföG, 2005, § 21 Rz. 2. Beispielsweise hinsichtlich des Einbezugs partiell steuerfreier Einnahmen gem. § 3 Nr. 40 EStG.

[16] Bzw. bei Erwägungen im Rahmen des BAföG des Antragstellers oder relevanter nahestehender Personen.

wendung,[17] wobei die Einkünfteverwendung der Privatsphäre des Steuerpflichtigen zugeordnet wird und entsprechend unbeachtlich ist. Eine Liebhabertätigkeit wird dabei ebenfalls der Privatsphäre zugeordnet. Zur Bestätigung der Einkünfteerzielungsabsicht (und damit Verneinung der Liebhaberei) wird grundsätzlich ein zweigliedriges Verfahren angewandt.[18] Zunächst ist eine Totalüberschuss bzw. Totalgewinnprognose zu erstellen.[19] Fällt diese positiv aus, wird die Einkünfteerzielungsabsicht bejaht.[20] Sollte sich hingegen ein negativer Totalerfolg ergeben, ist anhand einer subjektiven Prüfung die Intention des Steuerpflichtigen bei der Tätigkeitsausführung zu ergründen und eine ggf. vorhandene Einkünfteerzielungsabsicht in diesem Wege zu bestätigen.[21] Sofern hingegen „der Steuerpflichtige die verlustbringende Tätigkeit nur aus im Bereich seiner Lebensführung liegenden persönlichen Gründen oder Neigungen"[22] ausübt, wird der Tatbestand der Liebhaberei bestätigt. Die Prüfung der Einkünfteerzielungsabsicht betrifft alle Einkunftsarten und damit explizit auch die Überschusseinkunftsarten gem. § 2 Abs. 2 Nr. 2 EStG.[23] Bei letzteren ist eine Betrachtung einzelner Einkunftsquellen notwendig.[24]

Sollte die Einkünfteerzielungsabsicht verneint und damit das Vorliegen des Tatbestandes der Liebhaberei bestätigt werden, besitzen zufließende Beträge aus diesen Tätigkeitsbereichen keine steuerliche Relevanz und sind entsprechend auch für Einkommensüberlegungen nach BAföG ohne Bedeutung. Hierbei fällt nicht ins Gewicht, dass gem. § 21 Abs. 1 Satz 1 BAföG nur positive Einkünfte heranzuziehen sind. Bei negativer

---

[17] Vgl. *Ismer/Riemer*, Liebhabereibegriff, FR 2011, S. 455.

[18] Vgl. *Weber-Grellet*, Systematisierung, DStR 2012, S. 1256; *Kaminski*, in: Korn et al., EStG, 11/2001, § 2 EStG Rz. 38; *Heuermann*, Einkünfteerzielungsabsicht, StuW 2003, S. 105; *Weber-Grellet*, Grenze, DStR 1992, S. 563.

[19] Vgl. *Escher*, Liebhaberei, 2005, S. 101; *Joisten/Vossel*, Karneval, FR 2013, S. 57.

[20] Vgl. BFH vom 4. 8. 1994, VI R 94/93, BStBl II 1994, S. 944; *Falkner*, Besteuerungsmerkmal, 2009, S. 106 f.; *Escher*, Liebhaberei, 2005, S. 101; *Kaminski*, in: Korn et al., EStG, 11/2001, § 2 EStG Rz. 39. Kritisch zur fehlenden Prüfung des subjektiven Tatbestandsmerkmals bei positiver Totalerfolgsprognose vgl. *Falkner*, Besteuerungsmerkmal, 2009, S. 108 ff.

[21] Vgl. *Falkner*, Besteuerungsmerkmal, 2009, S. 52; *Joisten/Vossel*, Karneval, FR 2013, S. 57.

[22] BFH vom 25. 6. 1984, GrS 4/82, BStBl II 1984, S. 751; BFH vom 27. 11. 2008, IV R 17/06, HFR 2009, S. 771; BFH vom 23. 5. 2007, X R 33/04, BStBl II 2007, S. 874; BFH vom 14. 12. 2004, XI R 6/02, BStBl II 2005, S. 392; BFH vom 6. 3. 2003, XI R 46/01, BStBl II 2003, S. 602; FG Düsseldorf vom 21. 5. 2010, 1 K 292/09 E, EFG 2010, S. 1415 (rkr.); FG Niedersachsen vom 27. 3. 2009, 1 K 11543/05, EFG 2010, S. 939 (rkr.).

[23] Vgl. *Escher*, Liebhaberei, 2005, S. 84.

[24] Vgl. *Habl*, Liebhaberei, 2006, S. 37; *Escher*, Liebhaberei, 2005, S. 85.

Totalerfolgsprognose und Bestätigung einer aus persönlicher Neigung ausgeführten Tätigkeit sind sämtliche Zuflüsse und Belastungen aus dem Einkunftsbegriff exkludiert, auch wenn in einer konkreten Periode ein Überschuss „erwirtschaftet" wird.

2. Einkünfte aus nichtselbständiger Arbeit

2.1 Sachverhaltskonkretisierung

Bei Tätigkeiten im Bereich der nichtselbständigen Arbeit wird eine Einkünfteerzielungsabsicht vielfach bejaht werden können,[25] allerdings wird eine entsprechende Prüfung nicht obsolet.[26] Eine besondere Betrachtung erfordern hierbei solche Beschäftigungsverhältnisse, welche nur einen geringen Arbeitslohn gewähren und / oder in hohem Umfang Werbungskosten auslösen. Beurteilungsgegenstand ist jeweils das einzelne Arbeitsverhältnis.[27]

In jüngeren BAföG-Entscheidungen rückten in diesem Zusammenhang vor allem Arbeitsverhältnisse von Geschwistern der Antragsteller in den Fokus.[28] Deren Einkommen ist insofern für die Bemessung der Ausbildungsförderung relevant, als dass bei dem gem. § 11 Abs. 2 Satz 1 BAföG anzurechnenden Einkommen der Eltern des Antragstellers gem. § 25 Abs. 3 Satz 1 Nr. 2 BAföG für weitere Kinder der Eltern ein Freibetrag von monatlich 485 € gewährt wird. Dieser Freibetrag vermindert sich jedoch gem. § 25 Abs. 3 Satz 2 BAföG um das Einkommen des betreffenden Kindes.

In den angesprochenen Streitfällen leisteten die Geschwister einen einjährigen Freiwilligendienst im Ausland und erhielten hierfür neben einem monatlichen Taschengeld freie Unterkunft und Verpflegung (bzw. eine monetäre Verpflegungsvergütung) an ihrem Einsatzort.

---

[25] Vgl. *Musil*, in: H/H/R, EStG, 07/2012, § 2 EStG Rz. 440; *Krüger*, in: Schmidt, EStG, 2012, § 19 Rz. 2; *Schell*, Besteuerungsmerkmale, 2006, S. 151.

[26] Eine fehlende Einkünfteerzielungsabsicht bei Einkünften aus nichtselbständiger Arbeit für möglich erachtend; vgl. BFH vom 28. 8. 2008, VI R 50/06, BStBl II 2009, S. 243; *Musil*, in: H/H/R, EStG, 07/2012, § 2 EStG Rz. 444; *von Gehlen*, Abgrenzung, 1989, S. 73 f. Zu konkreten Einzelfällen der Verneinung der Einkünfteerzielungsabsicht bei nichtselbständiger Arbeit vgl. beispielsweise BFH vom 28. 8. 2008, VI R 50/06, BStBl II 2009, S. 243; FG Düsseldorf/Köln vom 28. 3. 1979, VIII 184/76 E, EFG 1979, S. 431 (rkr.).

[27] Vgl. BFH vom 28. 8. 2008, VI R 50/06, BStBl II 2009, S. 243.

[28] Vgl. VG Gelsenkirchen vom 29. 8. 2012, 15 K 438/11; VG Sigmaringen vom 14.12.2011, 1 K 482/11, juris.de (Internetquelle).

2.2 Vorgelagerte Prüfungsschritte

2.2.1 Einkünftebegriff

Der Anwendungsbereich des deutschen Einkommensteuergesetzes ist eröffnet, wenn eine natürliche Person gem. § 1 EStG[29] als unbeschränkt oder beschränkt steuerpflichtig anzusehen ist. Ohne die Bestätigung der persönlichen Steuerpflicht sind Einkünfteüberlegungen gem. § 2 EStG nicht anzustellen.[30] Einkommensteuersystematisch müsste entsprechend zunächst gem. § 1 Abs. 1 Satz 1 EStG die Prüfung eines bestehenden Wohnsitzes (§ 8 AO) oder eines gewöhnlichen Aufenthaltes (§ 9 AO) in Deutschland erfolgen. Im Rahmen der Einkommensbemessung nach BAföG sind solche Überlegungen jedoch entbehrlich, da § 21 Abs. 2a Satz 1 BAföG auch steuerliche Einkünfte einbezieht, welche ausschließlich ausländischem Steuerrecht unterliegen.[31] Hieraus wird deutlich, wie punktuell der Bezug des BAföG auf das EStG ist. Entsprechend ergibt sich auch aus der gesonderten Behandlung von Kindern, welche ein bestimmtes freiwilliges Jahr oder einen anderen Dienst im Ausland verrichten (beispielsweise gem. § 32 Abs. 4 Satz 1 Nr. 2 lit. d) EStG oder § 2 Abs. 2 Satz 1 Nr. 2 lit. d) BKKG), kein Einfluss auf die Einkommensüberlegung nach BAföG.[32]

Der scheinbaren Vereinfachung durch den Wegfall der Prüfung der persönlichen Steuerpflicht steht allerdings die Schwierigkeit gegenüber, ausländische Einkünfte zu definieren, vor allem, wenn sie ausschließlich der Besteuerung durch einen ausländischen Staat unterliegen. Zwei Überlegungsansätze wären hierbei möglich: Zum einen könnte der Einkünftebegriff des EStG auf solche Sachverhalte ausgedehnt werden, für welche das Gesetz beispielsweise aufgrund fehlender persönlicher Steuerpflicht eigentlich nicht anwendbar ist. Die Ausdehnung des deutschen Einkünftebegriffs hätte den Vorteil, dass ein dem BAföG-Antragsteller und der bewilligenden Stelle bekannter (oder zumindest bekannterer) Rechtskreis zugrundegelegt würde.

Zum anderen könnten tatsächlich Sachverhalte außerhalb des EStG herangezogen werden, welche als Einkünfte des konkret einschlägigen ausländischen Steuerregimes zu qualifizieren sind. Entsprechend müsste § 21 Abs. 1 Satz 1 BAföG in diesem Fall folgendermaßen interpretiert werden: „Als Einkommen gilt [...] die Summe der positi-

---

[29] Ergänzt um die Vorschriften des § 1a EStG.

[30] Im Rahmen der Prüfung der beschränkten Einkommensteuerpflicht ist jedoch der Einkünftekatalog gem. § 49 EStG heranzuziehen.

[31] Sich entsprechend auf diese Vorschrift stützend; vgl. VG Sigmaringen vom 14.12.2011, 1 K 482/11, juris.de (Internetquelle).

[32] Zutreffend VG Sigmaringen vom 14.12.2011, 1 K 482/11, juris.de (Internetquelle).

ven Einkünfte im Sinne des § 2 Abs. 1 und 2 des deutschen Einkommensteuergesetzes und der positiven Einkünfte im Sinne einer entsprechenden ausländischen Einkommensteuervorschrift." Dies hätte zur Folge, dass ausländische Einnahmen- und Werbungskostenüberlegungen bei der Bestimmung des BAföG-Einkommens herangezogen werden müssten, was neben der Konfrontation der verwaltenden Stellen mit dem gesamten Spektrum der weltweiten Einkommensteuersysteme zudem die Schwierigkeit birgt, dass in einzelnen ausländischen Einkommensteuervorschriften eine den deutschen Einkünften entsprechende Größe fehlt, ggf. ein Einkommensteuergesetz nach deutschen Vorstellungen nicht existiert.[33]

Neben den angeführten eher praktischen Erwägungen spricht zunächst § 21 Abs. 2a Satz 2 f. BAföG für erstere Auslegung, da die ausländischen Brutto(betriebs-)einnahmen eines Steuerausländers um Beträge nach dem Einkommensteuergesetz zu mindern sind. Spätestens aus dem Verweis auf den Werbungskostenpauschbetrag gem. § 9a EStG wird deutlich, dass es sich bei den Formulierungen alleinig um das deutsche Einkommensteuergesetz handelt.[34] Wenn somit bereits in Fällen zunächst ausländischem Steuerrecht unterliegende Einkünfte nach den Vorschriften des deutschen EStG behandelt werden, sollte dies auch für ausländische Einkünfte in Deutschland unbeschränkt steuerpflichtiger Personen gelten, deren Einkünfte aufgrund von Doppelbesteuerungsabkommen ganz oder teilweise einem ausländischen Steuerregime unterworfen werden.

Weiterhin wird auch im Rahmen des Progressionsvorbehaltes gem. § 32b EStG – trotz teilweiser Auslandsbezogenheit – grundsätzlich[35] der Einkünftebegriff nach deutschem Recht zugrundegelegt.[36] Für Einkommens- bzw. Einkünfteerwägungen nach BAföG ist daher für betrachtete in- und ausländische Sachverhalte das deutsche Einkommensteuerrecht zugrundezulegen. Konkret auf Einkünfte aus nichtselbständiger Arbeit bezogen bedeutet dies die Prüfung der Nichtselbständigkeit, der zufließenden

---

[33] Als extremes Beispiel seien die Cayman Islands genannt; vgl. PKF, Guide, 2012, S. 2 (Internetquelle).

[34] Vgl. Tz. 21.2 a.1 BAföG VwV. Gl. A. *Ramsauer/Stallbaum/Sternal*, BAföG, 2005, § 21 Rz. 25.

[35] Zur Diskussion um die Notwendigkeit einer expliziten DBA-Formulierung vgl. *Dankmeyer*, in: Frotscher, EStG, 01/2010, § 32b Rz. 52 ff.

[36] Vgl. BFH vom 14. 7. 2010, X R 37/08, BStBl II 2011, S. 628; *Wagner*, in: Blümich, EStG, 04/2012, § 32b EStG Rz. 65; *Heinicke*, in: Schmidt, EStG, 2012, § 32b Rz. 2; *Frenz*, in: Kirchhof/Söhn/Mellinghoff, EStG, 03/2009, § 32b Rz. E 2, E 49. S. auch BFH vom 4. 4. 2007, I R 110/05, BStBl II 2007, S. 521; FG Baden-Württemberg vom 30. 4. 2009, 7 K 222/06, EFG 2009, S. 1914.

Einnahmen und hiermit zusammenhängenden Werbungskosten nach deutschem Recht.[37]

2.2.2 Bestätigung der nichtselbständigen Tätigkeit

Neben grundsätzlichen Einkünfteüberlegungen ist die Nichtselbständigkeit der ausgeübten Tätigkeit zu bestätigen. Dies wurde in den vorliegenden Urteilen[38] (teilweise unter Rückgriff auf die LStDV) zutreffend geprüft und unter Abstellen auf Sachverhaltsmerkmale wie Weisungsgebundenheit, Eingliederung in eine Organisation oder regelmäßiger Arbeitszeit bestätigt (Arbeitnehmer schuldet Arbeitgeber seine Arbeitskraft gem. § 2 Abs. 2 Satz 1 LStDV).

Wird im Rahmen einer nichtselbständigen Arbeit anhand der objektiven Prüfung des Totalerfolges aus dieser Einkunftsquelle (des konkreten Beschäftigungsverhältnisses) ein Einnahmenüberschuss ermittelt, ist es unerheblich, ob die Grundmotivation der betrachteten natürlichen Person zur Ausführung der Tätigkeit in eigener Vergnügung oder in altruistisch, karitativen Absichten liegt.[39] Auch der Vergleich der gewährten Entlohnung mit marktüblichen Vergütungen der gleichen Tätigkeit ist nicht von Relevanz.[40]

Bei der Betrachtung des Verhältnisses von Einnahmen und Werbungskosten räumt der BFH durch die Feststellung einer Einkünfteerzielungsabsicht für den Fall, dass die erhaltenen Zahlungen „nicht nur ganz unwesentlich höher sind als die [...] entstandenen Aufwendungen"[41] sind, noch einen gewissen Ermessensspielraum ein. Dieser ist gerade vor dem Hintergrund der oftmals partiell zukunftsgerichteten Totalerfolgsprognose und den hiermit verbundenen Unsicherheiten durchaus zu begrüßen, um unbillige Härten zu vermeiden. In den vorliegenden Fällen handelte es sich jedoch nach den geschilderten Sachverhalten um eine zeitlich klar begrenzte Beschäftigung, für die zudem aus Sicht der entscheidenden Gerichte eine ex-post Betrachtung vorzunehmen

---

[37] Vgl. BFH vom 20. 9. 2006, I R 59/05, BStBl II 2007, S. 756.

[38] VG Gelsenkirchen vom 29. 8. 2012, 15 K 438/11; VG Sigmaringen vom 14. 12. 2011, 1 K 482/11, juris.de (Internetquelle).

[39] Vgl. BFH vom 4. 8. 1994, VI R 94/93, BStBl II 1994, S. 944; BFH vom 23. 10. 1992, VI R 59/91, BStBl II 1993, S. 303.

[40] Vgl. BFH vom 4. 8. 1994, VI R 94/93, BStBl II 1994, S. 944.

[41] BFH vom 4. 8. 1994, VI R 94/93, BStBl II 1994, S. 944; BFH vom 23. 10. 1992, VI R 59/91, BStBl II 1993, S. 303. Entsprechend hierauf abstellend; vgl. FG Mecklenburg-Vorpommern vom 25. 5. 2011, 3 K 469/09, juris.de (Internetquelle) (Rev. BFH, X R 40/11); FG Düsseldorf vom 4. 5. 2000, 8 K 9058/98 E, EFG 2001, S. 136 (rkr.); FG Bremen vom 30. 6. 1999, 199024 K 6, EFG 1999, S. 1125 (rkr.).

war. Vor diesem Hintergrund erscheint die Einräumung eines Ermessensspielraumes nicht begründbar. Eine Einkünfteerzielungsabsicht ist damit bereits bei marginalen Überschüssen zu befürworten. Der Bemessung der mit der nichtselbständigen Tätigkeit in Verbindungen stehenden Einnahmen und Werbungskosten[42] kommt somit die entscheidende Bedeutung zu und soll im Folgenden betrachtet werden. Gleichwohl ist darauf hinzuweisen, dass bei einer Prüfung der Einkünfteerzielungsabsicht bei nichtselbständiger Arbeit sämtliche hiermit zusammenhängende Einnahmen (mit ihrem Nominalwert[43]) zu berücksichtigen sind, auch wenn sie nach Beendigung der eigentlichen Tätigkeit anfallen. Hierunter fallen beispielsweise neben Ruhegehältern auch Versorgungsleistungen für Hinterbliebene (Rechtsnachfolger).[44]

Abschließend soll an dieser Stelle noch angemerkt werden, dass die angeführten Überlegungen des BFH zur Einkünfteerzielungsabsicht und ihr Heranziehen durch die Verwaltungsgerichte bei BAföG-Entscheidungen[45] keinen neuen Einkommensbegriff oder eine „Neudefinition" desselbigen schafft.[46] Vielmehr werden einkommensteuerliche Grundüberlegungen konsequent – und in dieser Hinsicht auch zutreffend – auf nichtselbständige Tätigkeiten angewendet.

IV. Einnahmen und Werbungskosten

Hinsichtlich der bei der Einkommensermittlung nach BAföG zu berücksichtigenden Einnahmen und Werbungskosten sind ebenfalls (einkommen-)steuerliche Grundsätze heranzuziehen und somit den Differenzierungen zwischen Einkunftssphäre und privater Lebensführung Rechnung zu tragen.

1. Einnahmen

Aus steuerlicher Sicht ergeben sich die relevanten Einkünfte aus nichtselbständiger Arbeit aus den Einnahmen abzüglich steuerfreier Einnahmen gem. § 3 EStG, Wer-

---

[42] Vgl. *Falkner*, Besteuerungsmerkmal, 2009, S. 38.

[43] Vgl. BFH vom 28. 8. 2008, VI R 50/06, BStBl II 2009, S. 243; BFH vom 15. 12. 1999, X R 23/95, BStBl II 2000, S. 267.

[44] Vgl. BFH vom 28. 8. 2008, VI R 50/06, BStBl II 2009, S. 243.

[45] VG Gelsenkirchen vom 29. 8. 2012, 15 K 438/11.

[46] So jedoch *Cepielik*, Kürzung, Kölner Stadtanzeiger 2012 (Internetquelle).

bungskosten gem. § 9 EStG oder des Arbeitnehmer-Pauschbetrages gem. § 9a Satz 1 Nr. 1 EStG sowie steuerfreie Versorgungsbezüge gem. § 19 Abs. 2 EStG.[47] Die Steuerfreistellung durch § 3 EStG erfolgt bereits im Rahmen der Ermittlung einzelner Einkunftsarten (genauer einzelner Einkunftsquellen im Rahmen der Einkunftsarten) gem. § 2 Abs. 1 Satz 1 EStG.[48] Dem steht auch nicht die Unbeachtlichkeit steuerfreier Beträge gem. § 3 Nr. 40 EStG entgegen, welche durch § 2 Abs. 5a EStG normiert wird. Hierbei handelt es sich um eine konkrete Korrekturnorm, welche zudem bereits in die einzelnen Einkünfte eingreift. Hieraus wird vielmehr unterstrichen, dass Steuerfreistellungen gem. § 3 EStG bereits auf die Einkünfte wirken.

Einnahmen aus nichtselbständiger Arbeit umfassen gem. § 2 Abs. 1 Satz 1 LStDV[49] sämtliche aus dem Arbeitsverhältnis zufließende Beträge und damit neben Geld- auch Sachzuwendungen.[50] Entscheidend ist zum einen die Bereicherung und zum anderen der Veranlassungszusammenhang mit dem Dienstverhältnis.[51] Hierunter fällt auch die zur Verfügungstellung von Wohnung oder Unterkunft[52] unabhängig davon, ob eine Wohnung/Unterkunft durch den Arbeitgeber selbst oder einen Dritten gestellt wird.[53] Entsprechend ist auch eine monetäre Zuwendung des Arbeitgebers an den Arbeitnehmer zu Wohnzwecken zu behandeln.[54] Gleiches gilt für die Mahlzeiten welche direkt durch den Arbeitgeber abgegeben werden oder durch verbilligte Abgabe oder monetärer Ausstattung des Arbeitnehmers zum Verpflegungserwerb gewährleistet werden.

---

[47] Ähnlich *Pflüger*, in: H/H/R, 09/2009, § 19 EStG Rz. 100 zur Definition steuerpflichtiger Einkünfte aus nichtselbständiger Arbeit.

[48] A. A. wohl *Fissenewert*, in: Frotscher, EStG 01/2010, Einführung zu § 3 EStG Rz. 8, welcher eine Kürzung steuerfreier Einnahmen erst ab der Ermittlung des Gesamtbetrages der Einkünfte vornimmt.

[49] Zur Zulässigkeit dieser Definition vgl. BFH vom 17. 7. 1981, BStBl II 1981, S. 773; BFH vom 12. 11. 1976, VI R 214/74, BStBl II 1977, S. 181.

[50] Vgl. BFH vom 23. 1. 2006, VIII B 116/05, BFH/NV 2006, S. 1081; BFH vom 17. 6. 2005, VI B 176/04, BFH/NV 2005, S. 1796; BFH vom 16. 4. 1993, VI R 6/89, BStBl II 1993, S. 640; FG Münster vom 6. 12. 2006, 8 K 4463/02 E, EFG 2007, S. 921.

[51] Vgl. *Mody*, in: Korn et al., EStG, 11/2009, § 19 EStG Rz. 49; *Pflüger*, in: H/H/R, 09/2009, § 19 EStG Rz. 100.

[52] Vgl. *Pflüger*, in: H/H/R, 09/2009, § 19 EStG Rz. 286.

[53] Vgl. *Mody*, in: Korn et al., EStG, 11/2009, § 19 EStG Rz. 66.

[54] Vgl. *Stache*, in: Bordewin/Brandt, EStG, 09/2011, § 19 EStG Rz. 891. Zur grundsätzlichen Qualifikation von Barzuschüssen des Arbeitgebers als steuerpflichtiger Arbeitslohn; vgl. *Barein*, in: Littmann/Bitz/Pust, EStR, 05/2009, § 19 Rz. 227.

IV. Einnahmen und Werbungskosten

Allerdings ist zu prüfen, ob zufließende Einnahmen nicht als steuerfrei gem. § 3 EStG[55] zu qualifizieren sind. Bei vorliegendem Sachverhalt von Vergütungen im Rahmen eines Freiwilligendienstes im Ausland könnten § 3 Nr. 5, 12, 13 oder 16 EStG einschlägig sein.[56]

Durch das JStG 2013 sollte das Taschengeld des Bundesfreiwilligendienstes in die Steuerbefreiung des § 3 Nr. 5 EStG einbezogen werden.[57] Aus den Ausführungen des Rechtsausschusses wird deutlich, dass diese Steuerbefreiung auch für entsprechende Zuwendungen im Rahmen eines Jugendfreiwilligendienstes und eines anderen zivilen Freiwilligendienstes anwendbar sein sollte.[58] Allerdings muss berücksichtigt werden, dass die BAföG-EinkommensV Leistungen nach dem Wehrsoldgesetz oder Zivildienstgesetz als Einnahmen qualifiziert, welche zur Deckung des Lebensbedarfs bestimmt sind, und diese gem. § 21 Abs. 3 Satz 1 Nr. 4 BAföG bei der Einkommensbemessung des BAföG wieder hinzurechnet.[59] Eine entsprechende Reaktion wäre auch für eine neueingeführte Steuerbefreiung für Vergütungen eines Freiwilligendienstes zu erwarten.

Im Rahmen des § 3 Nr. 12 EStG ist Satz 2 von besonderem Interesse,[60] welcher die Steuerfreiheit von Aufwandsentschädigungen aus öffentlichen Kassen an öffentliche Dienste leistende Personen zum Gegenstand hat. Als öffentliche Kasse werden Kassen juristischer Personen des öffentlichen Rechts angesehen oder solche, „die einer Dienstaufsicht und Prüfung der Finanzgebarung durch die inländische öffentliche Hand unterliegen".[61] Da durch diesen Begriff nicht nur staatliche juristische Personen sondern

---

[55] Im Rahmen der BAföG-Erwägung unter Berücksichtigung bestehender Ausnahmevorschriften hinsichtlich einzelner Steuerbefreiungsvorschriften.

[56] Eine Steuerbefreiung gem. § 3 Nr. 26, 26a EStG kommt in vorliegenden Fällen nicht Infrage, da der Umfang der Tätigkeit das notwendige Kriterium der Nebenberuflichkeit ausschließt (Vgl. zur Qualifikation einer nebenberuflichen Tätigkeit BFH vom 30. 3. 1990, VI R 188/87, BStBl II 1990, S. 854; FG Düsseldorf vom 29. 2. 2012, 7 K 4364/10 L, EFG 2012, S. 1313; FG Sachsen-Anhalt vom 16. 4. 2002, 4 K 10500/99, EFG 2002, S. 958 (rkr.); R 3.26 Abs. 2 Satz 1 LStR.

[57] Vgl. Beschlussempfehlung des Finanzausschusses, BT-Drs. 17/11190, S. 27.

[58] Vgl. Beschlussempfehlung des Finanzausschusses, BT-Drs. 17/11190, S. 3.

[59] Vgl. § 2 Nr. 1 BAföG-EinkommensV.

[60] Satz 1 erscheint aufgrund seiner Ermächtigungsanforderungen und dem Verweis einen notwendigen Ausweis im Haushaltsplan eher nicht einschlägig zu sein. Vgl. zu den Anforderungen *Steiner, A.,* in: Lademann, EStG, 07/2012, § 3 Rz. 142.

[61] H 3.11 LStH „Öffentliche Kassen". Vgl. hierzu auch *Fissenewert,* in: Frotscher, EStG 01/2010, § 3 EStG Rz. 19 ff.

auch öffentlich-rechtliche Religionsgemeinschaften erfasst werden,[62] ist es wahrscheinlich, dass Zahlungen von Trägerorganisationen des Freiwilligendienstes das Kriterium der Zuwendung aus öffentlichen Kassen erfüllen. Wird zudem davon ausgegangen, dass „öffentliche Dienste [...] grundsätzlich [von] alle[n] Personen [geleistet werden], die im Dienst einer juristischen Person des öffentlichen Rechts stehen"[63], könnten diese durch Teilnehmer an einem Freiwilligendienst ausgeführt werden, sofern ein Dienstverhältnis mit einer entsprechenden Organisation besteht. Die Steuerfreiheit der Einnahmen ist jedoch nur dann zu gewähren, wenn die hiermit abgegoltenen Aufwendungen als Betriebsausgaben oder Werbungskosten abzugsfähig wären.[64] Daher ist zunächst eine Prüfung bestehender Werbungskosten notwendig. Sollte diese bestätigt werden, sind die Bezüge von öffentlichen Kassen steuerfrei zu stellen und die entsprechenden Werbungskosten gem. § 3c EStG nicht zu berücksichtigen.[65]

Ähnliche Überlegungen sind auch bei der Prüfung eines möglichen Werbungskostenersatzes durch öffentliche Kassen (§ 3 Nr. 13 EStG) oder durch private Arbeitgeber (§ 3 Nr. 16 EStG) anzustellen. Auch hier hängt die Steuerfreiheit von der Qualifikation erstatteter Aufwendungen als Werbungskosten ab.[66] Daher wird im Folgenden eine Bruttobetrachtung von Einnahmen und Werbungskosten vorgenommen, so dass sämtliche Aufwendungen des Arbeitnehmers (wie Flug zum Einsatzort, Wohnungs- oder Verpflegungsabgaben) auf ihre Werbungskosteneigenschaft hin überprüft werden.

Sofern der Steuerpflichtige Zuwendungen erhält, welche nicht in einem Veranlassungszusammenhang mit einem Dienstverhältnis stehen, handelt es sich um keine Einnahmen aus nichtselbständiger Arbeit (zumindest aus diesem Dienstverhältnis). Implizit zutreffend beurteilte das VG Sigmaringen[67] den Sachverhalt, dass Eltern eines Kindes, welches einen Freiwilligendienst ableistete, Geldbeträge an die Trägerorganisation des Freiwilligendienstes überwiesen, welche diese dem Kind als Aufstockung sei-

---

[62] Vgl. H 3.11 LStH „Öffentliche Kassen"; *Handzik*, in: Littmann/Bitz/Pust, EStR, 05/2012, § 3 Rz. 442; *Bergkemper*, in: H/H/R, 01/2005, § 3 Nr. 12 EStG, Rz. 13.

[63] *Steiner, A.*, in: Lademann, EStG, 07/2012, § 3 Rz. 148.

[64] Vgl. BFH vom 20. 8. 2008, I R 35/08, BFH/NV 2009, S. 26; BFH vom 29. 11. 2006, VI R 3/04, BStBl II 2007, S. 308; R 3.12 Abs. 2 Satz 1 LStR.

[65] Vgl. *Tormöhlen*, in: Korn et al., EStG, 09/2011, § 3 Nr. 12 EStG Rz. 11.

[66] Zu § 3 Nr. 13 EStG vgl. BFH vom 12. 4. 2007, VI R 53/04, BStBl II 2007, S. 536; BFH vom 27. 5. 1994, VI R 67/92, BStBl II 1995, S. 17; *Handzik*, in: Littmann/Bitz/Pust, EStR, 05/2012, § 3 Rz. 491; *Tormöhlen*, in: Korn et al., EStG, 09/2011, § 3 Nr. 13 EStG Rz. 13. Zu § 3 Nr. 16 EStG vgl. BFH vom 27. 5. 1994, VI R 67/92, BStBl II 1995, S. 17; *Handzik*, in: Littmann/Bitz/Pust, EStR, 05/2012, § 3 Rz. 617.

[67] VG Sigmaringen vom 14. 12. 2011, 1 K 482/11, juris.de (Internetquelle).

nes monatlichen Taschengeldes zukommen ließ. Hierbei handelt es sich nicht um Einkünfte aus nichtselbständiger Arbeit des Kindes.

Unabhängig von der Erörterung im Rahmen dieses Beitrages sei zu dem beschriebenen Sachverhalt noch angemerkt, dass im Rahmen des Verfahrens die Überweisung von Geldbeträgen an die Trägerorganisation des Freiwilligendienstes in einem frühen Stadium noch als Spende bezeichnet wurde. Die Sachverhaltsdarstellung des Urteils lässt zwar keine umfassende Erörterung dieses Aspektes zu, allerdings erscheint es ernstlich zweifelhaft, ob eine zweckgebundene Zuwendung an eine Organisation mit der Maßgabe der Weiterleitung der Mittel an nahestehende (und ggf. unterhaltsberechtigte) Personen mit dem einkommensteuerlichen Spendenbegriff vereinbar ist, selbst wenn die Trägerorganisation gemeinnützige, mildtätige oder kirchliche Zwecke verfolgt.

2. Werbungskosten

2.1 Allgemeine Betrachtung

Grundsätzlich dürfen Werbungskosten nur dann mindernd bei der Einkünftebemessung gem. § 2 Abs. 2 EStG berücksichtigt werden, wenn sie wirtschaftlich mit Einnahmen zusammenhängen (durch sie veranlasst sind), welche dem deutschen Einkommensteuerrecht unterliegen.[68]

In den konkreten Entscheidungsfällen eines einjährigen Freiwilligendienstes im Ausland[69] wurde zunächst ein Vertrag zwischen der natürlichen Person und einer deutschen Trägerorganisation geschlossen, was auch eine Vergütungsabrede in Euro zur Folge hatte. Die Trägerorganisationen arbeiteten wiederum mit Partnerorganisationen am Einsatzort zusammen, welche die Arbeitnehmer entsprechend einsetzten und auch die konkrete Weisungsbefugnis ausübten. Lohnzuwendungen an den Arbeitnehmer – sofern in bar entrichtet – erfolgten jedoch durch die Trägerorganisation.

Aus dieser Konstellation ist zunächst die Frage der Arbeitsstätte(n) abzuleiten und somit zu entscheiden, ob es sich um eine originär ausländische Beschäftigung (erste Beschäftigungsstätte im Einsatzland) handelt oder ob eine Beschäftigungsstätte in Deutschland (erste Beschäftigungsstätte) vorliegt, von welcher aus der Arbeitnehmer ins Ausland entsendet wird. Grundsätzlich weist der vorliegende Sachverhalt wesentli-

---

[68] Vgl. BFH vom 11. 2. 2009, I R 25/08, BStBl II 2010, S. 536; BFH vom 20. 9. 2006, I R 59/05, BStBl II 2007, S. 756.

[69] VG Gelsenkirchen vom 29. 8. 2012, 15 K 438/11; VG Sigmaringen vom 14. 12. 2011, 1 K 482/11, juris.de (Internetquelle).

che Parallelen zu Leih- oder Zeitarbeitsverhältnissen auf, bei der die Trägerorganisation die Rolle der Zeitarbeitsfirma einnimmt und Arbeitnehmer an die ausländische Partnerorganisation (Entleihfirma) verleiht.[70] Dass es sehr wahrscheinlich zu keiner Vergütung der Entleihfirma an die Zeitarbeitsfirma kommen wird, spielt für Überlegungen des Arbeitsnehmers keine Rolle. In vorliegendem Fall ist davon auszugehen, dass die zeitliche Ausdehnung des Vertrages der natürlichen Person mit der Trägerorganisation der Einsatzzeit bei der Entleihfirma entspricht. In diesem Fall liegt die regelmäßige (einzige) Arbeitsstätte des Arbeitnehmers am Einsatzort der Entleihfirma im Ausland.[71] Daher scheiden Werbungskosten, welche mit einer grundsätzlichen Auswärtstätigkeit verbunden sind (beispielsweise Verpflegungsmehraufwendungen), aus.[72] Ob diese Einschätzung zu revidieren ist, wenn der Arbeitnehmer vor seiner Auslandstätigkeit für wenige Tage Seminare in Deutschland besuchen muss, ist fraglich.

Besteht bei originär ausländischer Tätigkeit kein Wohnsitz oder gewöhnlicher Aufenthalt im Inland gem. § 1 Abs. 1 EStG, ist das deutsche Steuerrecht grundsätzlich nicht einschlägig.[73] Entsprechend unbeachtlich sind aus der Tätigkeit resultierende Einnahmen und Werbungskosten.[74] Hieran ändert auch eine fest vereinbarte Befristung des ausländischen Arbeitsverhältnisses nichts.[75]

Da jedoch im Rahmen der Einkommensbemessung nach BAföG auch ausländische Einkünfte einbezogen werden, sind abweichend von Vorgenanntem ausländische Einnahmen und Werbungskosten unter der Maßgabe deutschen (Einkommensteuer-)Rechts zu beurteilen.[76] Von dieser Warte aus handelt es sich bei einem einjährigen Freiwilligendienst somit lediglich um die Aufnahme eines neuen Beschäftigungsverhältnisses an einem anderen Ort. Die Tatsache, dass im Vergleich zu einem Arbeitsstellenwechsel im Inland eine größere räumliche Distanz besteht und die Tätigkeit in ei-

---

[70] Die entsprechenden Organisationen werden auch teilweise als „Personalentsendedienste" bezeichnet; vgl. BMZ, Entwicklungsdienst (Internetquelle).

[71] Vgl. OFD Karlsruhe vom 10. 12. 2008, S 235.3/25 – St 143, DStR 2009, S. 272 Beispiel 3.

[72] Vgl. OFD Karlsruhe vom 10. 12. 2008, S 235.3/25 – St 143, DStR 2009, S. 272 Beispiel 3.

[73] Auf die Besonderheit der unterjährigen Tätigkeitsaufnahme im Rahmen der vorliegenden Sachverhalte soll nicht eingegangen werden.

[74] Vgl. BFH vom 20. 9. 2006, I R 59/05, BStBl II 2007, S. 756; FG Baden-Württemberg vom 30. 1. 2008 2 K 145/05, EFG 2008, S. 669 (rkr.).

[75] Vgl. BFH vom 20. 9. 2006, I R 59/05, BStBl II 2007, S. 756; FG Rheinland-Pfalz vom 28. 10. 2008, 3 K 2129/06, DStRE 2009, S. 836 (rkr.).

[76] Vgl. BFH vom 20. 9. 2006, I R 59/05, BStBl II 2007, S. 756.

nem anderen Kulturkreis ausgeübt wird, kann somit nicht ins Gewicht fallen.[77] Auch eine ggf. vorgenommene Anschaffung umfangreicher technischer Ausstattung zur Aufrechterhaltung sozialer Kontakte ist zwar durchaus verständlich, ist jedoch in keinster Weise als durch das Arbeitsverhältnis verursacht anzusehen.[78] Vielmehr handelt es sich hierbei gerade um ein Paradebeispiel für Aufwendungen der privaten Lebensführung.[79]

2.2 Ausgewählte Werbungskosten

Nachdem bereits vorstehend die Qualifikation von Kosten für Kontaktaufrechterhaltung als Werbungskosten abgelehnt wurde, sollen im Folgenden weitere ausgewählte Sachverhalte auf ihre Werbungskosteneigenschaft hin untersucht werden. Hierbei ist nochmalig zu betonen, dass Werbungskosten nur dann anfallen, wenn Ausgaben bzw. Kosten durch das Arbeitsverhältnis veranlasst sind.

2.2.1 Kosten für Lohnerhalt

Im konkreten Fall erhielt der Arbeitnehmer einen Teil des Arbeitsentgeltes (Taschengeld und Verpflegungszuwendung) nicht per Kontoüberweisung sondern in bar.[80] Zahlungsort war nach Sachverhaltsbeschreibung nicht der Tätigkeitsort sondern ein Büro der Trägerorganisation. Für die Inempfangnahme entstanden dem Arbeitnehmer entsprechende Fahrtkosten. Grundsätzlich ist die Vergütungsauszahlung durchaus als Teil des Arbeitsverhältnisses und damit hierdurch verursachte Kosten als Werbungskosten anzusehen. Dies gilt vor allem dann, wenn diese Art der Zuwendung dem allgemeinen Geschäftsverkehr des Tätigkeitslandes entspricht und vertraglich festgelegt ist. Ist jedoch diese Vergütungsart aus Gründen der persönlichen Lebensführung des Arbeitnehmers motiviert, muss die Werbungskosteneigenschaft negiert werden. Hierfür könnte zum Beispiel sprechen, dass der Lohn nicht wie vertraglich vereinbart in Euro

---

[77] Selbst bei einem Arbeitsstellenwechsel innerhalb Deutschlands könnte von einem Mentalitätswechsel des Arbeitsumfeldes gesprochen werden. Diese stellt sich bereits auch bei geringer räumlicher Distanz wie beispielsweise bei einem Wechsel der Arbeitsstätte von Düsseldorf nach Köln ein.

[78] A. A. VG Gelsenkirchen vom 29. 8. 2012, 15 K 438/11.

[79] Hier zeigt sich gerade der Unterschied zu einer Auswärtstätigkeit, bei der Telefonate in die Heimat als Werbungskosten angesehen werden können. Vgl. zum Beispiel eines Marinesoldaten BFH vom 5. 7. 2012, VI R 50/10, BFH/NV 2013, S. 293.

[80] Vgl. VG Gelsenkirchen vom 29. 8. 2012, 15 K 438/11.

sondern in der Landeswährung ausgezahlt wird, um dem Arbeitnehmer Verluste bei einem Sortentausch von Euro in die Landeswährung zu ersparen. Weiterhin ist zu prüfen, ob durch die Barauszahlung die Notwendigkeit einer Kontoeröffnung im Einsatzland vermieden werden sollte, weil beispielsweise die Verfügung über das (deutsche) Stammkonto des Arbeitnehmers aufgrund eines fehlenden Bankenfilialnetzes unmöglich ist oder aufgrund fehlender Partnerbanken nur unter Inkaufnahme hoher Gebühren erfolgen kann. Insgesamt muss zur Bestätigung vorliegender Werbungskosten eine Einzelfallbetrachtung vorgenommen werden.

2.2.2 Kosten für Wohnung/Unterkunft, Verpflegung sowie Hin- und Rückflug

Kosten für Wohnung bzw. Unterkunft sowie Verpflegung stellen zunächst Ausgaben der privaten Lebensführung dar. Da in vorliegenden Einzelfällen auch die regelmäßige Arbeitsstätte im Ausland zu verorten ist, scheiden Überlegungen im Zusammenhang mit Reisekosten aus, bei denen anlässlich einer Dienstreise entstehende Übernachtungskosten bzw. Verpflegungsmehraufwendungen als Werbungskosten zu berücksichtigen sind.[81]

Weiterhin könnte sich auf den Tatbestand einer doppelten Haushaltsführung berufen werden, denn zweifellos ist die Wohnungs- bzw. Unterkunftsnahme im Ausland durch das Arbeitsverhältnis begründet und die ausländische Zweitwohnung liegt am Ort der regelmäßigen Arbeitsstätte.[82] Sofern daher ein inländischer Wohnsitz während des Auslandsaufenthaltes weiter besteht, ist der Werbungskostenabzug im Zusammenhang mit diesem Tatbestand zulässig. Allerdings ist Voraussetzung für die doppelte Haushaltsführung gerade das Innehaben eines zweiten (originären) Hausstandes neben dem neu begründeten ausländischen. Im konkreten Fall ist hierbei zu berücksichtigen, dass ein eigener Hausstand dann abgelehnt wird, wenn der Arbeitnehmer in den Haushalt der Eltern eingegliedert ist bzw. bei den Eltern ein Zimmer bewohnt.[83] Vor diesem Hintergrund kann das Vorliegen von Werbungskosten nicht zweifelsfrei bestätigt werden. Eine detaillierte Sachverhaltswürdigung ist notwendig.

Die Reise an den Arbeitsort vor Beginn des Beschäftigungsverhältnisses bzw. die Rückreise nach dessen Beendigung ist zweifellos durch das Arbeitsverhältnis veranlasst.

---

[81] Vgl. BFH vom 11.5.1990, VI R 140/86, BStBl II 1990, S. 777; FG Hamburg vom 16.12.2002, VI 146/01, juris.de (Internetquelle).

[82] Zu letzterem Kriterium vgl. H 9.11 (1-4) LStH „Regelmäßige Arbeitsstätte". S. auch BFH vom 11.5.2005, VI R 7/02, BStBl II 2005, S. 782.

[83] Vgl. H 9.11 (1-4) LStH „Eigener Hausstand".

IV. Einnahmen und Werbungskosten 35

Parallel zu Umzugskosten, für die bei beruflicher Veranlassung ein Abzug als Werbungskosten zugelassen wird,[84] ist die Werbungskosteneigenschaft dieser Aufwendungen zu bestätigen.

2.2.3 Reinigungskosten von Kleidung

In einem konkreten Entscheidungsfall wurden auch Reinigungskosten für Kleidung als Werbungskosten qualifiziert,[85] da die Verunreinigung durch die Tätigkeit begründet sei. Es ist hierbei jedoch davon auszugehen, dass es sich bei den betreffenden Kleidungsstücken nicht um Berufskleidung gem. § 9 Abs. 1 Nr. 6 EStG[86] sondern um bürgerliche Kleidung handelt. Aufwendungen, welche im Zusammenhang mit letzterem Typus von Kleidung für Anschaffung, Instandhaltung und Reinigung anfallen, sind grundsätzlich der allgemeinen Lebensführung zuzuordnen.[87] Allerdings wurde eingewandt, dass die Verunreinigungen und damit der Reinigungsbedarf durch die Einkünfteerzielung verursacht wurde, was ggf. eine Beweisführung ermöglichen könnte, einen Teil der Verschmutzung „von einer gewöhnlichen Verschmutzung nach objektiven Maßstäben zutreffend und in leicht nachprüfbarer Weise"[88] abzugrenzen. Zudem verneint der BFH in jüngerer Rechtsprechung das Bestehen eines allgemeinen Aufteilungs- und Abzugsverbotes im Zusammenhang mit Aufwendungen für die Lebensführung gem. § 12 Nr. 1 Satz 2 EStG.[89] Entsprechend könnte eine Aufteilung von Reinigungskosten in abziehbare[90] und nichtabziehbare Aufwendungen[91] vorgenommen werden.[92] Aller-

---

[84] Vgl. BFH vom 20. 9. 2006, I R 59/05, BStBl II 2007, S. 756; BFH vom 06. 11. 1986, VI R 135/85, BStBl II 1987, S. 188; *Krüger*, in: Schmidt, EStG, 2012, § 19 Rz. 60 „Umzugskosten".

[85] VG Gelsenkirchen vom 29. 8. 2012, 15 K 438/11.

[86] Zur Definition von (typischer) Berufskleidung vgl. BFH vom 19. 1. 1996, VI R 73/94, BStBl II 1996, S. 202; BFH vom 6. 12. 1990, IV R 65/90, BStBl II 1991, S. 348; FG Rheinland-Pfalz vom 28. 9. 2010, 2 K 1638/09, juris.de (Internetquelle) (rkr.); FG Köln vom 28. 4. 2009, 12 K 839/08, juris.de (Internetquelle) (rkr.).

[87] Vgl. FG Rheinland-Pfalz vom 28. 9. 2010, 2 K 1638/09, juris.de (Internetquelle) (rkr.). Konkret zur Reinigung von Kleidungsstücken vgl. FG Köln vom 28. 4. 2009, 12 K 839/08, juris.de (Internetquelle) (rkr.).

[88] FG Köln vom 28. 4. 2009, 12 K 839/08, juris.de (Internetquelle) (rkr.). Zum grundlegenden Kriterium vgl. BFH vom 19. 10. 1970, GrS 2/70, BStBl II 1971, S. 17; BFH vom 24. 7. 1981, VI R 171/78, BStBl II 1981, S. 781.

[89] Vgl. BFH vom 21. 9. 2009, GrS 1/06, BStBl II 2010, S. 672.

[90] Mit der Einkünfteerzielung in Zusammenhang stehende Aufwendungen.

[91] Aufwendungen für die Lebensführung.

[92] Bereits konkret für Kleidung eine Trennbarkeit für möglich haltend; vgl. *Ruppe*, Abgrenzung, DStJG 1980, S. 143.

dings macht der BFH auch deutlich, dass im Hinblick auf Kleidungsaufwendungen grundsätzlich kein Werbungskostenabzug aus allgemeinen Überlegungen heraus abzuleiten ist, da dieser Bereich bereits durch andere steuerliche Vorschriften berücksichtigt wird.[93] Eine weitergehende Berücksichtigung als Werbungskosten obliegt der gesetzgeberischen Entscheidung, welche in § 9 Abs. 1 Satz 3 Nr. 6 EStG zugunsten der typischen Berufskleidung getroffen wurde.[94] Für Aufwendungen im Zusammenhang mit bürgerlicher Kleidung ist somit jegliche Art von Werbungskostenabzug suspendiert.[95]

Konkret auf die Einkommensbetrachtung nach BAföG übertragen kann keine abweichende Qualifikation von Reinigungsaufwendungen erfolgen. Es kann auch nicht angeführt werden, dass das BAföG lediglich an steuerliche Einkünfte anknüpft und damit einkommensteuerliche Vorschriften wie das steuerliche Existenzminimum nicht erfasst, welche gerade die Zuordnung dieser Aufwendungen zur allgemeinen Lebensführung begründen.[96] Die Einkommensbetrachtung nach BAföG hat die steuerliche Wertung zu übernehmen und kann nicht im Nachhinein Anpassungen vornehmen, für die zudem eine gesetzliche Grundlage fehlt.

V. Zusammenfassende Betrachtung

Eine zutreffende Einkommensbemessung nach BAföG bedarf einer umfassenden und detaillierten Prüfung der Einnahmen und Werbungskosten bzw. Betriebseinnahmen und Betriebsausgaben vor steuerlichem Hintergrund. Notwendig hierfür ist die Kenntnis und die zutreffende Anwendung steuerlicher Detailvorschriften. Hierbei ist eine Ablehnung der Einkünfteerzielungsabsicht für eine einzelne Einkunftsart bzw. eine einzelne Einkunftsquelle möglich, was eine entsprechende Unbeachtlichkeit für BAföG-Erwägungen nach sich zieht. Aus diesem Grund kommt der Totalerfolgsprognose und vor allem den einzelnen positiven und negativen Erfolgsbeiträgen eine besondere Bedeutung zu.

Bei der konkreten Betrachtung eines einjährigen Freiwilligendienstes im Ausland ist zunächst festzuhalten, dass erste, intuitive Einschätzungen gerade im Hinblick auf Art und Umfang relevanter Werbungskosten zu Fehleinschätzungen führen können. Dies

---

[93] Vgl. BFH vom 21. 9. 2009, GrS 1/06, BStBl II 2010, S. 672, Rz. 122.

[94] Vgl. BFH vom 21. 9. 2009, GrS 1/06, BStBl II 2010, S. 672, Rz. 122.

[95] Reinigungskosten für bürgerliche Kleidung zutreffend nicht als Werbungskosten qualifizierend; vgl. FG München vom 20. 4. 2011, 8 K 3382/10, juris.de (Internetquelle) (rkr.).

[96] Vgl. BFH vom 21. 9. 2009, GrS 1/06, BStBl II 2010, S. 672, Rz. 122.

V. Zusammenfassende Betrachtung

ist nicht verwunderlich, sieht sich doch der Arbeitnehmer gerade bei einer Tätigkeit in einem Entwicklungsland mit einer Vielzahl von zusätzlichen Aufwendungen konfrontiert. Allerdings ist festzuhalten, dass bei einer genaueren Prüfung der Umfang relevanter Werbungskosten deutlich geringer ausfallen kann. Hierbei mag es hilfreich sein, im Falle einer regelmäßigen Arbeitsstätte im Ausland vergleichend die Aufnahme einer Tätigkeit in einer anderen inländischen Stadt heranzuziehen.

Um einen umfangreichen Werbungskostenabzug zu bestätigen, ist für die konkret geprüften Einzelausgaben die Bestimmung der (ersten) Arbeitsstätte und / oder die Bestätigung eines bestehenden (und beibehaltenen) Haushaltes in Deutschland von zentraler Bedeutung. Nur so können Werbungskostenerwägungen des Reisekostenrechtes oder der doppelten Haushaltsführung herangezogen werden. Der Hin- und Rückflug könnte mit Verweis auf die Behandlung von Umzugskosten als Werbungskosten angesehen werden. Sollten die Flugkosten ersetzt werden, könnte zudem ein steuerfreier Werbungskostenersatz vorliegen, wodurch sowohl die Einnahmen als auch die Werbungskosten aus der Einkünftebetrachtung zu kürzen wären.

Neben der Einzelbetrachtung der Werbungskosten kann auch der Werbungskostenpauschbetrag gem. § 9a EStG zum Abzug gebracht werden.[97] Alternativ könnte zudem die Pauschalierung gem. Tz. 21.1.32 BAföG VwV angewendet werden, welche bei der Anrechnung des Einkommens von Kindern gem. § 23 Abs. 2 BAföG den Abzug einer Pauschale von 138,05 € monatlich auf die Bruttoeinnahmen des Kindes zulässt.[98] Hiermit gelten alle Werbungskosten als abgegolten. Hierbei ist weiterhin zu beachten, dass der Abgeltungsumfang ausdrücklich auch steuerfreie Teile der Einnahmen umfasst.[99] Daher erscheint die Diskussion, welche hinsichtlich des Verhältnisses von steuerfreiem Werbungskostenersatz zu Werbungskostenpauschbetrag geführt wird,[100] im Rahmen der Einkommensermittlung des BAföG nicht relevant zu sein. Die entsprechend steuerfreien Einnahmen sind bei den Bruttoeinnahmen zu berücksichtigen.

---

[97] Vgl. *Ramsauer/Stallbaum/Sternal*, BAföG, 2005, § 21 Rz. 3. Diesen in einem konkreten Fall zum Abzug bringend; vgl. VG München vom 19. 10. 2006, M 15 K 05.5950, juris.de (Internetquelle).

[98] So VG Sigmaringen vom 14. 12. 2011, 1 K 482/11, juris.de (Internetquelle).

[99] Vgl. Tz. 21.1.32 BAföG VwV.

[100] Vgl. *Handzik*, in: Littmann/Bitz/Pust, EStR, 05/2012, § 3 Rz. 493.

Literaturverzeichnis

Blümich: (EStG) Einkommensteuergesetz Körperschaftsteuergesetz Gewerbesteuergesetz Kommentar, herausgegeben von Bernd Heuermann und Peter Brandis, München, Loseblatt.

Bordewin, Arno / Brandt, Jürgen (Hrsg.): (EStG) Einkommensteuergesetz Kommentar, Heidelberg, Loseblatt.

Bundesministerium für wirtschaftliche Zusammenarbeit und Entwicklung (BMZ): (Entwicklungsdienst) Deutscher Entwicklungsdienst, online im Internet, URL: http://www.bmz.de/de/was_wir_machen/wege/bilaterale_ez/akteure_ez/einzelakteure/ded/index.html, abgerufen am 6. 11. 2012 17:30 MEZ.

Cepielik, Barbara A.: (Kürzung) Studentin wehrt sich gegen Kürzung, Kölner Stadtanzeiger 2012, online im Internet, URL: http://www.ksta.de/koeln/bafoeg-studentin-wehrt-sich-gegen-kuerzung-,15187530,17005724.html, abgerufen am 25. 10. 2012 22:30 MEZ.

Dinkelbach, Andreas / Philippen, Jörg: (Behandlung) Steuerliche Behandlung von Studiengebühren und Studienkosten, BBK 2012, S. 967-975.

Escher, Jens: (Liebhaberei) Steuerliche Liebhaberei und Subjektbezug der Einkünfteerzielungsabsicht, zugl. Diss. jur., Universität Münster 2005, Aachen, 2005.

Falkner, Melanie: (Besteuerungsmerkmal) Die Einkunftserzielungsabsicht als subjektives Besteuerungsmerkmal – Eine Analyse subjektiver Tatbestandsmerkmale im Steuerrecht, zugl. Diss. jur., Universität Passau 2009, Frankfurt am Main, 2009.

Förster, Jutta: (Bildung) Lohnt sich Bildung für den Steuerpflichtigen?, DStR 2012, S. 486-493.

Frotscher, Gerrit (Hrsg.): (EStG) EStG – Kommentar zum Einkommensteuergesetz, Freiburg im Breisgau, Loseblatt.

Greil, Stefan: (Behandlung) Die Behandlung von Kosten der ersten „beruflichen" Ausbildung im Steuerrecht, JURA 2012, S. 213-217.

Habl, Thomas: (Liebhaberei) Einkünfteerzielungsabsicht versus Liebhaberei im Einkommensteuerrecht – Unter Berücksichtigung der Einkünfte aus Vermietung und Verpachtung, zugl. Diss. rer. pol., Universität Regensburg 2006, Hamburg 2006.

Herrmann, Carl / Heuer, Gerhard / Raupach, Arndt (Hrsg.): (EStG) Einkommensteuer- und Körperschaftsteuergesetz Kommentar, Köln, Loseblatt.

Heuermann, Bernd: (Einkünfteerzielungsabsicht) Einkünfteerzielungsabsicht bei Vermietung und Verpachtung – Beweisanzeichen und normgerechte Tatbestandsprüfung, StuW 2003, S. 101-113.

Ismer, Roland / Riemer, Katharina: (Liebhabereibegriff) Der zweigliedrige Liebhabereibegriff: Negative Totalgewinnprognose und fehlende Einkünfteerzielungsabsicht, FR 2011, S. 455-462.

Joisten, Christian / Vossel, Stephan: (Karneval) Karneval im Steuerrecht, FR 2013, S. 57-64.

Kirchhof, Paul / Söhn, Hartmut / Mellinghoff, Rudolf: (EStG) Einkommensteuergesetz Kommentar, Heidelberg, Loseblatt.

Kreikebohm, Ralf / Spellbrink, Wolfgang / Waltermann, Raimund (Hrsg.): (Sozialrecht) Kommentar zum Sozialrecht – VO (EG) Nr. 883/2004, SGB I bis SGB XII, SGG, BAföG, BEEG, Kindergeldrecht (EStG), UnterhaltsvorschussG, WoGG, 2. Auflage, München 2011.

Korn, Klaus / Carlé, Dieter / Stahl, Rudolf / Strahl, Martin (Hrsg.): (EStG) Einkommensteuergesetz Kommentar, Bonn, Loseblatt.

Lademann: (EStG) EStG Kommentar, Stuttgart, Loseblatt.

Littmann, Eberhard / Bitz, Horst / Pust, Hartmut: (EStR) Das Einkommensteuerrecht – Kommentar zum Einkommensteuerrecht, Stuttgart, Loseblatt.

Lohse, W. Christian / Zanzinger, Dieter: (Ertragsteuern) Rechtssprechungsänderungen des BFH bei Ertragsteuern und bei der Umsatzsteuer im Jahre 2011, DStR 2012, S. 1053-1063.

Meeh-Bunse, Gunther / Lühn, Tim: (Finanzierung) Die Finanzierung von Studienkosten und deren steuerliche Behandlung: Aktuelle Entwicklungen, StB 2012, S. 84-91.

PKF: (Guide) Cayman Islands Tax Guide 2012, online im Internet, URL: http://www.pkf.com/media/387008/cayman%20islands_2012.pdf, abgerufen am 5. 11. 2012, 08:30 MEZ.

Ramsauer, Ulrich / Stallbaum, Michael / Sternal, Sonja: (BAföG) Bundesausbildungsförderungsgesetz (BAföG) mit Härteverordnung, Darlehensverordnung und Teilerlaßverordnung, 4. Auflage, München 2005.

Ruppe, Hans Georg: (Abgrenzung) Die Abgrenzung der Betriebsausgaben/Werbungskosten von den Privatausgaben, in: DStJG e. V./Söhn, Hartmut, Die Abgrenzung der Betriebs- oder Berufssphäre von der Privatsphäre im Einkommensteuerrecht (DStJG 1980), Köln 1980, S. 103-147.

Schell, Matthias: (Besteuerungsmerkmale) Subjektive Besteuerungsmerkmale im Einkommensteuerrecht – Zur Beachtlichkeit von Wille und Absicht bei der Ertragsbesteuerung natürlicher Personen, zugl. Diss. jur., Universität Augsburg 2006, Baden-Baden, 2006.

Schepers, Andreas: (BAföG) Bundesausbildungsförderungsgesetz, 2012, online im Internet, URL: http://beck-online.beck.de/Default.aspx?vpath= bibdata/komm/ScheKoBAfoeG_1/cont/ScheKoBAfoeG.htm, abgerufen am 2.11.2012, 08:10 Uhr MEZ.

Schmidt, Ludwig: (EStG) Einkommensteuergesetz, herausgegeben von Walter Drenseck, 31. Auflage, München 2012.

Trossen, Nils: (Regelungen) Verfassungsmäßigkeit der Regelungen zur Behandlung der Aufwendungen für eine erstmalige Berufsausbildung oder ein Erststudium, FR 2012, S. 501-509.

von Gehlen, Dirk: (Abgrenzung) Die Abgrenzung von Liebhaberei und einkommensteuerlich relevanter Betätigung aus betriebswirtschaftlicher Sicht, zugl. Diss. rer. pol., Universität Siegen 1988, Bergisch Gladbach, 1989.

Weber-Grellet, Heinrich: (Grenze) Wo beginnt die Grenze zur „Liebhaberei"? (Teil I), DStR 1992, S. 561-566.

Weber-Grellet, Heinrich: (Systematisierung) Rentenbesteuerung im Lichte der neueren BFH-Rechtsprechung – Bestandsaufnahme und Systematisierung, DStR 2012, S. 1253-1259.

Wenzel, Sebastian: (Ausbildungskosten) 75 Jahre Ausbildungskosten – ein Ende des Streits in Sicht?, StB 2012, S. 278-284.

Rechtsprechungsverzeichnis

BFH

BFH vom 19. 10. 1970, GrS 2/70, BStBl II 1971, S. 17.

BFH vom 12. 11. 1976, VI R 214/74, BStBl II 1977. S. 181.

BFH vom 17. 7. 1981, BStBl II 1981, S. 773.

BFH vom 24. 7. 1981, VI R 171/78, BStBl II 1981, S. 781.

BFH vom 25. 6. 1984, GrS 4/82, BStBl II 1984, S. 751.

BFH vom 30. 3. 1990, VI R 188/87, BStBl II 1990, S. 854.

BFH vom 11. 5. 1990, VI R 140/86, BStBl II 1990, S. 777.

BFH vom 6. 12. 1990, IV R 65/90, BStBl II 1991, S. 348.

BFH vom 23. 10. 1992, VI R 59/91, BStBl II 1993, S. 303.

BFH vom 16. 4. 1993, VI R 6/89, BStBl II 1993, S. 640.

BFH vom 27. 5. 1994, VI R 67/92, BStBl II 1995, S. 17.

BFH vom 4. 8. 1994, VI R 94/93, BStBl II 1994, S. 944.

BFH vom 19. 1. 1996, VI R 73/94, BStBl II 1996, S. 202.

BFH vom 15. 12. 1999, X R 23/95, BStBl II 2000, S. 267.

BFH vom 6. 3. 2003, XI R 46/01, BStBl II 2003, S. 602.

BFH vom 14. 12. 2004, XI R 6/02, BStBl II 2005, S. 392.

BFH vom 11. 5. 2005, VI R 7/02, BStBl II 2005, S. 782.

BFH vom 17. 6. 2005, VI B 176/04, BFH/NV 2005, S. 1796.

BFH vom 23. 1. 2006, VIII B 116/05, BFH/NV 2006, S. 1081.

BFH vom 20. 9. 2006, I R 59/05, BStBl II 2007, S. 756.

BFH vom 29. 11. 2006, VI R 3/04, BStBl II 2007, S. 308.

BFH vom 4. 4. 2007, I R 110/05, BStBl II 2007, S. 521.

BFH vom 12. 4. 2007, VI R 53/04, BStBl II 2007, S. 536.

BFH vom 23. 5. 2007, X R 33/04, BStBl II 2007, S. 874.

BFH vom 20. 8. 2008, I R 35/08, BFH/NV 2009, S. 26.

BFH vom 28. 8. 2008, VI R 50/06, BStBl II 2009, S.243.

BFH vom 27. 11. 2008, IV R 17/06, HFR 2009, S. 771.

BFH vom 11. 2. 2009, I R 25/08, BStBl II 2010, S. 536.

BFH vom 21. 9. 2009, GrS 1/06, BStBl II 2010, S. 672.

BFH vom 14. 7. 2010, X R 37/08, BStBl II 2011, S. 628.

BFH vom 5. 7. 2012, VI R 50/10, BFH/NV 2013, S. 293.

FG

FG Düsseldorf/Köln vom 28. 3. 1979, VIII 184/76 E, EFG 1979, S. 431.

FG Bremen vom 30. 6. 1999, 199024 K 6, EFG 1999, S. 1125.

FG Düsseldorf vom 4. 5. 2000, 8 K 9058/98 E, EFG 2001, S. 136.

FG Sachsen-Anhalt vom 16. 4. 2002, 4 K 10500/99, EFG 2002, S. 958.

FG Hamburg vom 16. 12. 2002, VI 146/01, juris.de.

FG Münster vom 6. 12. 2006, 8 K 4463/02 E, EFG 2007, S. 921.

FG Baden-Württemberg vom 30. 1. 2008 2 K 145/05, EFG 2008, S. 669.

FG Rheinland-Pfalz vom 28. 10. 2008, 3 K 2129/06, DStRE 2009, S. 836.

FG Niedersachsen vom 27. 3. 2009, 1 K 11543/05, EFG 2010, S. 939.

FG Köln vom 28. 4. 2009, 12 K 839/08, juris.de.

FG Baden-Württemberg vom 30. 4. 2009, 7 K 222/06, EFG 2009, S. 1914.

FG Düsseldorf vom 21. 5. 2010, 1 K 292/09 E, EFG 2010, S. 1415.

FG Rheinland-Pfalz vom 28. 9. 2010, 2 K 1638/09, juris.de.

FG München vom 20. 4. 2011, 8 K 3382/10, juris.de.

FG Mecklenburg-Vorpommern vom 25. 5. 2011, 3 K 469/09, juris.de.

FG Düsseldorf vom 29. 2. 2012, 7 K 4364/10 L, EFG 2012, S. 1313.

VG

VG Göttingen vom 16. 9. 2002, 4 A 4255/99, juris.de.

VG München vom 19. 10. 2006, M 15 K 05.5950, juris.de.

VG Sigmaringen vom 14. 12. 2011, 1 K 482/11, juris.de.

VG Gelsenkirchen vom 29. 8. 2012, 15 K 438/11.

Wer leistet? – Ein Diskussionsbeitrag aus der Praxis für die Praxis

Ein Klärungsversuch von Sascha König, Dozent der Steuerfachschule Dr. Endriss, Rechtsanwalt, Steuerberater, lic. rer. publ.

Die Steuerbarkeit von Umsätzen nach § 1 Abs. 1 Nr. 1 UStG setzt einen Leistungsaustausch voraus. Ein solcher ist nur bei Vorhandensein eines Leistenden und eines Leistungsempfängers gegeben. Mithin erfordert die Prüfung der Umsatzsteuerbarkeit zunächst die Bestimmung des Leistenden. Eine zutreffende Identifizierung dessen kann in der Praxis zu ungeahnten Ergebnissen führen.

Die Verdienste von Herrn Prof. Dr. Horst Walter Endriss um die Ausbildung der Bilanzbuchhalter, Steuerberater und des akademischen Nachwuchses auf dem Gebiet der Betriebswirtschaftslehre sind unbestritten. Begierig haben unzählige junge Menschen die von ihm angebotenen Unterrichtsleistungen angenommen, fast schon aufgesogen. Die Bestimmung des Leistenden und der Leistungsempfänger war und ist im Falle des Jubilars deshalb einfach. Dies gilt umso mehr, als der Unterricht von Prof. Dr. Endriss immer von Engagement, Herzlichkeit und Freundlichkeit sowie dem stetigen Bemühen um den Nachwuchs gekennzeichnet war und ist. Kurz gesagt, die Leistungen von Herrn Prof. Dr. Endriss können ohne Anstrengungen als die seinigen identifiziert werden.

Eine solch einfache Identifizierung des Leistenden und seiner Leistungen ist nicht immer selbstverständlich. Im Gegenteil: Gerade auf dem Gebiet des Steuerrechts bereitet diese Feststellung oftmals erhebliche Schwierigkeiten.[1] Und doch muss diese Frage in aller Regel zuerst geklärt werden, bevor die zutreffenden steuerlichen Konsequenzen gezogen werden können. Ein in der Praxis leider oft vorkommender Fall soll die Problematik und deren Relevanz nachfolgend verdeutlichen.

I. Ausgangsfall

A betreibt ein gut gehendes Restaurant in Köln. Im Service und am Buffet arbeitet B, der fleißig, aber nicht ehrlich ist. B bessert sein Gehalt nämlich dadurch auf, dass er am Tisch aufgenommene Getränkebestellungen in unschöner Regelmäßigkeit nicht boniert, aber trotzdem den Gästen serviert. Beim Abrechnen mit dem Gast kassiert er sowohl die boni-

---

[1] Auch in diese Richtung gehend: Nieskens in Rau, Günter/Dürrwächter, Erich, Kommentar zum Umsatzsteuergesetz (nachstehend nur noch Rau/Dürrwächter), § 1 Rn. 535.

erten als auch die nicht bonierten Speisen und Getränke ab. Das Geld für die unbonierten Getränke übergibt B nicht seinem Arbeitgeber A, sondern behält es als „zusätzliches Trinkgeld".

II. Die vermeintliche steuerliche Würdigung

Nachstehend wird untersucht, welche umsatzsteuerlichen Folgen aus den Getränkebestellungen zu ziehen sind, die B nicht boniert, aber dennoch den Gästen serviert hat. Auf den ersten Blick drängt sich die folgende rechtliche Würdigung auf: A hat – unter Einsatz seines Mitarbeiters B – als Unternehmer im Sinne des § 2 Abs. 1 UStG eine sonstige Leistung im Sinne des § 3 Abs. 9 UStG gegenüber dem Gast erbracht, deren Ort gem. § 3a Abs. 3 Nr. 3 lit. b UStG in Köln liegt. Die sonstige Leistung erfolgte auch gegen Entgelt, denn Entgelt ist alles, was der Leistungsempfänger dem Unternehmer für die Leistung gewährt, abzüglich der Umsatzsteuer, vgl. § 10 Abs. 1 Satz 2 UStG. Dass B das Entgelt nicht an A abgeführt hat, steht dem nicht entgegen, denn der Gast hat das Geld für die Getränke an den zum Inkasso bevollmächtigten B bezahlt. Dass dieser das Geld nicht an seinen Arbeitgeber übergeben hat, ist nach herrschender Auffassung[2] unbeachtlich und führt nicht dazu, dass A eine Leistung ohne Entgelt erbracht hat bzw. später seine Bemessungsgrundlage nach § 17 UStG berichtigen kann. Folglich scheinen auf den ersten Blick die Voraussetzungen des § 1 Abs. 1 Nr. 1 UStG erfüllt, wonach der Umsatzsteuer Lieferungen und sonstige Leistungen unterliegen, die ein Unternehmer im Inland gegen Entgelt im Rahmen seines Unternehmens ausgeführt hat. Ausweislich § 13 Abs. 1 Nr. 1 lit. a UStG entsteht die Umsatzsteuer bei unterstellter Versteuerung nach vereinbarten Entgelten im Sinne des § 16 Abs. 1 Satz 1 UStG mit Ablauf des Voranmeldungszeitraumes, in dem die jeweiligen Leistungen ausgeführt worden sind.

A ist gemäß § 13a Abs. 1 Nr. 1 UStG auch Steuerschuldner und muss die Steuer gegenüber der Finanzbehörde anmelden und abführen. Mithin erleidet A bei angenommener Richtigkeit der vorstehenden rechtlichen Würdigung einen doppelten Schaden: Erstens wird ihm von B Geld vorenthalten, zweitens muss er noch die hierauf entfallene Umsatzsteuer an die Finanzbehörde abführen. Der gegenüber B bestehende Regressan-

---

[2] So zum Beispiel: FG München, Urteil vom 20. 7. 1988, III 139/86 U, EFG 1989 S. 144 mit folgendem Leitsatz: „Unterschlägt eine Angestellte Kundenverrechnungsschecks, gehören die unterschlagenen Beträge zum umsatzsteuerpflichtigen Entgelt. Der betrogene Unternehmer kann gegen die Versteuerung nicht einwenden, die Kundenforderungen seien uneinbringlich"; wohl auch: FG Hamburg, Urteil vom 18. 9. 1991, VII 56/89, EFG 1992 S. 229; ebenso: Stadie in Rau/Dürrwächter, § 17 Rn. 413, mit Verweis auf BFH-Urteil vom 27. 11. 1980, V R 115/80, nicht veröffentlicht.

spruch des A dürfte in der Praxis schon aufgrund der Beweisnot des A regelmäßig ins Leere laufen. Allein diese Doppelbelastung des redlichen Unternehmers A gebietet es noch einmal, einen genaueren Blick auf den Sachverhalt und die sich anschließende rechtliche Lösung zu werfen. Dies gilt umso mehr, als solche Fälle in der Steuerberatungspraxis meist erst im Rahmen einer Außenprüfung in Gestalt von erheblichen Kalkulationsdifferenzen zu Tage treten und deshalb für den Steuerpflichtigen Existenz bedrohende Ausmaße annehmen.

III. Gebotene genauere Sachverhaltsbetrachtung

Also noch einmal zurück an den Anfang: Wie so oft im Steuerrecht setzt die richtige rechtliche Würdigung zunächst die korrekte Erfassung des Sachverhaltes voraus. Deshalb soll der Sachverhalt noch einmal genauer beleuchtet werden:

B nimmt zunächst die Bestellung am Tisch auf. Spätestens beim Rückgang vom Tisch muss sich dieser nun entscheiden, ob er die Bestellung boniert oder nicht, denn nur wenn er sie jetzt nicht boniert, steht ihm nachher die Möglichkeit offen, die Bezahlung des Gastes auf „eigene Rechnung" zu vereinnahmen. Mithin bewirkt die Entscheidung für das Nichtbonieren der Getränke eine Zäsur, denn hiermit richtet sich B erstmals gegen seinen Arbeitgeber und verlässt damit die mit diesem getroffenen Vereinbarungen. Folglich hat sich B mit dem Nichtbonieren entschlossen, fortan nicht als Erfüllungsgehilfe des A tätig zu sein. Dem entsprechend verwendet B – da er nun im eigenen und nicht im Interesse des A handelt – die Getränke abredewidrig für die Erzielung eigener Einnahmen. Die abredewidrige Verwendung der Getränke stellt damit die erste, nach außen erkennbare Handlung des B gegen seinen Arbeitgeber A dar.

IV. Eingehende rechtliche Würdigung

Zu untersuchen ist nun, wie diese abredewidrige Verwendung der Getränke zur Fertigung der nicht bonierten Getränkebestellung und das anschließende Servieren beim Gast rechtlich zu bewerten sind.

1. Strafrechtliche Beurteilung

Bevor der Blick auf das Umsatzsteuerrecht geworfen wird, soll – und muss – der Sachverhalt in der hier gebotenen Kürze strafrechtlich untersucht werden. Strafrechtlich erfüllt die abredewidrige, weil unbonierte Verwendung der Getränke den Tatbestand der Unterschlagung im Sinne des § 246 Abs. 1 StGB. Eine Unterschlagung setzt voraus, dass der Täter sich oder einem Dritten eine fremde bewegliche Sache rechtswidrig zugeeignet hat und die Tat nicht nach anderen Vorschriften mit schwerer Strafe bedroht ist.

Dass die abredewidrig nicht bonierten Getränke für B fremde bewegliche Sachen sind, bedarf keiner weiteren Ausführung. B hat sich diese Getränke auch rechtswidrig zugeeignet. Eine Zueignung ist gegeben, wenn B die Sache selbst oder den in ihr verkörperten Sachwert mit Ausschlusswirkung gegenüber dem Eigentümer seinem eigenen oder dem Vermögen eines Dritten in der Weise zuführt, dass er selbst oder der Dritte zum Scheineigentümer wird.[3] Der Täter muss sich mithin selbst oder einen Dritten an die Stelle des Berechtigten setzen wollen, so dass die „Enteignung" auf Opferseite mit der „Aneignung" auf Täterseite korrespondiert.[4] Dafür ist einerseits weder ein Eigentumsverlust des Opfers noch andererseits eine echte Eigentumserlangung im Sinne des BGB erforderlich.[5] Im Unterschied zum Diebstahl reicht es für die Erfüllung des Tatbestandes der Unterschlagung jedoch nicht aus, dass der Täter nur die bloße Absicht der Zueignung hat.[6] Die Zueignung muss auch zur Vollendung gelangen.[7] Weiterer Unterschied zum Diebstahl ist, dass dem Tatbestand der Unterschlagung das Gewahrsamselement fehlt, will heißen, der Täter der Unterschlagung muss nicht fremden Gewahrsam brechen und neuen, nicht unbedingt tätereigenen Gewahrsam begründen.[8]

Aus diesen beiden Besonderheiten gegenüber dem Diebstahl ergibt sich zweierlei: Erstens: Der innere Zueignungswille muss sich nach außen durch einen manifestierbaren Zueignungsakt zu erkennen geben.[9] Zweitens: Der zueignende Zugriff des Unterschlagungstäters auf die Sache erfolgt nicht wie beim Dieb in Gestalt einer bereits äußerlich sozial auffälligen Wegnahme, sondern im Regelfall – weil der Täter bereits

---

[3] Fischer, Thomas, Strafgesetzbuch, 59. Auflage (nachstehend nur noch: Fischer), § 246 Rn. 5 mit weiteren Nachweisen zur Rechtsprechung;

[4] Eser in Schönke, Adolf/Schröder, Horst, Strafgesetzbuch Kommentar, 27. Auflage (nachstehend nur noch Schönke/Schröder), § 246 Rn. 9; ebenso wohl auch: Vogel in Leipziger Kommentar zum StGB, 12. Auflage (nachstehend nur noch Leipziger Kommentar StGB), § 246 Rn. 28.

[5] Eser in Schönke/Schröder, § 246 Rn. 9, gleichfalls: Fischer § 246 Rn. 6.

[6] Vgl. Fischer, § 246 Rn. 6; Eser in Schönke/Schröder § 246 Rn. 10.

[7] Ebenda.

[8] Gleichfalls: Eser in Schönke/Schröder § 246 Rn. 10.

[9] Statt aller: BGH Großer Senat für Strafsachen Beschluss vom 7. 12. 1959, GSSt 1/59, BGHSt 14 S. 38, Fischer § 246 Rn. 6; Vogel in Leipziger Kommentar StGB § 246 Rn. 22, Eser in Schönke/Schröder § 246 Rn. 11, jeweils mit weiteren Nachweisen.

Gewahrsam an der Sache in Gestalt von Fremdbesitz hat – durch die Anmaßung von Eigenbesitz.[10] Will heißen, beim Unterschlagungstäter ändert sich in den meisten Fällen nur die innere Willensrichtung, seine Handlung selbst stellt sich nach außen weiterhin als sozial unauffällig dar.[11] In anbetracht dessen lässt die Rechtsprechung[12] als Manifestation des Zueignungswillens Verhaltensweisen genügen, bei denen sich einem objektivierten Beobachter in Kenntnis der Täterabsicht die Handlung als Betätigung des Zueignungswillens offenbart.[13]

Gemessen hieran hat sich B bereits die nicht bonierten Getränke – und nicht erst das Geld – zugeeignet. Es ist zwar herrschende Rechtsauffassung, dass ein Bote, der einem anderen Waren in der Absicht aushändigt, den hierfür im Gegenzug in Empfang zu nehmenden Kaufpreis zu behalten, nicht bereits die Waren, sondern erst das Geld unterschlägt.[14] Dies gilt jedoch nur, wenn sich der Bote nicht zuvor in der Weise verhalten hat, die zu erkennen gibt, dass er den bisherigen Fremdbesitz an den Waren in Eigenbesitz umwandeln will.[15] Entscheidend für diese Beurteilung ist, ob der Täter sich noch im Rahmen seines Auftrages bewegt.[16] Dies kann nicht mehr für den Fall angenommen werden, in denen der Täter durch die Umgehung von vorgeschriebenen Kontrollmaßnahmen den Boden des Vereinbarten verlässt.[17] Denn durch das Umgehen der vorgeschriebenen Kontrollmaßnahmen manifestiert sich der Zueignungswille – und zwar an der Ware.

Eine solche Kontrollmaßnahme ist in dem Bonieren der Bestellung zu sehen. Zwar dient die Bonierung in erster Linie zur späteren Abrechnung gegenüber dem Gast. Zugleich erfüllt sie jedoch auch die Aufgabe, eine Abrechnungsgrundlage des B gegenüber dem

---

[10] Vogel in Leipziger Kommentar StGB, § 246 Rn. 22.

[11] Ebenda.

[12] So zum Beispiel: BGH Großer Senat für Strafsachen Beschluss vom 7. 12. 1959, GSSt 1/59, BGHSt 14 S. 38 mit weiteren Nachweisen zur Rechtsprechung des Reichsgerichts.

[13] Gleichfalls: Fischer § 246 Rn. 7; Vogel in Leipziger Kommentar StGB, § 246 Rn. 22. Soweit an dieser Rechtsauffassung Kritik der Gestalt geübt wird, dass das objektive Tatbestandsmerkmal der Zueignung nur anhand objektiver Tatumstände festgestellt werden dürfe, mithin also nur solche Handlungen als Zueignung anzusehen seien, aus denen die Zueignung eindeutig und ohne Kenntnis des Willens des Täters hervorgehe, ist die Kritik vorliegend unbeachtlich, weil sich der Zueignungswille des B bereits durch das nicht bonieren dem objektiven Beobachter offenbart. Eine Auseinandersetzung mit der Kritik ist daher hier nicht geboten.

[14] So zum Beispiel: Eser in Schönke/Schröder § 246 Rn. 11;

[15] Vgl. OLG Düsseldorf Beschluss vom 19. 7. 1999, 2b Ss 182/99 – 66/99 I, NJW 2000 S. 529; ebenda.

[16] Eser in Schönke/Schröder § 246 Rn. 11 mit Verweis auf: Schröder, NJW 1963 S. 1959.

[17] Ebenda.

A zu schaffen. Unterlässt es deshalb B, die Bestellungen vollständig zu bonieren, unterläuft er damit die Kontrollmöglichkeiten des A. Folglich ist die anschließende Verwendung der Waren eine Zueignung im Sinne des § 246 Abs. 1 StGB, weil sich in der Verwendung der Waren in Zusammenschau mit dem vorangehenden Nichtbonieren der Zueignungswille offenbart und damit manifestiert.

Die Zueignung ist auch vollendet. Eine Vollendung ist jedenfalls dann gegeben, wenn es zu einem gutgläubigen Eigentumserwerb durch einen Dritten kommt,[18] denn durch den gutgläubigen Eigentumserwerb verliert der bisherige Eigentümer sein Eigentum, er wird mithin enteignet. Sofern der Dritte für den Eigentumserwerb zahlt, eignet sich der Täter den in der Sache verkörperten Sachwert an. Somit ist gleichfalls eine „Aneignung" auf Täterseite gegeben. Vorliegend erwerben die Gäste die abredewidrig verwandten Getränke gutgläubig, § 935 Abs. 1 BGB ist mangels Abhandenkommen nicht anwendbar[19], und zahlen hierfür ein Entgelt an B. Die Zueignung ist somit vollendet.

Die Zueignung des B ist auch rechtwidrig. B steht kein fälliger und einredefreier Übereignungsanspruch an den Waren zu.[20] Unbeachtlich ist, dass B – sofern er die Bestellungen boniert – ermächtigt ist, über die Waren zu verfügen, denn hieraus kann nicht der Schluss gezogen werden, dass B auch Waren „verwenden" darf, ohne den Verkaufsvorgang zuvor in der Kasse zu erfassen.

Am Vorsatz des B hinsichtlich des Tatobjekts, der Zueignung und deren Rechtswidrigkeit bestehen keine Zweifel. Gleiches gilt für die Rechtswidrigkeit der Tat insgesamt und die Schuld des B. Folglich macht sich B durch die abredewidrige Verwendung der Waren der Unterschlagung im Sinne des § 246 Abs. 1 StGB strafbar.

2. Umsatzsteuerliche Beurteilung

Im nächsten Schritt ist zu untersuchen, welche Konsequenzen aus der genauen Analyse des Sachverhalts und der festgestellten Strafbarkeit der Handlung mit Blick auf die Umsatzsteuer zu ziehen sind. Hierbei muss zwischen der abredewidrigen Verwendung der Waren einerseits und dem Servieren beim Gast andererseits unterschieden werden.

---

[18] Gleichfalls: Eser in Schönke/Schröder § 246 Rn. 9.

[19] Statt aller: OLG Karlsruhe Urteil vom 29. 3. 2012, 9 U 143/10, DAR 2012 S. 514; Bassenge in Palandt Bürgerliches Gesetzbuch 71. Auflage; § 935 Rn. 7.

[20] Vgl. Kindhäuser, Urs Strafgesetzbuch Lehr- und Praxiskommentar, 2. Auflage (nachstehend nur noch Kindhäuser) § 246 Rn. 28.

IV. Eingehende rechtliche Würdigung

Umsatzsteuerlich ist in der abredewidrigen und strafbaren Aneignung der Waren durch B keine Lieferung des A an B zu sehen. Nach herrschender Auffassung[21] ist eine Lieferung im Sinne des Umsatzsteuerrechts im Falle eines Diebstahls nicht gegeben. Der EuGH begründet seine Rechtsauffassung wie folgt:[22]

„Nach Art. 5 Abs. 1 der 6. EG-Richtlinie gilt als „Lieferung eines Gegenstands...die Übertragung der Befähigung, wie ein Eigentümer über einen körperlichen Gegenstand zu verfügen". (...) Der Diebstahl von Waren macht aus dem Täter nur deren Besitzer. Er befähigt den Täter nicht, über die Waren wie ihr Eigentümer zu verfügen. Der Diebstahl kann daher nicht zu einer Übertragung vom Bestohlenen auf den Täter im Sinne der erwähnten Bestimmung der 6. EG-Richtlinie führen."[23]

Mithin stellt der EuGH bei seiner Begründung darauf ab, dass der Dieb nicht wie ein Eigentümer über den Gegenstand verfügen kann. Gleiches gilt auch für den Täter einer Unterschlagung. Auch dieser kann nicht wie ein Eigentümer über die unterschlagene Ware verfügen. Ein sachlicher Unterschied, der es rechtfertigen würde, die Unterschlagung anders als den Diebstahl zu behandeln ist folglich nicht erkennbar. Die Unterschlagung stellt damit – ebenso wie der Diebstahl – keine Lieferung im Sinne des Umsatzsteuerrechts dar. Dieses Ergebnis erfährt seine Rechtfertigung auch dadurch, dass eine Leistung im umsatzsteuerlichen Sinne – grundsätzlich – willentlich, wenn auch nicht freiwillig, wie § 1 Abs. 1 Nr. 1 Satz 2 UStG verdeutlicht, zu erfolgen hat.[24] Das Opfer eines Diebstahls oder einer Unterschlagung leistet jedoch nicht willentlich. Folglich verbietet sich auch aus diesem Gesichtspunkt die Annahme einer umsatzsteuerlichen Leistung beim Diebstahl bzw. der Unterschlagung.

---

[21] So für den Diebstahl: EuGH Urteil vom 14. 7. 2005, Rs. C-435/03, UR 2005 S. 491 mit folgendem ersten Leitsatz: „Der Diebstahl von Waren stellt keine „Lieferung von Gegenständen gegen Entgelt" i. S. v. Art. 2 der 6. EG-Richtlinie 77/388 EWG dar und kann daher nicht als solcher der Mehrwertsteuer unterliegen."; gleichfalls: Schuhmann in Rau/Dürrwächter § 10 Rn. 65; andere Auffassung: Stadie, Holger Umsatzsteuergesetz 2. Auflage (nachstehend nur noch Stadie), § 1 Rn. 56 bis 58, der bei einer Entschädigungszahlung des Diebes eine steuerbare und steuerpflichtige Leistung annehmen will, jedoch auch von einer nichtsteuerbaren Leistung bei einem unentdeckten Diebstahl ausgeht. Im vorliegenden Ausgangsfall ist eine Entschädigungszahlung nicht gegeben, es bedarf daher keines Streitentscheides.

[22] EuGH-Urteil vom 14. 7. 2005, Rs. C-435/03, UR 2005 S. 491, Rn. 34 und 36.

[23] Anmerkung: Die Lieferung wird nunmehr in Art. 5 Abs. 1 der 6. MwSt-Richtlinie wortgleich definiert.

[24] Birkenfeld in Birkenfeld, Wolfram/Wäger, Christoph: Das große Umsatzsteuer-Handbuch (nachstehend nur noch Birkenfeld/Wäger) § 31 Rn. 131.

Anders jedoch die zweite zu untersuchende Leistung, also das Servieren der Getränke am Tisch des Gastes durch B. Hierin ist eine umsatzsteuerbare Leistung zu sehen. Fraglich ist nur, wer diese Leistung erbracht hat.

Unbestrittene und damit einhellige Auffassung ist, dass der Verkauf von Diebesgut und die Übergabe der gestohlenen Sachen ungeachtet des zivilrechtlichen Ausschlusses des gutgläubigen Erwerbs, vgl. § 935 Abs. 1 BGB, umsatzsteuerlich eine Lieferung darstellt, weil es im Rahmen des § 3 Abs. 1 UStG nur auf die faktische Verfügungsbefähigung ankommt.[25] Der Dieb wie der Hehler können mangels eigenen Rechtes dem Abnehmer kein Verfügungsrecht an dem Gegenstand verschaffen. Dies gilt sowohl hinsichtlich des Eigentums als auch eines sonstigen dinglichen oder obligatorischen Rechtes zum Besitz, das dem Herausgabeanspruch des Eigentümers aus § 985 BGB entgegen gesetzt werden könnte.[26] Der Abnehmer gestohlener oder gehehlter Waren erhält aber die tatsächliche Sachherrschaft und damit die faktische Befähigung, über das Diebes- bzw. Hehlergut verfügen zu können.[27] Diese faktische Verfügungsbefähigung reicht aus, um umsatzsteuerlich eine Lieferung annehmen zu können.[28] Vorliegend erwirbt der Gast jedoch sogar gutgläubig gem. § 932 Abs. 1 BGB, weil § 935 Abs. 1 BGB nicht einschlägig ist.

Hätte B demnach die angeeigneten Getränke, zum Beispiel eine wertvolle Flasche Wein, nicht dazu verwendet, diese am Tisch „für eigene Rechnung" zu servieren, sondern diese mit nach Hause genommen, um sie im Weiteren zu verkaufen, hätte er mit dem Verkauf eine eigene Lieferung bewirkt, die bei zahlreicher Wiederholung des Tatgeschehens eine Unternehmereigenschaft des B begründet und eine umsatzsteuerbare und -pflichtige Leistung darstellt.

Einziger tatsächlicher Unterschied des hiesigen Falles zu dem Vorstehenden ist, dass B die Getränke nicht von zu Hause aus, sondern im Restaurant des A veräußert hat. Fraglich ist, ob aus diesem Umstand unterschiedliche umsatzsteuerliche Konsequenzen zu ziehen sind. Dies wäre jedenfalls dann der Fall, wenn die umsatzsteuerliche Leistung in Gestalt der Servierung der Getränke am Tisch des Gastes nicht dem B, sondern dem A

---

[25] Vgl. Nieskens in Rau/Dürrwächter § 3 Rn. 632; wohl auch Birkenfeld in Birkenfeld/Wäger, § 31 Rn. 141 mit Verweis unter anderem auf: Reichsfinanzhof Urteil vom 7. 2. 1930, V A 785/29, RStBl. 1930, 386 zur Lieferung von unterschlagener Ware; Niedersächsisches Finanzgericht Urteil vom 28. 10. 1999, V 360/92, EFG 2000 S. 659, welches die Mitwirkung an Diebstählen zuungunsten des Arbeitgebers gegen Beteiligung am Veräußerungserlös des Diebesgutes als umsatzsteuerpflichtige sonstige Leistung qualifiziert hat.

[26] Nieskens in Rau/Dürrwächter § 3 Rn. 632.

[27] Ebenda.

[28] Ebenda.

zugerechnet werden müsste. Mithin stellt sich die Frage, wer vorliegend insoweit Leistender im Sinne des § 1 Abs. 1 Nr. 1 UStG ist.

Das deutsche Umsatzsteuerrecht enthält keine allgemeinverbindlichen Regeln zur Beantwortung der Frage, nach welchen Kriterien die Zurechnung von Leistungen zu erfolgen hat.[29] Regelmäßig ergibt sich jedoch aus den abgeschlossenen zivilrechtlichen Vereinbarungen, wer bei einem Umsatz als Leistender anzusehen ist.[30] Es gilt deshalb – mit Einschränkungen – das Primat des Zivilrechts.[31] Leistender ist demnach grundsätzlich derjenige, der im eigenen Namen Lieferungen oder sonstige Leistungen gegenüber einem anderen selbst oder durch einen Beauftragten ausführt.[32] Ob eine Leistung dem Handelnden oder einem anderen zuzurechnen ist, hängt mithin davon ab, ob der Handelnde im Außenverhältnis gegenüber Dritten im eigenen Namen oder berechtigterweise im Namen eines anderen aufgetreten ist.[33] Bei einem Handeln im Namen des Vertretenen ist umsatzsteuerrechtlich die dem Leistungsempfänger gegenüber erbrachte Leistung regelmäßig dem Vertretenen zuzurechnen.[34] Ein Handeln in fremdem Namen kann sich auch aus den Umständen ergeben, es setzt nicht voraus, dass der Name des Vertretenen bei Vertragsabschluss genannt wird.[35]

Vom Handeln in fremdem Namen ist das Handeln unter fremdem Namen zu unterscheiden. Ein solches Handeln ist dann gegeben, wenn der Handelnde einen fremden Namen als eigenen benutzt.[36] Ein Handeln unter fremden Namen kann – wie auch beim Handeln in fremden Namen – konkludent erfolgen, wenn sich dem Vertragspartner der fremde Name nach den Umständen des Einzelfalles geradezu aufdrängt.[37] Die Frage, wem die durch den Handelnden bewirkte Leistung zuzurechen ist – dem Namensträger oder dem Handelnden – muss gleichfalls nach zivilrechtlichen Grundsätzen entschieden werden. Eine generelle Aussage dergestalt, dass bei einem Handeln

---

[29] Nieskens in Rau/Dürrwächter § 1 Rn. 541.

[30] Birkenfeld in Birkenfeld/Wäger § 31 Rn. 181

[31] Nieskens in Rau/Dürrwächter § 1 Rn. 621.

[32] Vgl. statt aller: BFH-Urteil vom 28. 11. 1990, V R 31/85, BStBl. II 1991 S. 381; Nieskens in Rau/Dürrwächter § 1 Rn. 541 mit weiteren Nachweisen zur Rechtsprechung.

[33] Ebenda.

[34] Nieskens in Rau/Dürrwächter § 1 Rn. 541.

[35] Ebenda.

[36] Vgl. Birkenfeld in Birkenfeld/Wäger § 31 Rn. 221, ebenda.

[37] Wohl auch in diese Richtung gehend: AG Hamburg-St. Georg Urteil vom 24. 2. 2009, 918 C 463/08, MMR 2009 S. 436; Ellenberger in Palandt § 164 Rn. 11.

unter fremden Namen stets der Namensträger außerhalb des Leistungsaustausches steht und die Leistung dem Handelnden zuzurechnen ist, ist nicht angezeigt.[38] Maßgeblich ist vielmehr die zivilrechtliche Wertung.

Für die zivilrechtliche Beurteilung kommt es auf die Umstände des Einzelfalles an. Das Oberlandesgericht Karlsruhe[39] hat im Falle eines Gebrauchtwagenverkaufs, bei dem der Verkäufer unter falschem Namen aufgetreten ist, folgendes ausgeführt:

„Wenn eine Person unter einem fremden Namen auftritt, gibt es für die rechtliche Bewertung zwei verschiedene Möglichkeiten: Zum einen ist es möglich, dass sich nicht die handelnde Person, sondern derjenige, dessen Namen angegeben wird, Vertragspartner werden soll.

Andererseits ist es möglich, dass nicht der angegebene Name entscheidend ist, sondern dass die handelnde Person – unabhängig vom unrichtigen Namen – Vertragspartner wird. Entscheidend ist dabei, wie der Erklärungsempfänger das Verhalten des unter fremden Namen Handelnden verstehen musste. Kommt es für den Erklärungsempfänger wesentlich auf die persönliche Identität seines Vertragspartners an, dann ist davon auszugehen, dass der Erklärungsempfänger nur mit dieser Peron einen Vertrag abschließen will. Ist hingegen die Identität des Vertragspartners für den Erklärungsempfänger nicht entscheidend, weil der Erklärungsempfänger im Vordergrund die Person sieht, die ihm gegenüber auftritt, dann ist die handelnde Person als Vertragspartner anzusehen (vgl. BGH, NJW-RR 1998, 814; OLG Düsseldorf, NJW 1989, 906).

Entscheidend ist im vorliegenden Fall, dass die maßgeblichen Willenserklärungen mündlich abgegeben wurden. Wer persönlich mit einem bestimmten Gegenüber verhandelt, will in der Regel mit diesem Gegenüber den Vertrag abschließen."

Ein Eigengeschäft des Handelnden liegt demnach vor, wenn die Benutzung des fremden Namens bei dem Vertragspartner keine falsche Identitätsvorstellung hervorgerufen hat, dieser also mit dem Handelnden den Vertrag abschließen will.[40] Dies ist auch anzunehmen, wenn der andere Teil keine konkreten Vorstellungen über die Identität des Handelnden hatte oder wenn nach Art des Geschäftes, wie zum Beispiel bei Bargeschäften des täglichen Lebens, Hotelübernachtungen, Name und Identität des Ver-

---

[38] Nieskens in Rau/Dürrwächter § 1 Rn. 541, wohl auch: Birkenfeld in Birkenfeld/Wäger § 31 Rn. 221 ff.; a. A: Stadie § 1 Rn. 71, der ablehnt, dass es im Rahmen des § 1 Abs. 1 Nr. 1 UStG – anders als bei der Frage des Vorsteuerabzugs – auf die Kenntnis des Leistungsempfängers ankommt, weitere Nachweise zur gegenteiligen Auffassung in Rau/Dürrwächter § 1 Rn. 680 Fussnote 6.

[39] OLG Karlsruhe Urteil vom 29. 3. 2012, 9 U 143/10, DAR 2012 514.

[40] Ellenberger in Palandt § 164 Rn. 11.

IV. Eingehende rechtliche Würdigung

tragspartners für den Abschluss und die Durchführung des Vertrages keine Rolle spielen.[41]

Diese Betrachtungsweise ist auch im Umsatzsteuerrecht maßgebend.[42] So führte der BFH im so genannten Blindenurteil vom 15. 7. 1987[43] folgendes aus:

„Wer, wie der Kläger Umsätze unter fremden Namen tätigt, erbringt eigene Umsätze (BFH-Urteil vom 28. September 1967 V R 103/66, BFHE 90, 310, BSBl. II 1986, 108). Es verhält sich anders als beim Handeln in fremdem Namen, das regelmäßig dazu führt, dass der Umsatz dem vertretenen Namensgeber zuzurechnen ist. Sein Wille ist darauf gerichtet, einen Umsatz für den Träger des fremden Namens zu erbringen. Wer einen Umsatz unter fremden Namen tätigt, bedient sich lediglich des fremden Namens. Auch zivilrechtlich wird davon ausgegangen, dass bei einem Handeln unter fremden Namen der Namensträger zumindest dann mit dem Geschäft nichts zu tun hat, wenn es – wie hier – um Geschäfte des täglichen Lebens geht und dem Kunden gleichgültig ist, mit wem er es abschließt (...)"

Gemessen an diesen Ausführungen ist die hier zu beurteilende Leistung, das Servieren der nicht bonierten Getränke am Tisch des Gastes, dem B zuzurechnen. B tritt nicht im eigenen Namen, sondern konkludent unter dem Namen des A auf. Folglich ist ein Handeln unter fremden Namen gegeben. Es handelt sich darüber hinaus beim Auftritt des B um ein Geschäft des täglichen Lebens, bei welchem es dem Kunden in aller Regel gleichgültig ist, mit wem er den Vertrag abschließt. Kommt es aber dem Leistungsempfänger nicht auf den Vertragsabschluss mit dem „fremden Namen" an, rechtfertigt nichts die Zurechnung der Leistung zum Namensträger. Folglich bewirkt B hinsichtlich der nicht bonierten Getränke eine Leistung an den Gast.

Diese Feststellung hat auch im Lichte des § 56 HGB Bestand. Hiernach gilt: Wer in einem Laden oder in einem offenen Warenlager angestellt ist, gilt als ermächtigt zu Verkäufen und Empfangnahmen, die in einem derartigen Laden oder Warenlager gewöhnlich geschehen. Die Bestimmung dient erkennbar der Sicherheit des Rechtsverkehrs, indem sie die Vertretungsverhältnisse bei bestimmten Umsatzgeschäften festlegt.[44] Damit wird ein besonderer Schutz der Geschäftspartner des Kaufmanns er-

---

[41] Ebenda.

[42] Vgl. zum Beispiel: BFH-Urteil vom 15. 7. 1987, X R 19/80, BStBl. II 1987 S. 746; Birkenfeld in Birkenfeld/Wäger § 31 Rn. 222; Nieskens in Rau/Dürrwächter § 1 Rn. 680.

[43] BFH-Urteil vom 15. 7. 1987, X R 19/80, BStBl. II 1987 S. 746, Rn.

[44] Joost in Staub Handelsgesetzbuch Großkommentar, 5. Auflage (nachstehend nur noch Staub), § 56 Rn. 1; Wagner in Röhricht/Graf von Westphalen HGB Kommentar, 3. Auflage (nachstehend nur noch Röhricht/Graf von Westphalen), § 56 Rn. 2.

reicht.[45] Gerechtfertigt wird dies damit, dass die Beschäftigung einer Person in einem Laden oder einem offenen Warenlage in besonderer Weise geeignet ist, beim Publikum den Eindruck zu erwecken, dass die beschäftigten Personen eine Vollmacht haben.[46] Unstreitig kann sich damit der Gast gegenüber A darauf berufen, dass B ihm auch die nicht bonierten Getränke ohne rechtlich durchgreifende Beanstandung übereignet und er mit schuldbefreiender Wirkung gezahlt hat. Der durch § 56 HGB vermittelte Schutz des Gastes kann jedoch nicht auf den Fiskus ausgedehnt werden. Denn es ist zum einen bereits fraglich, ob die privatrechtlichen Bestimmungen des HGB ohne Weiteres auf das öffentliche Recht und insbesondere auf das Steuerrecht als Eingriffsrecht übertragen werden können.[47] Zum anderen rechnet der Fiskus nicht zum Kreis der Geschäftspartner des A. Folglich unterliegt dieser auch nicht dem Schutzbereich der Norm. Eine Ausdehnung des Anwendungsbereiches der Norm auf den Fiskus ist nicht geboten, weil der Fiskus keines besonderen Schutzes bedarf. Ihm steht das gesamte hoheitliche Steuerrecht zur Durchsetzung seiner Ansprüche zur Verfügung. Eines Rückgriffes auf die Vorschriften des Privatrechtes bedarf es nicht. Es verbleibt deshalb dabei, dass die Leistung dem B zuzurechnen ist. § 56 HGB kann allenfalls eine tragfähige Grundlage für die zutreffende Ausrichtung des Anspruches des Gastes auf Erteilung einer ordnungsgemäßen Rechnung sein, mit der sich dieser seinen Vorsteuerabzug ermöglicht. In diesem Kontext mag § 56 HGB – zum Schutze des Leistungsempfängers – relevant sein.[48] Um diese Problematik geht es jedoch vorliegend nicht.[49]

Eine Zurechnung der Leistung an B entfällt auch nicht, weil dieser Arbeitnehmer des A ist. Zwar bestimmt § 2 Abs. 2 Nr. 1 UStG, dass eine gewerbliche oder berufliche Tätigkeit nicht selbständig ausgeübt wird, soweit eine natürliche Person, einzeln oder zusammengeschlossen, in ein Unternehmen so eingegliedert ist, dass sie den Weisungen des Unternehmens zu folgen hat. Die Vorschrift verhält sich jedoch zum einen nicht zu der Frage, wem eine Leistung zuzurechnen ist, sondern grenzt nur die selbständige von

---

[45] Joost in Staub § 56 Rn. 1.

[46] Ebenda.

[47] Ablehnend zum Beispiel für § 5 HGB a.F. und die Lehre vom Scheinkaufmann: BFH Urteil vom 15. 7. 1987, X R 19/80, BStBl. II 1987 S. 746.

[48] Wohl in die Richtung gehend: Stadie § 1 Rn. 71, der ablehnt, dass es im Rahmen des § 1 Abs. 1 Nr. 1 UStG – anders als bei der Frage des Vorsteuerabzuges – auf die Kenntnis des Leistungsempfängers ankommt. Sofern es jedoch um den Vorsteuerabzug des Leistungsempfängers geht, will Stadie jedoch Aspekte des Vertrauensschutzes berücksichtigt wissen.

[49] Im Übrigen gilt zu bedenken: Verlangt der Gast eine ordnungsgemäße Rechnung, wird B gezwungen sein, die nicht bonierten Getränke nach zu erfassen, da anderweitig sein strafwürdiges Verhalten zu Tage tritt. Der Gast wird somit bereits durch den faktischen Zwang geschützt.

IV. Eingehende rechtliche Würdigung

der unselbständigen Tätigkeit im Rahmen der Prüfung der Unternehmereigenschaft des Leistenden ab. Ein Leistender muss aber nicht in jedem Fall Unternehmer sein. Ist er es nicht, scheidet lediglich die Steuerbarkeit nach § 1 Abs. 1 Nr. 1 UStG aus, die Leistungszurechnung bleibt hievon jedoch unberührt. Zum anderen wird die „Tätigkeit" des B zwar im äußeren Zusammenhang mit dem Arbeitsverhältnis ausgeübt; B handelt jedoch insoweit eigenständig, weil er sich bewusst von den Weisungen seines Arbeitgebers entfernt und sich ihnen gerade nicht mehr verpflichtet fühlt.[50] In einem solchen Fall ist B als selbständig Handelnder anzusehen.[51]

Dem hier gefundenen Ergebnis kann auch nicht mit Erfolg entgegen gehalten werden, dass der Gast die Servierung der bonierten und nicht bonierten Speisen und Getränke als einheitliche Leistung wahrnimmt und deshalb eine Aufteilung in jeweils eine von A und eine von B erbrachte Leistung zu unterbleiben hat. Dem Einwand ist zwar zuzugeben, dass das Umsatzsteuerrecht den Grundsatz der Einheitlichkeit der Leistung kennt, wonach mehrere untereinander gleichwertige Faktoren, die zur Erreichung eines wirtschaftlichen Ziels beitragen und aus diesem Grunde zusammengehören, umsatzsteuerlich als eine einheitliche Leistung zu qualifizieren sind.[52] Doch nach ständiger Rechtsprechung und Verwaltungspraxis gilt für die umsatzsteuerrechtliche Beurteilung von Leistungsvorgängen, dass grundsätzlich jede einzelne Leistung eines Unternehmers Besteuerungsgegenstand der Umsatzsteuer ist.[53] Einen Grundsatz der Einheitlichkeit der Leistung in dem Sinne, dass mehrere Einzelleistungen grundsätzlich, also in der Regel, zu einer einheitlichen Leistung zusammengefasst werden müssten, gibt es nicht.[54] Nur Leistungsvorgänge, die eine Einheit darstellen, dürfen mit umsatzsteuerlicher Wirkung nicht in einzelne Bestandteile zerlegt werden. Eine solche Einheit ist nicht gegeben, wenn die Leistungen von verschiedenen Unternehmern ausgeführt werden. Dies gilt auch dann, wenn die entgeltlichen Leistungen gegenüber demselben Leistungsempfänger erbracht werden und einem gleichen Ziel dienen.[55] Folglich steht der

---

[50] Stadie in Rau/Dürrwächter § 2 Rn. 172.

[51] Niedersächsisches Finanzgericht, Urteil vom 28.10.1999, V 360/92, EFG 2000 S. 659, welches die Mitwirkung an Diebstählen zuungunsten des Arbeitgebers gegen Beteiligung am Veräußerungserlös des Diebesgutes als umsatzsteuerpflichtige sonstige Leistung qualifiziert hat; ebenda.

[52] Nieskens in Rau/Dürrwächter § 1 Rn. 682.

[53] Ebenda, Birkenfeld in Birkenfeld/Wäger § 44 Rn. 405.

[54] Lange, Hans-Friedrich in „Umsatzbesteuerung von Leistungsbündeln – Mehrheit von Leistungen oder einheitliche Leistung?", UR 2009 S. 289.

[55] So BFH-Beschluss vom 18.7.2007, V B 157/05, BFH/NV 2007 S. 1544 mit weiteren Nachweisen zur Rechtsprechung des BFH; gleichfalls Nieskens in Rau/Dürrwächter § 1 Rn. 722 mit weiteren Nachweisen in Fussnote 5.

Leistungszuweisung an B nicht entgegen, dass der Gast damit mehrere getrennt zu beurteilende Leistungen erhält.

Als Zwischenergebnis ist deshalb zu konstatieren, dass B gegenüber dem Gast eine eigenständige Leistung erbringt, die unter den sonstigen Voraussetzungen des § 1 Abs. 1 Nr. 1 UStG steuerbar ist. Ob diese Leistung als Lieferung oder als sonstige Leistung zu qualifizieren ist, weil B gegenüber dem Gast neben der Verschaffung der Verfügungsmacht an den Getränken noch weitere Leistungen mit Dienstleistungscharakter, wie zum Beispiel die Beratung und die Aufnahme der Bestellung am Tisch sowie das anschließende Servieren, erbringt, bedarf vorliegend keiner Entscheidung, da auch bei Klärung dieser Frage keine erheblichen unterschiedlichen Rechtsfolgen erkennbar sind. Mithin kann es dabei verbleiben, dass B hinsichtlich der nicht bonierten Getränke eine eigene Leistung bewirkt, welche Lieferung oder sonstige Leistung sein kann.

3. Legitimation des Ergebnisses durch Rechtsfolgenbetrachtung

Das vorstehend gefundene Ergebnis erfährt seine Rechtfertigung auch durch eine Rechtsfolgenbetrachtung: B hat sich durch die abredewidrige Verwendung der Waren der Unterschlagung strafbar gemacht und damit zugleich eine Zäsur bewirkt. Eine umsatzsteuerliche Bewertung des Sachverhalts kann dies – auch in Anerkennung der Unterschiede der Rechtsgebiete – nicht vollständig ausblenden. Es muss deshalb auch bei der Umsatzsteuer Berücksichtigung finden, dass B mit dem Entscheid, die Getränke nicht zu bonieren, den Rahmen des Vereinbarten verlassen hat und im Weiteren eigenmächtig handelt. Die hiernach vorgenommenen Handlungen des B sind A demnach nicht zuzurechnen. Anderweitig käme es zu einer doppelten Begünstigung des Straftäters B zum Nachteil des redlichen Unternehmers A. B wäre nämlich nicht nur von der Anmeldung und Abführung der Umsatzsteuer befreit, sondern zugleich auch vor der Begehung einer weiteren Straftat geschützt. Sofern man nämlich zu dem hier vertretenen Ergebnis kommt, dass B steuerbare und steuerpflichtige Leistungen erbringt, muss er die hieraus erwachsene Umsatzsteuer gegenüber der Finanzbehörde erklären und abführen. Unterlässt er dies, macht er sich – die weiteren tatbestandlichen Voraussetzungen unterstellt – gem. § 370 Abs. 1 Nr. 2 AO der Steuerhinterziehung durch Unterlassen strafbar.

Zwar ist B der Gefahr der Geltendmachung eines Regressanspruches durch A ausgesetzt, doch dürfte diese aufgrund der Beweisnot des A regelmäßig nur von theoretischer Natur sein. A würde deshalb bei einer ihm zuzurechnenden Leistungserbringung einer doppelten Belastung ausgesetzt werden: Zum einen fehlt ihm die unterschlagene Ware und das vorenthaltene Geld, zum anderen muss er die Umsatzsteuer entrichten. Eine Lösung, die den Straftäter derart begünstigt und den redlichen Unternehmer benachteiligt, kann ihre Rechtfertigung nicht aus sachlichen Erwägungen ziehen. Eine solche Lösung wäre vielmehr nur der Interessenlage des Fiskus geschuldet, dass dieser einfacher den A als den B in Anspruch nehmen kann. Trotz des berechtigten Interesses des Staates an der Erhaltung seines Steuersubstrates darf eine solche Interessenlage nicht dazuführen, dass A in die „Haftung" für B durch eine extensive Auslegung des Begriffs des Leistenden genommen wird. Das Steuerrecht kennt zwar – wie unter anderem die Vorschriften der §§ 69 ff. AO zeigen – die Haftung eines Dritten für Steuerschulden eines anderen, jedoch muss diese – allein schon aus dem Rechtsstaatgrundsatz „Vorbehalt des Gesetzes" gesetzlich kodifiziert sein. Eine extensive Auslegung eines unbestimmten Rechtsbegriffes darf nicht den Boden für eine gesetzlich nicht vorgesehene Haftung bereiten.

Der Staat wird auch nicht durch die Beschränkung der Auslegungsmöglichkeit schutzlos gestellt, denn zum einen kann er sich – sofern er das Beweisproblem überwinden kann – jederzeit mit seinem Steueranspruch an B wenden. Zum anderen hat A ein eigenes Interesse daran, zu verhindern, dass B entsprechend tätig wird, denn zuvorderst und in größerem Ausmaß erleidet A einen Schaden. Mithin sitzen A und der Fiskus im selben Boot. Der Fiskus sollte dies nicht verlassen und sich auf die Seite des B schlagen. Denn ein Schulterschluss mit einem Straftäter steht einem Rechtsstaat nicht gut zu Gesicht.

V. Fazit

Die sich auf den ersten Blick aufdrängende umsatzsteuerliche Lösung des vorliegenden Sachverhaltes erweist sich bei genauerem Hinsehen als nicht haltbar. Die hier vertretene Lösung, dass nicht A sondern B Leistender ist, berücksichtigt nicht nur die strafrechtlichen Konsequenzen des Verhaltens des B und kann sich folglich mit dem Gebot der Einheitlichkeit der Rechtsordnung rühmen, sondern befriedigt auch das Gerechtigkeitsgefühl. Denn zumindest beim Verfasser erhebt sich rechtliches Unbehagen, wenn der Ehrliche – mal wieder – der Dumme ist.

„Man soll niemals den Sand in den Kopf stecken" – Stilblüten aus der Bilanzbuchhalter-Prüfung

Zusammengestellt von Dr. Hans J. Nicolini mit Illustrationen von Kirsten Lipka

I. Einführung

Stilblüten sind Äußerungen und Formulierungen, die durch unglückliche Wortwahl, Wortstellung oder durch Doppeldeutigkeit ungewollt erheiternd wirken. Es ist erkennbar, was gemeint ist, aber semantisch ergibt sich ein anderer Sinn. Über manche kann man schmunzeln, wenn sie hinreichend komisch sind, können sie auch für Lacher sorgen. Als Gründe kommen infrage

▶ Falsche Wortwahl („Unser Dozent ist eine Konifere")

▶ Misslungene Wortwahl („Die Finanzierung des AV ist sehr waghalsig.")

▶ Orthografie- und Grammatikfehler („Fluchhafen")

▶ Tautologie („In einem Billiglohnland sind die Löhne niedriger.")

Stilblüten sind selten beabsichtigt, im Allgemeinen entstehen sie unfreiwillig. Deshalb sind sie häufig da zu finden, wo – z. B. durch Zeitdruck – eine nachträgliche Kontrolle und Korrektur nicht möglich ist.

Die folgenden Beispiele sind ausnahmslos Zitate aus Klausuren, die angehende Bilanzbuchhalter in ihrer schriftlichen Prüfung geschrieben haben. In einer so schwierigen Prüfung entstehen fast zwangsläufig Formulierungen, die den Autoren in einer normalen Situation kaum unterlaufen wären. Es wäre also nicht nur unfair, sondern geradezu sträflich, sich über die Verfasser lustig zu machen. Trotzdem haben die Formulierungen für fachlich interessierte Leser einen Unterhaltungswert, der über die Prüfungsleistung hinaus wirkt.

Ihre Authentizität ist schon dadurch gesichert, dass sich niemand eine so große Zahl und so einmalige Stilblüten ausdenken kann.

II. Stilblüten, die stimmen

Diese Formulierungen sind isoliert betrachtet durchaus richtig, im fachlichen Kontext entfalten sie jedoch eine unfreiwillige Komik:

Bei einem Devisenoptionsgeschäft besteht die Möglichkeit, sich nicht an die Vereinbarung zu halten.

Das Unternehmen sollte sich Gedanken machen über seine Situation.

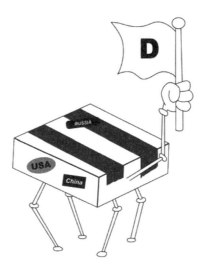

Die meisten Importe kommen aus dem Ausland.

Die Finanzierung des AV über kurzfristiges FK ist sehr waghalsig.

Die Inflation wird anhand des Preisanstiegs gemessen.

Als Exportnation sind wir auf Exporte angewiesen.

Bei einer Inflation kommt es zu Preissteigerungen.

Preisniveaustabilität soll durch eine geringe Inflation erreicht werden.

Bei einer anhaltenden Inflation ist die Preisstabilität betroffen.

Der Konjunkturzyklus hat 4 Phasen und nach jeder Phase folgt die nächste.

Um die kurzfristige Liquidität zu verbessern, ist es möglich, den Kassenbestand durch eine Einlage zu erhöhen.

Der Anleger muss ein einwandfreies Vorstrafenregister haben.

II. Stilblüten, die stimmen

Die Inflation ist der Preistreiber. Stagnation ist nicht Rezession.

Andere Leute, z. B. Hausfrauen oder Erziehende, wird es auch immer geben.

Käufer und Verkäufer müssen ausgeglichen sein.

Die EZB ist die Leitfigur im ESZB.

Die Verbote des Kartellgesetzes sind mir persönlich ein Rätsel.

Bei der Offenmarktpolitik gibt die EZB das Geld aus.

Die Arbeitslosenquote umfasst nur die Arbeitslosen, die arbeitslos sind.

Das reale BIP besteht aus natürlicher Substanz.

Der fallende Dollarkurs bedeutet für ein Unternehmen, das auf Dollar abrechnet, nichts Gutes.

Zur Bekämpfung der Jugendarbeitslosigkeit könnte man Ausbildungsplätze schaffen.

III. Von der Kunst der angemessenen Formulierung

Diese Gruppe von Zitaten wirkt unglücklich, weil zwar die beabsichtigte Aussage erkennbar ist, unter Zeitdruck aber Formulierungen gewählt worden sind, die ganz unbeabsichtigte Assoziationen auslösen.

Besonders in Zukunft müssen die deutschen Unternehmen
einen Fuß in den Außenhandel setzen.

Der unlaute Wettbewerb.

Die Entwicklung der Umsatzrentabilität ist bedauerlich.

Viele Unternehmen leben von staatlichen Aufträgen und gehen davon in Konkurs.

Die Entwicklung der Umsatzrentabilität ist bedauerlich.

Der Anlagendeckungsgrad ist negativ gesunken.

Kartell: Kleinanbieter fallen vom Markt.

Uns ist oft nicht bewusst, dass die freien Güter knapp sind.

Durch den Export wird das allgemeine Weltbild gestärkt.

Soziale Marktwirtschaft: Die Gemeinschaft trägt Sorge für das Wohlwollen aller.

IV. Schräg und verdreht

Diese Formulierungen sind – isoliert betrachtet – fachlich falsch. Trotzdem entstehen durch die kreative Verwendung von Begriffen und Bezeichnungen echte Stilblüten. Manchmal ist dazu nur ein einziger Buchstabe erforderlich.

Die Leitung der EZB besteht aus Vorstand, Elferrat und Aufsichtsrat.

Unter Finanzierung versteht man den Akt, wofür ich Geldmittel ausgebe.

Die kurzfristigen Verbindlichkeiten würden auf der Strecke bleiben.

Es handelt sich um eine selbstverschuldete Bürgschaft.

Der Schwarzmarkt ist eine Dunkelziffer.

IV. Schräg und verdreht

Beim Pfandrecht werden Wertgegenstände aus dem Unternehmen entwendet.

Freie Güter sind Güter, die nicht bezahlbar sind.

Verdeckte Arbeitslosigkeit entsteht, wenn Arbeitslose vom Angesparten leben.

Man kann nicht sagen, dass das Wirtschaftswachstum gewachsen ist.

Die Preiselastizität ist gesetzlich geregelt.

Die Kartelle haben sich genau an die Vorschriften zu halten, die vom Ministerium angefertigt werden.

Das Anlagevermögen steht prächtig da.

Von einem positiven Handelsbilanzüberschuss spricht man, wenn diese ausgeglichen ist.

Die Zahlungsbilanz ist positiv, wenn sie über ein hohes Anlagevermögen verfügt.

Bei einer Deflation fällt die Wirtschaft ins Bodenlose.

Das GWB regelt das Wettbewerbsverbot.

Wenn in Einkaufszentren unterschiedliche Anbieter vorhanden sind, nennt man das Globalisierung.

Das Kartell überwacht den unlauteren Wettbewerb.

IV. Schräg und verdreht

Aufgabe des Aufsichtsrates ist die Bewachung des Vorstandes.

Drohverlustrückstellungen sind Rückstellungen für schwebende Verluste aus drohenden Geschäften.

Entstehungsrechnung: Wenn eine Ware bestellt ist, entsteht ein Vertrag und somit entsteht eine Rechnung.

Verwendungsrechnung: Wenn die Ware geliefert ist, muss die Rechnung überwiesen werden.

Der Beitrag eines Wirtschaftsbereiches entspricht der Summe aus seinem Beitrag zur Wertschöpfung, den Abschreibungen und den indirekten Steuern anzüglich Subventionen.

Der Mangel an einem Gut ist vielen nicht bewusst.

Das GWG sorgt für den Schutz des unlauteren Wettbewerbs.

Das BIP ist das Gesamtinlandsprodukt im Ausland, vermindert um das Gesamtauslandsprodukt aus dem Inland.

Wirtschaftswachstum wird über den Lebensindex gemessen.

Es handelt sich um eine selbstverschuldete Bürgschaft.

Die Bank gibt ihre Kreditwürdigkeit her.

Es müsste Einhalt geboten werden, dass große Tankstellen mit ihren Preisen machen können, was sie wollen.

IV. Schräg und verdreht 71

„Gesetz gegen Wettbewerbsförderung"

Durch eine Lohnerhöhung werden die Menschen „leichter",
da sie mehr Geld haben.

Für den Wettbewerb hat der Staat die aktive Rolle übernommen, die er als sogenannter Nachtwächter ausführt.

V. Aus dem weiten Feld der Orthographie
Führungsstiel

Wenn ein Professor seine Haushälterin heiratet, singt das BIP.

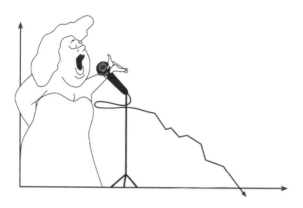

Die Konjunktur singt.

Schenkungsteuer bei verdeckter Einlage und verdeckter Gewinnausschüttung

Ulrich Breier

I. Vorbemerkungen

Die schenkungsteuerliche Behandlung von disquotalen (verdeckten) Einlagen wie auch Nutzungseinlagen in eine Kapitalgesellschaft durch Gesellschafter oder Gesellschaftern nahe stehende Personen war in der Vergangenheit hoch umstritten.

Auch die schenkungsteuerlichen Folgen von – in der Regel ebenfalls disquotalen – verdeckten Gewinnausschüttungen an Mitgesellschafter und Gesellschaftern nahe stehenden Personen waren unklar und wurden kontrovers diskutiert.

Insbesondere hatten der BFH und die Finanzverwaltung teilweise diametral unterschiedlichen Auffassungen.

Mit gleichlautenden Ländererlassen vom 20. 10. 2010[1] hatte sich die Finanzverwaltung zur schenkungsteuerlichen Behandlung disquotaler verdeckter Einlagen der Rechtsprechung des BFH angeschlossen und ihre frühere Auffassung[2] aufgegeben.

Die dadurch nach Auffassung des Gesetzgebers entstandene „Lücke" im Schenkungsteuerrecht ist durch § 7 Abs. 8 Satz 1 ErbStG geschlossen worden.

Zudem hatte die Finanzverwaltung mit den gleichlautenden Ländererlassen vom 20. 10. 2010[3] auch ihre frühere Auffassung zur schenkungsteuerlichen Behandlung von verdeckten Gewinnausschüttungen an nahe stehenden Personen[4] fallen lassen und eine dazu ergangene BFH-Entscheidung aufgegriffen.

Die sich daraus ergebenden – teilweise sehr nachteiligen – Rechtsfolgen insbesondere bei der verdeckten Gewinnausschüttung sind nun durch die Vorschriften der §§ 7 Abs. 8 Satz 2 und 15 Abs. 4 ErbStG zumindest entschärft worden.

---

[1] BStBl 2010 I, 1207.

[2] R 18 Abs. 3 ErbStR 2003.

[3] A. a. O.

[4] H 18 ErbStH 2003.

Durch gleich lautende Ländererlasse vom 14. 3. 2012[5] werden die neue Rechtslage und deren Anwendungszeitpunkte erläutert.

Die gleich lautenden Ländererlasse vom 20. 10. 2010[6] sind durch die Ländererlasse vom 14. 3. 2012[7] wieder aufgehoben und deren Inhalt weitgehend in die Ländererlasse vom 14. 3. 2012[8] eingearbeitet worden.

Die nachfolgenden Ausführungen stellen die bisherige Rechtslage, die Änderungen durch die gesetzlichen Neuregelungen und die im Ländererlass vom 14. 3. 2012[9] niedergelegten Auffassungen der Finanzverwaltung vor.

Es zeigt sich, dass die gesetzlichen Neuregelungen zur Schenkungsteuer bei disquotalen Einlagen und die Auffassung der Finanzverwaltung zur Schenkungsteuer bei verdeckten Gewinnausschüttungen viele neue Fragen aufwerfen, die nachfolgend dargestellt werden.

Soweit ohne weitere Angaben auf Textziffern (Tz.) hingewiesen wird, handelt e sich um solche aus den gleich lautenden Ländererlassen vom 14. 3. 2012 (a. a. O.).

II. Disquotale Einlagen

1. Gründung oder Kapitalerhöhung bei Kapitalgesellschaften

Einigkeit bestand schon in der Vergangenheit zwischen Finanzverwaltung und BFH, dass der originäre Erwerb bereits werterhöhter Anteile der Schenkungsteuer unterliegt.

So liegt eine mittelbare – der Schenkungsteuer unterliegende – Zuwendung eines Gesellschafters, der einen unverhältnismäßig höheren Beitrag leistet, an einen anderen Gesellschafter vor, wenn die mittelbare Werterhöhung des Anteils im Rahmen der Gründung einer Kapitalgesellschaft oder einer Kapitalerhöhung erfolgt[10].

---

[5] BStBl 2012 I, 331.
[6] A. a. O.
[7] Tz. 7; a. a. O.
[8] A. a. O.
[9] A. a. O.
[10] Tz. 2.1.2 und 2.1.4; BFH BStBl 2001 II, 454; BStBl 2005 II, 845; BFH/NV 2007, 1758.

> **Beispiel:**
>
> Vater V und Sohn S gründen die V/S-GmbH mit einem Stammkapital von 100.000, wobei V und S zu je ½ beteiligt werden sollen. V bringt seinen Betrieb (Buchwert: 50.000; Teilwert = gemeiner Wert: 500.000) in die V/S-GmbH ein, während S (nur) 50.000 bar auf das Stammkapital einzahlt.
>
> Die V/S-GmbH hat danach einen Wert von 550.000. Die Hälfte (= 275.000) „gehört" S, obwohl dieser nur 50.000 eingezahlt hat. Nach Auffassung von BFH und Finanzverwaltung hat V dem S 225.000 geschenkt.

2. Meinungsstreit zu (verdeckten) Einlagen der Vergangenheit

2.1. Einlagen durch Mitgesellschafter

2.1.1 BFH

Da – so der BFH – die Kapitalgesellschaft als eigenständiger Vermögensträger alleiniger Leistungsempfänger ist, kann bei einer disquotalen Einlage nicht zugleich (mittelbar) eine freigebige Zuwendung an den Mitgesellschafter infolge der Werterhöhung von dessen Anteil vorliegen.

Es würde einen unzulässigen Durchgriff durch die Gesellschaft bedeuten, wenn die durch die Einlage eines Gesellschafters erfolgte „mittelbare" Erhöhung des Wertes der Anteile des anderen Gesellschafters als Zuwendung des einen Gesellschafters an einen anderen gesehen wird.

Es handelt sich um bloße Werterhöhungen, die mangels eines neu in das Vermögen des Begünstigten gelangten Zuwendungsgegenstandes nicht für die Annahme einer freigebigen Zuwendung genügen[11].

2.1.2 Finanzverwaltung[12]

Nach Auffassung der Finanzverwaltung konnte in der disquotalen Leistung eines Gesellschafters an eine Kapitalgesellschaft eine freigebige – Schenkungsteuer auslösende – Zuwendung an einen oder mehrere andere Gesellschafter gesehen werden, die zur Abkürzung des Leistungsweges direkt an die Gesellschaft erbracht wird, wenn der

---

[11] BFH BStBl II 1996, 160; BStBl 2010 II, 566.

[12] R 18 ErbStR 2003.

Leistende mit seiner Zuwendung das Ziel verfolgt, die anderen Gesellschafter durch die Werterhöhung ihrer Gesellschaftsrechte unentgeltlich zu bereichern.

Auch die ertragsteuerlich nicht als verdeckte Einlage zu wertende disquotale Zuwendung von bloßen Nutzungs- und Gebrauchsvorteilen sollte als Schenkung unter den Gesellschaftern in Betracht kommen[13].

Beispiel:

An der V/S GmbH sind zu je 50 % Vater V und Sohn S beteiligt. S gewährt der V/S-GmbH am 1.1.05 für ein Jahr ein zinsloses Darlehen von 500.000 €. Der angemessene Zinssatz hätte 6 % (= 30.000 € jährlich) betragen.

Durch diese Nutzungseinlage – die zinslose Gewährung des Darlehens stellt ertragsteuerlich einen nicht einlagefähigen Nutzungsvorteil dar (H 40 KStH 2008) – erspart die V/S-GmbH Zinsaufwendungen i. H. v. 30.000 € für 05 mit der Folge, dass der Wert der V/S-GmbH sich um 30.000 € erhöht.

Dadurch wird – zumindest nach Auffassung der Finanzverwaltung (siehe unten) – mittelbar der Wert des Anteils des V an der V/S-GmbH erhöht.

Während es sich nach Auffassung des BFH nicht um einen schenkungsteuerlichen Vorgang handelt, nahm die Finanzverwaltung hier „im Zweifel" eine schenkungsteuerliche Zuwendung gem. § 7 Abs. 1 Nr. 1 ErbStG von S an V an.

Dabei ging die Finanzverwaltung davon aus, dass die – für die Annahme einer Schenkung – freigebige Zuwendung an Mitgesellschafter beabsichtigt ist, wenn es sich bei dem Gesellschafter, der die disquotale Einlage vornimmt, um einen Angehören i. S. d. § 15 AO handelt oder sonstige verwandtschaftliche Beziehungen unter den Gesellschaftern bestehen oder es sich um Lebenspartner oder Partner einer nichtehelichen Lebensgemeinschaft handelt[14].

Allerdings konnte der leistende Gesellschafter Umstände glaubhaft machen, nach denen die Leistung an die Gesellschaft ausschließlich zur Förderung des Gesellschaftszweckes erfolgte und die Werterhöhung der Anteile des anderen Gesellschafters nur in Kauf genommen wurde, weil eine Gestaltung, die eine Bereicherung des anderen Gesellschafters auf Kosten des Leistenden vermeidet, nicht möglich war[15].

---

[13] R 18 Abs. 5 ErbStR 2003.

[14] R 18 Abs. 3 Nr. 2 ErbStR 2003.

[15] R 18 Abs. 3 Nr. 2 ErbStR 2003.

2.2 Aufgabe der früheren Auffassung der Finanzverwaltung

Mit gleich lautendem Ländererlass vom 20. 10. 2010[16] hat sich die Finanzverwaltung der Auffassung des BFH zur schenkungsteuerlichen Behandlung bei disquotaler Einlage durch Mitgesellschafter angeschlossen mit der Folge, dass eine offene oder verdeckte disquotale Einlage – auch Nutzungseinlage – keine Schenkung nach § 7 Abs. 1 Nr. 1 ErbStG an Mitgesellschafter darstellen kann.

2.3 Einlagen durch Nichtgesellschafter (insbesondere nahe stehende Personen)

2.3.1 BFH

Leistungen von Nichtgesellschaftern an eine Kapitalgesellschaft sind nicht durch das Gesellschaftsverhältnis veranlasst und können deshalb grundsätzlich eine unmittelbare freigebige Zuwendung des Dritten – auch einer dem Gesellschafter nahe stehenden Person – an die Kapitalgesellschaft selbst gem. § 7 Abs. 1 Nr. 1 ErbStG sein.

2.3.2 Finanzverwaltung

Bei der unentgeltlichen Leistung von nicht an der Gesellschaft beteiligten Dritten an die Gesellschaft war zu unterscheiden, ob eine Zuwendung an einen oder mehrere Gesellschafter unter Abkürzung des Leistungsweges erbracht wird oder eine Zuwendung an die Gesellschaft selbst[17].

2.4 Änderung der Auffassung der Finanzverwaltung

Unter Hinweis auf das BFH-Urteil vom 7. 11. 2007[18], wonach die verdeckte Gewinnausschüttung an eine dem Gesellschafter nahe stehende Person nicht zu einer Schenkung der Gesellschafter untereinander führen kann, hat die Finanzverwaltung ihre Auffassung aufgegeben und fortan auch bei der Zuwendung eines gesellschaftsfremden Dritten an die Gesellschaft die Möglichkeit einer „mittelbaren" Zuwendung an einen Gesellschafter vereint.

---

[16] Tz. 1.1.; a. a. O.

[17] R 18 Abs. 4 ErbStR 2003.

[18] BFH BStBl 2008 II, 258.

Allerdings hat die Finanzverwaltung im BMF-Schreiben vom 20. 10. 2010[19] nun für alle Fälle die Auffassung vertreten, dass stets eine schenkungsteuerliche Zuwendung des Dritten – insbesondere auch einer dem Gesellschafter nahe stehenden Person – an die Kapitalgesellschaft nach § 7 Abs. 1 Nr. 1 ErbStG selbst vorliegen kann.

3. Gesetzliche Neuregelung der disquotalen Einlage[20]

3.1 Ziel des § 7 Abs. 8 Satz 1 ErbStG und zeitliche Geltung

3.1.1 Gesetzeszweck

Nach Auffassung des Gesetzgebers bestand aufgrund der zivilrechtlich ausgerichteten Rechtsprechung des BFH eine nicht hinnehmbare Lücke bei der Schenkungsteuer, da disquotale Einlagen in Kapitalgesellschaften – und zwar auch Nutzungseinlagen – unter Anwendung der rein zivilrechtlich ausgelegten Rechtsprechung des BFH bei wirtschaftlicher Betrachtung ohne weiteres zur Umgehung der Schenkungsteuer führen können.

Demgegenüber besteht – im Hinblick auf das Transparenzprinzip – bei Personengesellschaften diese „Umgehungsproblematik" nicht, da die Werterhöhung von Anteilen eines Gesellschafters an einer Personengesellschaft durch disquotale Einlagen eines anderen Gesellschafters gem. § 7 Abs. 1 Nr. 1 ErbStG der Schenkungsteuer unterliegt.

Vor diesem Hintergrund ist durch das Beitreibungsrichtlinie-Umsetzungsgesetz vom 7. 12. 2011[21] die neue Vorschrift des § 7 Abs. 8 ErbStG eingeführt worden.

Die Neuregelung bewirkt, dass nun alle Fälle im Wesentlichen „rechtsformneutral" behandelt werden[22].

Beispiel:

An der V/S GmbH sind Vater V und Sohn S zu je 50 % beteiligt. V möchte S einen Betrag (Wert) von 1.000.000 € unentgeltlich zukommen lassen.

---

[19] Tz. 1.6; a. a. O.
[20] § 7 Abs. 8 Satz 1 ErbStG.
[21] BGBl 2011 I, 2592.
[22] Van Lishaut/Ebber/Schmitz, Ubg 2012, 1, 2.

II. Disquotale Einlagen

Überweist V dem S zunächst 1.000.000 € auf dessen Konto und legen – wie vorher vereinbart – anschließend V und S jeweils 1.00.000 € in die V/S-GmbH ein, liegt unstreitig eine Schenkung des V an S gem. § 7 Abs. 1 Nr. 1 ErbStG vor.

Leistet stattdessen V – ohne vorherige unmittelbare Zuwendung an S – einen Gesamtbetrag von 2.000.000 € als verdeckte Einlage in die Kapitalrücklage der V/S GmbH (= steuerliches Einlagekonto gem. § 27 KStG), wird mittelbar der Wert des Anteils des S – letztlich im Wege eines Reflexes – um 1.000.000 € erhöht.

Dennoch liegt nach Meinung des BFH und nun auch nach der durch das BMF-Schreiben vom 20. 10. 2010 revidierten Auffassung der Finanzverwaltung kein schenkungsteuerlicher Vorgang zwischen S und V gem. § 7 Abs. 1 Nr. 1 ErbStG vor.

Dabei ist das wirtschaftliche Ergebnis beider Vorgänge gleich.

Abwandlung:

Handelte es sich um eine Personengesellschaft (V/S-OHG), unterläge eine in die gesamthänderisch gebundene Rücklage der V/S-OHG geleistete Einlage des Vaters in Höhe von 1.000.000 € der Schenkungsteuer.

3.1.2 Zeitliche Anwendung

Gem. § 37 Abs. 7 Satz 1 ErbStG gilt die neue Rechtslage nach § 7 Abs. 8 ErbStG für alle Erwerbe ab dem 14. 12. 2011[23].

3.2 Regelungsgehalt des § 7 Abs. 8 Satz 1 ErbStG

§ 7 Abs. 8 Satz 1 ErbStG fingiert („gilt") als Schenkung die Werterhöhung von Anteilen an einer Kapitalgesellschaft, die eine an der Gesellschaft unmittelbar oder mittelbar beteiligte natürliche Person oder Stiftung (Bedachte) durch die Leistung einer anderen Person (Zuwendender) an die Gesellschaft erlangt[24].

Die Schenkung findet dann zwischen demjenigen, der der Kapitalgesellschaft etwas zuwendet (Zuwendender), und einer unmittelbar oder mittelbar als Anteilseigner beteiligten natürlichen Person (oder Stiftung) statt.

---

[23] Tz. 1.2.

[24] Tz. 3.1.

Anders als § 7 Abs. 1 Nr. 1 ErbStG verlangt das Gesetz nicht die Absicht der Freigebigkeit, da allein die Werterhöhung der Anteile durch die Zuwendung dem Grunde nach bereits als Schenkung gilt[25].

Insoweit lässt dass Gesetz auch in keinem Fall – anders als die frühere Verwaltungsauffassung zu § 7 Abs. 1 Nr. 1 ErbStG[26] – den Gegenbeweis zu, dass mit der Zuwendung eine Bereicherung des hinter der Gesellschaft stehenden Gesellschafters beabsichtigt war.

3.3 Person des Bedachten

Bedachter (Beschenkter) kann nur eine natürliche Person (oder Stiftung) sein, weil an derartigen Rechtsträgern kein anderer Rechtsträger beteiligt sein kann[27].

Bei einer Beteiligungskette muss also auf die am Ende der Beteiligungskette stehenden natürlichen Personen abgestellt und geprüft werden, ob und inwieweit sich deren unmittelbare Anteile an der Kapitalgesellschaft durch eine disquotale Zuwendung an eine Untergesellschaft erhöht haben.

Beispiel:

Vater V ist mit 50 % an der V/T-GmbH beteiligt; die übrigen 50 % hält die T-GmbH, an der wiederum zu 100 % die M-GmbH beteiligt ist. An der M-GmbH sind E (Ehefrau des V) und S (Sohn des V) zu je 50 % beteiligt.

V legt in die V/T-GmbH 2.000.000 € verdeckt ein.

Es liegt eine Schenkung des V an E und S vor, deren Wert sich nach der Erhöhung der Werte der Anteile von E und S an der M-GmbH richtet.

3.4 Person des Zuwendenden

Während der Beschenkte (Bedachte) nur eine als Gesellschafter beteiligte natürliche Person (oder Stiftung) sein kann, kann der Leistende (Zuwendende) auch eine juristi-

---

[25] Tz. 3.1.
[26] R 18 Abs. 3 ErbStR 2003.
[27] Tz. 3.2; van Lishaut/Ebber/Schmitz, Ubg 2012, 1, 4.

sche Person sein. Leistungen einer Personengesellschaft sind den hinter der Personengesellschaft stehenden Gesellschaftern zuzurechnen[28].

Wenn auch Anlass für die Gesetzesänderung die Rechtsprechung des BFH zur Schenkungsteuer bei disquotalen Einlagen war, so verlangt das Gesetz dennoch nicht, dass es sich bei dem Zuwendenden um einen unmittelbaren oder mittelbaren Gesellschafter handelt.

Es kann sich auch um eine dem bedachten Gesellschafter nahestehende Person, die selbst nicht Gesellschafter ist, handeln.

Schließlich kann der Leistende (= Zuwendende) i. S. d. § 7 Abs. 8 Satz 1 ErbStG sogar ein gesellschaftsfremder Dritter sein[29], obwohl hier eine Umgehung des Schenkungsteuerrechts kaum denkbar erscheint.

Diese Einbeziehung gesellschaftsfremder Dritter in den möglichen Kreis der Zuwendenden ist umso problematischer, als § 7 Abs. 8 Satz 1 ErbStG die freigebige Zuwendung an den/die Gesellschafter unterstellt und das Gesetz auch keinen Gegenbeweis zulässt.

In der Literatur wird darauf hingewiesen, dass unter fremden Dritten typischerweise keine Leistungen erbracht werden, die auf eine endgültige Bereicherung des Anderen gerichtet sind. Bei einem interessengerechten Verhalten der Beteiligten werde die Norm regelmäßig nur Umgehungsgestaltungen betreffen[30].

Insoweit erstaunt es aber, wenn nach dem Ländererlass vom 14. 3. 2012[31] eine steuerbare Zuwendung des gesellschaftsfremden Dritten an die Kapitalgesellschaft selbst gem. § 7 Abs. 1 Nr. 1 ErbStG vorliegen soll, wenn dessen Leistung auf eine unmittelbare Bereicherung der Kapitalgesellschaft selbst abzielt[32].

Gemeint dürften Fälle sein, in denen die Absicht der Bereicherung des/der Gesellschafter/s durch die Zuwendung des gesellschaftsfremden Dritten ausscheidet und gleichzeitig auf jeden Fall eine bereichernde Zuwendung an die Kapitalgesellschaft gewollt ist[33].

---

[28] Tz. 3.2.

[29] Tz. 3.2.

[30] Van Lishaut/Ebber/Schmitz, Ubg 2012, 1, 4.

[31] A. a. O.

[32] Tz. 3.2.

[33] Haag/Jehlin, DStR, Beihefter zu Heft 12/2012, 53, 55.

Beispiel:

Die A-GmbH (Alleingesellschafter ist A) betreibt ein Krankenhaus, in dem der Sportler S erfolgreich behandelt wird. S wendet der A-GmbH „aus Dankbarkeit" einen Betrag von 100.000 € zu. An sich ist der Tatbestand des § 7 Abs. 8 Satz 1 ErbStG erfüllt, da sich der Wert der Anteile des A erhöht und es unbeachtlich ist, ob S den A „mittelbar" bereichern wollte. Da hier aber die Absicht der ausschließlichen „Bereicherung" der A-GmbH durch S feststeht, liegt ein Fall des § 7 Abs. 1 Nr. 1 ErbStG und damit eine Schenkung des S an die A-GmbH vor.

3.5 Begriff der Leistung

§ 7 Abs. 8 Satz 1 ErbStG schränkt den weitgefassten Begriff der Leistung nicht ein. Leistungen können damit sowohl Sachzuwendungen als auch Nutzungsvorteile sein[34].

Mangels Einschränkung im Gesetzeswortlaut und aufgrund der Wortwahl „insbesondere" ist davon auszugehen, dass auch verbilligte oder unentgeltliche Arbeitsleistungen des Gesellschafters – z. B. Managementleistungen – als Schenkung gegenüber Mitgesellschaftern qualifiziert werden können[35].

Die Einbeziehung von Nutzungseinlagen in den Begriff der Leistung wird in der Literatur teilweise abgelehnt[36].

Sieht man – wohl zutreffend – auch Nutzungseinlagen als Leistung im Sinne des § 7 Abs. 8 Satz 1 ErbStG an, so bleibt aber die Frage, ob und inwieweit Nutzungseinlagen überhaupt zu einer Werterhöhung von Anteilen führen können[37].

3.6 Erfordernis der überquotale Leistung

3.6.1 Verrechnung von Leistungen

Da gem. § 7 Abs. 8 Satz 1 ErbStG eine Werterhöhung der Anteile des Bedachten vorliegen muss, ist steuerbar stets nur der Teil der Leistung, den der Zuwendende überquotal über seine Beteiligungsquote hinaus erbringt[38].

---

[34] Tz. 3.3.1.
[35] Viskorf/Haag, DStR 2ß12, 1166, 1167.
[36] Korezkij, DStR 2012, 163, 164.
[37] Siehe unten.
[38] Tz. 3.3.2; BT-Drs. 17/6263, S. 146 f.

II. Disquotale Einlagen 85

Ein 100 %iger Gesellschafter kann also § 7 Abs. 8 Satz 1 ErbStG nicht auslösen, es sei denn, der Einlagewert kommt über eine Beteiligungskette einem Dritten zugute.

Beispiel:

An der V/S GmbH sind Vater V und Sohn S zu je 50 % beteiligt. V und S vereinbaren, dass V eine verdeckte Einlage in die V/S-GmbH von 100.000 € erbringt und S „im Gegenzug" ein Grundstück im Wert von 60.000 einlegt.

Überquotal ist damit der Betrag von 40.000 €, so dass nur eine Zuwendung des V an S gem. § 7 Abs. 8 Satz 1 ErbStG von 20.000 € (1/2 von 40.000 €) vorliegt.

Bei der Prüfung der überquotale Zuwendung soll es nicht nur auf Zuwendungen an die Kapitalgesellschaft ankommen, sondern es sind auch Zuwendungen (Sach- und Nutzungsvorteile) zwischen dem Zuwendenden und dem bedachten Gesellschafter zu berücksichtigen[39].

Beispiel:

An der V/S GmbH sind Vater V und Sohn S zu je 50 % beteiligt. V und S vereinbaren, dass V eine verdeckte Einlage in die V/S-GmbH von 200.000 € erbringt und S dem V „im Gegenzug" ein Grundstück im Wert von 80.000 € unentgeltlich zuwendet.

V wendet damit durch die verdeckte Einlage dem S einen Vorteil von 100.000 € zu, der aber durch den Vorteil der unentgeltlichen Grundstücksübertragung teilweise kompensiert wird.

Es bleibt nur noch ein Vorteil des S von 20.000 €, der gem. § 7 Abs. 8 Satz 1 ErbStG der Schenkungsteuer unterliegen kann.

Beispiel:

An der V/S GmbH sind Vater V und Sohn S zu je 50 % beteiligt. V und S vereinbaren, dass V eine verdeckte Einlage in die V/S-GmbH von 200.000 € erbringt und S dem V „im Gegenzug" aus seinem Vermögen einen zinslosen Kredit von 1.000.000 € auf 10 Jahre gewährt; der Vorteil der Zinslosigkeit wird mit 120.000 € bewertet.

V wendet damit durch die verdeckte Einlage dem S „an sich" einen Vorteil von 100.000 € zu, der aber durch den Vorteil des zinslosten Darlehens sogar „überkompensiert wird.

Es kommt also allenfalls eine Schenkung des S an V gem. § 7 Abs. 1 Nr. 1 ErbStG in Form eines Nutzungsvorteils in Betracht in Höhe von 20.000 €.

---

[39] Tz. 3.3.3 ff.

3.6.2 Gesamtbetrachtung bei der „Verrechnung" von Leistungen

Damit stellt sich die in der Praxis kaum lösbare Frage, unter welchen Voraussetzungen und in welchem rechtlichen, zeitlichen und wirtschaftlichen Zusammenhang die Leistungen des Zuwendenden und des begünstigten Gesellschafters gegeneinander „aufzurechnen" sind.

Die Finanzverwaltung möchte eine Gesamtbetrachtung anstellen. Es soll darauf abgestellt werden, ob und in welcher Höhe der bedachte Gesellschafter Leistungen an den Zuwendenden im zeitlichen und sachlichen Zusammenhang mit dessen Zuwendung an die Kapitalgesellschaft erbringt[40].

Fraglich ist, ob es sich um ein „einheitliches Vertragswerk" handeln muss, in dem die Leistung des Zuwendenden und die „Gegenleistung" des bedachten Gesellschafters vereinbart werden.

Die Finanzverwaltung verlangt zwar keinen rechtlichen Zusammenhang, andererseits bedeutet der geforderte Gesamtplan aber eben doch einen kausalen Zusammenhang von Leistung und Gegenleistung und damit einen gemeinsamen Willen der Beteiligten.

Es kommt deshalb bei der Gesamtbetrachtung auf Gesellschafterabsprachen oder sonstige Umstände an, die am Tage der „ersten" Zuwendung vorgelegen haben.

Das Erfordernis eines am Stichtag bestehenden Zusammenhanges bedeutet allerdings nicht, dass auch die Leistungen gleichzeitig erbracht werden müssen. Vielmehr genügt es, wenn die Erfüllung erst künftig geleistet wird.

Soweit sich die – ggf. noch nicht vollzogenen – Leistungen der Gesellschafter gegenüberstehen und deshalb „miteinander aufgerechnet" werden können, entsteht die Steuer hinsichtlich des Wertüberhanges nach § 9 Abs. 1 Nr. 2 ErbStG zum Stichtag der Vereinbarung.

Es wird sich in der Praxis vielfach die Frage stellen, wer die Feststellungs- und Beweislast für den Zusammenhang zwischen den Leistungen der Gesellschafter trägt.

Bei Leistungen mehrerer Gesellschafter ist eine aussagekräftige Dokumentation des Gegenseitigkeitsverhältnisses anzuraten[41].

Immerhin hat die Finanzverwaltung – wenn auch in einem BMF-Schreiben zu § 8c KStG – einen „nachgewiesenen" Gesamtplan angenommen bei einem Zeitraum von bis zu einem Jahr[42]. Dieser Zeitraum würde hier also zugunsten der Steuerpflichtigen wirken.

---

[40] Tz. 3.3.3.

[41] Viskorf/Haag, DStR 2012, 1166, 1167.

II. Disquotale Einlagen

Beispiel:

An der V/S GmbH sind Vater V und Sohn S zu je 50 % beteiligt. V erbringt am 1. 1. 07 eine verdeckte Einlage in die V/S-GmbH von 200.000 €. Am 1. 7. 08 wendet S dem V unentgeltlich ein Grundstück im Wert von 100.000 € zu. Es kann nicht bewiesen werden, dass die beiden Leistungen von vorneherein miteinander verbunden sein sollten.

Es stellt sich die Frage, ob die Zuwendungen „saldiert" werden können (= jeweils keine Schenkungen) oder ob am 1. 1. 07 eine Schenkung V an S gem. § 7 Abs. 8 Satz 1 ErbStG und am 1. 7. 08 eine Schenkung des S an V gem. § 7 Abs. 1 Nr. 1 ErbStG vorliegt.

Meines Erachtens trägt hier die Beweislast der Steuerpflichtige mit der Folge, dass zwei Schenkungen vorliegen.

Da es bei § 7 Abs. 8 Satz 1 ErbStG auf den Willen zur Freigebigkeit nicht abkommt, wird sich in der Praxis die Frage stellen, wie zu verfahren ist, wenn die Beteiligten ihre wechselseitigen Leistungen für beteiligungskongruent und damit für ausgewogen hielten, sich später aber – etwa in der Betriebsprüfung – ergibt, dass die Leistungen objektiv unausgewogen waren.

Hier wird die Auffassung vertreten, die von den Beteiligten nachvollziehbar als zutreffend zugrunde gelegten Werte seien bei einer späteren Betriebsprüfung hinzunehmen, soweit sie „im gewöhnlichen Geschäftsverkehr"[43] zustande gekommen sind[44].

Die Ausgewogenheit der Gesellschafterbeiträge sei allerdings regelmäßig nicht zu belegen, wenn zwischen den Leistungen ein offenkundiges Missverhältnis besteht.

Davon sei allgemein bei einer Wertdifferenz von mindestens 20 % auszugehen[45].

Bemerkenswert ist, dass die Finanzverwaltung zwar – entsprechend dem Willen des Gesetzgebers – bei § 7 Abs. 8 Satz 1 ErbStG keinen Bereicherungswillen des Leistenden voraussetzt und allein auf das objektive Vorliegen einer – zumindest teilweisen – Unentgeltlichkeit abstellt, hier aber bei der Prüfung der Ausgewogenheit der Gesellschafterbeiträge dann doch auf die Grundsätze zum Grundtatbestand der Schenkungsteuer[46] zurückgreift und die für diese Vorschrift geltenden Beweisregeln zum subjektiven Bereicherungswillen auch bei § 7 Abs. 8 Satz 1 ErbStG heranzieht.

---

[42] Tz. 19 des BMF-Schreibens zu § 8c KStG; BMF BStBl 2008 I, 736.
[43] § 9 Abs. 2 BewG.
[44] Tz. 3.4.3; van Lishaut/Ebber/Schmitz, Ubg 2012, 1, 5.
[45] Tz. 3.4.3.
[46] § 7 Abs. 1 Nr. 1 ErbStG.

3.6.3 Sonstiger Ausgleich für disquotale Leistungen

Nach Auffassung der Finanzverwaltung führen Leistungen des Zuwendenden – insbesondere von anderen Gesellschaftern – nicht zu einer schenkungsteuerbaren Werterhöhung der Anteile des Gesellschafter gem. § 7 Abs. 8 Satz 1 ErbStG, wenn der Leistende als Gegenleistung zusätzliche Rechte an der Gesellschaft erlangt[47]. Dies sei u.a. in folgenden Fällen anzunehmen:

▶ Verbesserung des Gewinnanteils des Leistenden im Rahmen der Vereinbarung disquotaler Gewinnausschüttungen gem. § 29 Abs. 3 Satz 2 GmbHG

▶ zusätzliche Anteile an der Gesellschaft

▶ von den Geschäftsanteilen abweichende Verteilung des Vermögens bei späterer Liquidation

3.7 Wert der Schenkung

3.7.1 Grundsätze

Die Bereicherung richtet sich in den Fällen des § 7 Abs. 8 Satz 1 ErbStG nach der Erhöhung des gemeinen Wertes der Anteile an der Kapitalgesellschaft und nicht nach dem Wert der Leistung des Zuwendenden. Maßgeblich sind die allgemeinen Regelungen für die Anteilsbewertung gem. §11 BewG, ggf. i. V. m. §§ 199 ff. BewG.

Die Werterhöhung kann damit auch durch eine Verbesserung der Ertragsaussichten bewirkt werden, die durch die Leistung des Zuwendenden verursacht ist[48].

Maßgeblich sind die Erkenntnismöglichkeiten und Wertvorstellungen der Gesellschafter in dem Zeitpunkt, in dem die Leistung bewirkt wird.

Zur Ermittlung der Schenkungsteuer muss daher eine zweifache Bewertung der Anteile sämtlicher Gesellschafter nach den Vorschriften des BewG durchgeführt werden, und zwar vor der Leistung an die Kapitalgesellschaft und danach.

Die im Schrifttum geäußerte Auffassung, es solle aus Vereinfachungsgründen zulässig sein, für die Bestimmung der steuerpflichtigen Bereicherung auf den Wert der Leistung abzustellen[49], entspricht weder dem Gesetzeswortlaut noch der insoweit konsequen-

---

[47] Tz. 3.3.5.

[48] Tz. 3.4.1.

[49] Van Lishaut/Ebber/Schmitz, Ubg 2012, 1, 4 ff.

II. Disquotale Einlagen 89

ten Auffassung der Finanzverwaltung[50]. Anderenfalls würden Zuwendungs- und Bewertungsgegenstand auseinanderfallen[51].

3.7.2 Nutzungseinlagen

Bei Nutzungseinlagen, die zumindest nach Auffassung der Finanzverwaltung ebenfalls als relevante Leistung im Sinne des § 7 Abs. 8 Satz 1 ErbStG angesehen werden[52], stellt sich allerdings die Frage, ob diese überhaupt zu einer Werterhöhung bei den Anteilen an der Kapitalgesellschaft führen können.

Denn die unentgeltliche oder verbilligte Überlassung eines Wirtschaftsgutes auf unbestimmte Zeit an die Kapitalgesellschaft dürfte in der Regel beendet werden können mit der Folge, dass die Ertragsaussichten und damit der Wert der Anteile nicht dauerhaft erhöht werden. Dies bedeutet, dass zumindest bei unentgeltlichen oder verbilligten Nutzungsüberlassungen auf unbestimmte Zeit das Entstehen der Schenkungsteuer nach § 7 Abs. 8 Satz 1 ErbStG nicht in Betracht kommt.

Diese Frage wird erstaunlicherweise weder von der Finanzverwaltung im Erlass vom 14. 3. 2012[53] noch in der Literatur problematisiert.

Beispiel:

An der V/S GmbH sind Vater V und Sohn S zu je 50 % beteiligt. V überlässt der V/S-GmbH auf unbestimmte das benötigte Produktionsgrundstück unentgeltlich, obwohl eine Jahresmiete von 500.000 € angemessen wäre.

Es stellt sich die Frage, ob dadurch tatsächlich die Ertragsaussichten der V/S-GmbH – und damit der Wert der Anteile an der V/S-GmbH – dauerhaft erhöht werden.

Eine „vereinfachte" Bewertung nach § 13 Abs. 2 2. Alt. BewG, wonach Nutzungen und Leistungen von unbestimmter Dauer mit dem 9,3-fachen des Jahreswertes zu bewerten sind (Vorteil S: 500.000 € x 9,3 x ½ = 2.325.000 €), übersieht, dass der Ertragswert der Anteile des S nicht um diesen Wert gestiegen ist.

Denn ein Erwerber der Anteile würde die unentgeltliche Grundstücksüberlassung durch V nicht werterhöhend berücksichtigen, solange die weitere unentgeltliche Grundstücksüberlassung von unbestimmter Dauer und damit nicht gesichert ist. Solange V rechtlich in der Lage

---

[50] Viskorf/Haag, DStR 2012, 1166, 1167.
[51] Fuhrmann/Potsch, NZG 681, 686.
[52] Tz. 3.4.1; siehe oben.
[53] A. a. O.

ist, die unentgeltliche Nutzungsüberlassung zu beenden und einen angemessenen Mietzins zu verlangen, ist er Wert der Anteile des S nicht dauerhaft erhöht.

3.8 Forderungsverzicht im Sanierungsfall

3.8.1 Leistung und Wert der Schenkung

Eine Leistung im Sinne des § 7 Abs. 8 Satz 1 ErbStG soll nach Auffassung der Finanzverwaltung auch bei einem Forderungsverzicht vorliegen, und zwar auch dann, wenn dieser der Sanierung der Kapitalgesellschaft dient. Dabei kommt es – wie bereits oben ausgeführt – nicht darauf an, ob die Leistung vom Gesellschafter oder einem Dritten erbracht wird[54].

In der Literatur wird eingewandt, im Fall des Forderungsverzichts zur Sanierung einer finanziell angeschlagenen Kapitalgesellschaft oder sogar zur Abwendung der unmittelbar drohenden Insolvenz sei die Subsumtion unter den Begriff der Leistung zweifelhaft. Denn bei Auslegung des Begriffes der Leistung an die Gesellschaft sei die Absicht des Leistenden zur Bereicherung des Bedachten als ungeschriebenes Tatbestandsmerkmal anzunehmen[55].

Da aber Banken und sonstige Dritten gegenüber einer in Schieflage geratenen Gesellschaft in aller Regel nur deshalb auf Forderungen verzichten, weil sie sich von dem Forderungsverzicht eine wirtschaftliche Erholung des angeschlagenen Unternehmens erhoffen, ziele deren Forderungsverzicht nie auf die Bereicherung der Gesellschaft oder mittelbar beteiligter Personen ab.

Ebenso verhalte es sich beim Forderungsverzicht eines Gesellschafters. Dessen Motivation liege regelmäßig darin begründet, den Wert seiner Gesellschafterbeteiligung zu retten. Der der Leistung an die Gesellschaft anhaftende Zweck der Bereicherung des oder der Bedachten fehle daher regelmäßig.[56]

In allen Sanierungsfällen nehme der Verzichtende eine etwaige Werterhöhung der Anteile der Gesellschafter allenfalls reflexartig in Kauf, so dass auch der auf eine mittelbare Bereicherung der Gesellschafter gerichtete Wille regelmäßig fehle.

Auch wird darauf hingewiesen, dass bei einer Erfassung von Sanierungsvorgängen von § 7 Abs. 8 Satz 1 ErbStG der Zweck der Vorschrift, missbräuchliche Gestaltungen zu

---

[54] Tz. 3.3.6.
[55] Maile, DB 2012, 1952, 1953; Fischer, ZEV 2012, 77.
[56] Kahlert/Schmidt, DStR 2012, 1208; Maile, DB 2012, 1952, 1953.

verhindern, weit überschritten werde und damit der Grundsatz der Verhältnismäßigkeit im Hinblick auf eine unverhältnismäßige Belastungswirkung durch ggf. anfallende Schenkungsteuer verletzt werde[57].

Schließlich wird eingewandt, das zumindest in Fällen, in denen der Forderungsverzicht allein der Abwendung der Insolvenz diene, eine Bereicherung der Gesellschafter bzw. Mitgesellschafter ausgeschlossen sei, da deren Anteile in diesem Fall ohnehin keinen positiven Wert hätten und sich ein solcher durch den Verzicht auch regelmäßig nicht einstelle[58].

Letzterer Einwendung wird – meine Erachtens zutreffend – entgegengehalten, gerade beim Forderungsverzicht zur Abwendung der Insolvenz würden die Gesellschafter bzw. Mitgesellschafter bereichert, da die Gesellschaft weiterleben könne und damit gerade eine Bereicherung stattfinde[59].

All diesen Überlegungen ist im Rahmen der Auslegung des § 7 Abs. 8 Satz 1 ErbStG entgegenzuhalten, das der Gesetzgeber die Problematik der Erfassung von Sanierungsvorgängen durchaus gesehen hat und diese dennoch nicht durch den Wortlaut des § 7 Abs. 8 Satz 1 ErbStG ausgenommen hat. In der Begründung des Finanzausschusses heißt es lediglich, dass diese Gefahr „beobachtet werden solle"[60].

Vor diesem Hintergrund werden im Erlass vom 14. 3. 2012[61] verschiedene Gestaltungen vorgeschlagen, um den Wirkungen des § 7 Abs. 8 Satz 1 ErbStG zu entgehen, etwa ein dem Verzicht vorgeschalteter Forderungsverkauf, bei dem der Gläubiger einen Teil seiner Forderung zum Verkehrswert an die (Mit-) Gesellschafter verkauft und die Gesellschafter sodann beteiligungsproportional auf ihre Forderungen verzichten[62].

Fraglich ist, ob sich die vorstehende Problematik zumindest dann anders darstellt, wenn die Sanierungsleistung durch eine fremde Kapitalgesellschaft – z. B. eine Bank in der Rechtsform der AG – erbracht wird.

Denn offene und verdeckte Einlagen durch eine Kapitalgesellschaft fallen gleichzeitig unter § 7 Abs. 8 Satz 1 und 2 ErbStG. Da durch § 7 Abs. 8 Satz 2 ErbStG keine neue Steuerbarkeit gegenüber § 7 Abs. 8 Satz 1 ErbStG begründet, sondern lediglich eine Ein-

---

[57] Kahlert/Schmidt, DStR 2012, 1208.

[58] Fuhrmann/Potsch, NZG 2012, 681, 683.

[59] Maile, DB 2012, 1952, 1953.

[60] BT-Drs. 17/7524, S. 7 und 21.

[61] A. a. O.

[62] Tz. 3.3.6.

schränkung der allgemeinen Vorschriften[63] geregelt wird, ist hier wiederum – wie beim Grundtatbestand des § 7 Abs. 1 Satz 1 ErbStG – der Wille zur Unentgeltlichkeit für die Annahme einer Zuwendung erforderlich[64].

Dies würde bedeuten, dass bei der Sanierungsleistung durch eine Kapitalgesellschaft – insbesondere durch eine Bank als Nichtgesellschafter – die Bereicherungsabsicht des Leistenden erforderlich ist.

Da diese Bereicherungsabsicht aber beim Forderungsverzicht durch eine Bank oder sonstige fremde Kapitalgeber regelmäßig ausscheidet, könnte der Forderungsverzicht zumindest bei einem Gläubiger in der Rechtsform der Kapitalgesellschaft mangels Willen zur Unentgeltlichkeit regelmäßig schenkungsteuerlich unproblematisch sein[65].

Dieses Verständnis der § 7 Abs. 8 Satz 1 ErbStG einschränkenden Norm des § 7 Abs. 8 Satz 2 ErbStG dürfte aber kaum dem Willen des Gesetzgebers entsprechen, der § 7 Abs. 8 Satz 2 ErbStG als Konzernklausel konzipiert hat und ersichtlich nur Konzernfälle erfassen wollte, soweit keine Beteiligungsidentität vorliegt[66].

Es wäre auch widersinnig, die schenkungsteuerliche Beurteilung eines Forderungsverzichts zum Zwecke der Sanierung davon abhängig zu machen, welche Rechtsform der Verzichtende (Leistende) hat.

Dies dürfte auch die Auffassung der Finanzverwaltung sein, die im Erlass vom 14. 3. 2012[67] hinsichtlich der Vorschrift des § 7 Abs. 8 Satz 2 ErbStG ausschließlich auf Gestaltungen im Konzern eingeht[68].

3.8.2 Begrenzung der Schenkung auf den tatsächlichen Wert der Zuwendung

In der Literatur wird vielfach übersehen, dass gerade beim Forderungsverzicht zu Sanierungszwecken die Finanzverwaltung die Gesetzesfolgen des § 7 Abs. 8 Satz 1 ErbStG zugunsten der Steuerpflichtigen einschränkt.

---

[63] § 7 Abs. 1 Nr. 1 und Abs. 8 Satz 1 ErbStG.

[64] Einzelheiten siehe unten.

[65] Viskorf/Haag, DStR 2012, 1166, 1169.

[66] Van Lishaut/Ebber/Schmidt, Ubg 2012, 1, 6; Fuhrmann/Potsch, NZG 681, 686; Einzelheiten siehe unten.

[67] A. a. O.

[68] Tz. 4. 1 ff.

Denn im Erlass vom 14. 3. 2912[69] ist eine Deckelung der Höhe der Zuwendung auf die Höhe des gemeinen Wertes der bewirkten Leistung vorgesehen. Dies wird damit begründet, dass die Werterhöhung der Anteile durch die Leistung kausal veranlasst sein müsse[70].

Liegt die Wertsteigerung der Anteile unter dem Wert der überquotalen Leistung, bleibt die Schenkung auf die Werterhöhung begrenzt.

Insbesondere beim Verzicht durch Gesellschafter oder auch fremde Dritte (z. B. Kreditinstitut) auf eine im Wert geminderte oder sogar wertlose Forderung gegen die Gesellschaft hat diese Deckelung besondere Bedeutung.

Denn anderenfalls könnte es beim „endgültigen" Forderungsverzicht zu einer „überproportionalen" Werterhöhung von Anteilen anderer Gesellschafter kommen, die weit über den tatsächlichen Forderungswert (Teilwert) hinausgeht.

Beispiel:

An der V/S-GmbH sind V und S zu je 50 % beteiligt. V hat eine kapitalersetzende Darlehensforderung gegen die in finanziellen Schwierigkeiten befindlichen V/S-GmbH in Höhe von 500.000 €, deren Wert derzeit noch 40.000 € beträgt. Allein um die V/S-GmbH und damit seine Anteile „zu retten", verzichtet V auf die Forderung mit der Folge, dass sich der Wert aller Anteile um insgesamt 200.000 € erhöht; davon entfällt eine Werterhöhung von 100.000 € auf S.

Es liegt nach Auffassung der Finanzverwaltung nur eine Leistung und damit Schenkung nach § 7 Abs. 8 Satz 1 ErbStG in Höhe von 20.000 € (= ½ von 40.000) des V an S vor.

3.8.3 Forderungsverzicht mit Besserungsklausel

Auch ein Forderungsverzicht mit Besserungsklausel bessert als auflösend bedingter Verzicht die Ertrags- und Vermögenslage der Gesellschaft, und zwar nach seiner Zwecksetzung auch auf Dauer. Also bewirkt auch der einseitige Forderungsverzicht mit Besserungsklausel in der Regel eine Erhöhung des Anteilswertes der Anteile anderer Gesellschafter mit der denkbaren Folge eines Tatbestandes gem. § 7 Abs. 8 Satz 1 ErbStG.

Hier verneint die Finanzverwaltung einen steuerbaren Vorgang schon deshalb, weil der Gläubiger einer wertlosen Forderung nichts aus seinem Vermögen hergibt, sondern lediglich uneinbringliche Werte gegen Ertragsaussichten umschichtet. Es mangele

---

[69] A. a. O.

[70] Tz. 3.4.2.

deshalb an einer Vermögensverschiebung von dem Verzichtenden an andere Gesellschafter[71].

Die Ausführungen der Finanzverwaltung zum Forderungsverzicht mit Besserungsklausel sind insoweit problematisch, als von vorneherein die völlige Wertlosigkeit der Forderung unterstellt wird und im Übrigen unerwähnt bleibt, dass an anderer Stelle im Erlass die Vorteilszuwendung im Sinn des § 7 Abs. 8 Satz 1 ErbStG ohnehin auf den Wert des Zuwendungsgegenstandes – hier also auf den Wert der Forderung – begrenzt werden soll[72].

Die Ausführungen im Ländererlass ergeben insoweit also nur einen Sinn, als es sich um einen Forderungsverzicht – ggf. mit Besserungsklausel – handelt, bei dem die Forderung nicht völlig wertlos ist.

4. Steuerbefreiungen

Die Steuerbefreiungen gem. §§ 13a und 13 b Abs. 1 Nr. 3 ErbStG kommen bei der Besteuerung disquotaler Einlagen gem. § 7 Abs. 8 Satz 1 ErbStG nicht in Betracht, da Gegenstand der Steuerbefreiung nach diesen Vorschriften der Erwerb von Anteilen an Kapitalgesellschaften ist, nicht aber die Werterhöhung solcher Anteile aufgrund von Leistungen i. S. d. § 7 Abs. 8 ErbStG[73].

III. Verdeckte Gewinnausschüttungen

1. Frühere Auffassungen zu verdeckten Gewinnausschüttungen

1.1 Verdeckten Gewinnausschüttungen an Mitgesellschafter

1.1.1 BFH

Eine verdeckte Gewinnausschüttung bei unausgewogenem Verhältnis von Leistung und Gegenleistung stellt regelmäßig eine inkongruente Gewinnausschüttung dar mit der Folge, dass der die verdeckte Gewinnausschüttung erhaltende Gesellschafter auf Kosten des/der anderen Gesellschafter/s bereichert wird.

---

[71] Tz. 3.3.7.
[72] Siehe oben zu Tz. 3.4.2.
[73] Tz. 3.5; siehe auch Korezkij, DStR 2012, 163, 165; Riedel, DB 2011, 1888, 1890.

III. Verdeckte Gewinnausschüttungen 95

Der BFH hat in diesen Fällen stets die Annahme einer Schenkung nach § 7 Abs. 1 Nr. 1 ErbStG der Gesellschafter untereinander abgelehnt. Zwar mindere sich der Wert des Anteils des Gesellschafters, der die Ausschüttung nicht erhält, zu Lasten des anderen Gesellschafters, doch sei dies eine bloße Folge der Verringerung des Gesellschaftsvermögens und daher schenkungsteuerlich unbeachtlich.

Die Kapitalgesellschaft erbringe die Leistung aus ihrem Gesellschaftsvermögen. Die rechtliche Eigenständigkeit des Gesellschaftsvermögens der Kapitalgesellschaft als juristischer Person sei insoweit ebenso entscheidend wie bei Einlagen eines Gesellschafters in das Gesellschaftsvermögen der Kapitalgesellschaft, die – wie oben dargestellt – schenkungsteuerlich nicht zu einer Bereicherung des anderen Gesellschafters führen können[74].

1.1.2 Finanzverwaltung

Verzichtet ein Gesellschafter zugunsten eines Mitgesellschafters ganz oder teilweise auf einen bereits entstandenen Gewinnanspruch, dürfte unstreitig eine freigebige Zuwendung des Verzichtenden zugunsten des Mitgesellschafters vorliegen[75].

Auch im Falle der disquotalen – vom Beteiligungsverhältnis abweichenden – offenen Gewinnausschüttung (= inkongruente Ausschüttung) soll nach Auffassung der Finanzverwaltung eine Zuwendung des einen – vermögensmäßig benachteiligten – Gesellschafters an den „bevorteilten" Gesellschafter in Betracht kommen[76].

Dieser Fall ist zwar nicht vom BFH entschieden, doch dürfte hier auch vom BFH eine freigebige Zuwendung angenommen werden.

Eine klare Aussage der Finanzverwaltung, ob die Grundsätze zur inkongruenten offenen Gewinnausschüttung auch bei der – regelmäßig ebenfalls inkongruenten – verdeckten Gewinnausschüttung gelten sollen, enthielten die früheren ErbStR nicht.

In der Literatur wurde aber angenommen, dass die Finanzverwaltung auch im Fall der verdeckten Gewinnausschüttung – entgegen der Rechtsprechung des BFH – eine Schenkung des benachteiligten Gesellschafters an den durch die verdeckte Gewinnausschüttung bevorteilten Gesellschafter annehmen wollte[77].

---

[74] BFH BStBl 2008 II, 258.
[75] Siehe auch 6.3 des BMF-Schreibens vom 20.10.2010; a. a. O.
[76] H 18 /inkongruente Ausschüttung ErbStH 2003.
[77] Breier, Ubg 2009, 417, 421; van Lishaut/Ebber/Schmitz, Ubg 2012, 1, 2.

1.2 Verdeckte Gewinnausschüttung an dem Gesellschafter nahe stehende Person

1.2.1 BFH

Der BFH hat entschieden, dass im Falle der verdeckten Gewinnausschüttung an eine dem Gesellschafter nahe stehende Person regelmäßig keine freigebige Zuwendung im Sinne des § 7 Abs. 1 Nr. 1 des Gesellschafters, dem ertragsteuerlich die verdeckte Gewinnausschüttung zugerechnet wird, an die ihm nahe stehende Person anzunehmen ist[78].

Denn die Erbschaft- und Schenkungsteuer sei eine Verkehrssteuer. Die wirtschaftliche Betrachtungsweise sei auf Steuerarten, welche an bürgerlich-rechtliche Vorschriften anknüpfen, nicht oder zumindest nur nach Sachlage des Einzelfalles anzuwenden.

Die Personen des Schenkers und des Erwerbers werden allein anhand der Vertragslage und der tatsächlichen Gestaltung der Leistungsbeziehung der Beteiligten ermittelt. Entscheidend ist allein, wer auf seine Kosten den Erwerber bereichert hat.

In einem Obiter Dictum hat der BFH es allerdings für möglich erachtet, dass in diesen Fällen die Kapitalgesellschaft selbst unmittelbar die für die Schenkungsteuer relevante Zuwendung i. S. d. § 7 Abs. 1 Nr. 1 ErbStG an die dem Gesellschafter nahe stehende Person vorgenommen hat, unabhängig von der ertragsteuerlichen Behandlung des Falles.

1.2.2 Finanzverwaltung

Früher vertrat die Finanzverwaltung die Auffassung, dass Leistungen (verdeckte Gewinnausschüttungen) der Gesellschaft an eine dem Gesellschafter nahestehende Person im Verhältnis zwischen Gesellschaft und Gesellschafter nicht steuerbar sind.

Es sollte aber eine steuerbare Zuwendung des Gesellschafters oder der Gesellschaft an die dem Gesellschafter nahe stehende Person in Betracht kommen[79].

Es wurde also bei verdeckter Gewinnausschüttung an eine dem Gesellschafter nahe stehende Person – nach der ertragsteuerlichen und damit wirtschaftlichen Betrachtungsweise – schenkungsteuerlich die Zuwendung (= „Weiterreichung") des Vorteils vom Gesellschafter an die nahe stehende Person für möglich erachtet.

---

[78] BStBl 2008 II, 258.

[79] R 18 Abs. 8 S. 1 ErbStR 2003.

III. Verdeckte Gewinnausschüttungen 97

2. Geänderte Anwendung der Finanzverwaltung

Das vorstehend zitierte BFH-Urteil ist uneingeschränkt im Bundessteuerblatt veröffentlicht worden[80].

Die Finanzverwaltung hat damit ihre frühere Auffassung aufgegeben, dass verdeckte Gewinnausschüttungen zu einer schenkungsteuerlich relevanten Zuwendung eines Gesellschafters an den die vGA empfangenden Mitgesellschafter oder eine nahe stehende Person führen können.

Offen blieb zunächst aber, ob die Veröffentlichung des BFH-Urteils zugleich bedeutete, dass die Finanzverwaltung fortan bei verdeckten Gewinnausschüttungen an Mitgesellschafter oder nahe stehende Personen eine Schenkung der Kapitalgesellschaft an die die vGA empfangende Person nach § 7 Abs. 1 Nr. 1 ErbStG in Betracht ziehen will.

Diese neue – nun auf die BFH-Rechtsprechung gestützte – Auffassung der Finanzverwaltung wurde erst im Ländererlass vom 20. 10. 2012[81] klargestellt und soll ab dem 21. 10. 2010 angewandt werden.

3. Ländererlass vom 14. 3. 2012

3.1 Verdeckte Gewinnausschüttung an einen Gesellschafter

Die Finanzverwaltung stellt im Ländererlass vom 14. 3. 2012[82] nochmals klar, dass auch eine verdeckte Gewinnausschüttung an einen Mitgesellschafter aufgrund überhöhter Vergütung zu einer Bereicherung des Mitgesellschafters unmittelbar auf Kosten der Gesellschaft führt und damit im Verhältnis der Kapitalgesellschaft zum Gesellschafter, der die verdeckte Gewinnausschüttung empfängt, den Tatbestand des § 7 Abs. 1 Nr. 1 EStG auslösen kann[83].

Soweit das im Rahmen der verdeckten Gewinnausschüttung an den Gesellschafter verteilte Vermögen dessen gesellschaftsrechtliche Beteiligungsquote übersteigt, erfolgt nach Auffassung der Finanzverwaltung die Auszahlung nicht in Erfüllung des

---

[80] BFH BStBl 2008 II, 258.
[81] A. a. O.
[82] A. a. O.
[83] Tz. 2.6.2.

Gesellschaftszwecks, so dass eine gemischt freigebige Zuwendung im Verhältnis der Gesellschaft zum Gesellschafter vorliegt[84].

Beispiel:

An der V/S-GmbH sind zu je 50 % Vater V und Sohn S beteiligt; S ist alleiniger Geschäftsführer.

S erhält ein Gehalt von 500.000 €, obwohl angemessen nur 200.000 € sind. Es liegt eine ertragsteuerliche vGA von 300.000 € an S vor. Zugleich liegt eine Zuwendung gem. § 7 Abs. 1 Nr. 1 ErbStG der V/S-GmbH an S in Höhe von 150.000 € vor.

3.2 Verdeckte Gewinnausschüttung an eine nahe stehende Person

Unter Hinweis auf das BFH-Urteil vom 7. 11. 2007[85] soll auch bei einer überhöhten Vergütung an einen Nichtgesellschafter, der aber einem Gesellschafter nahesteht (= nahe stehende Person), zwar ebenfalls keine Zuwendung des Gesellschafters an die nahe stehende Person angenommen werden, aber eine gemischt freigebige Zuwendung der Kapitalgesellschaft an die nahe stehende Person gem. § 7 Abs. 1 Nr. 1 ErbStG in Betracht kommen[86].

3.3 Bereicherungsabsicht

Da in den Fällen der verdeckten Gewinnausschüttung an einen Mitgesellschafter oder eine nahe stehende Person die Schenkungsteuer nur nach § 7 Abs. 1 Nr. 1 ErbStG ausgelöst werden kann, ist weitere Voraussetzung für die Annahme einer Schenkung durch die Kapitalgesellschaft der subjektive Tatbestand der freigebigen Zuwendung.

Es soll bei Unausgewogenheit gegenseitiger Verträge regelmäßig das Bewusstsein des einseitig benachteiligten Vertragspartners über dem Mehrwert seiner Leistung ausreichen[87].

Ein auf die Bereicherung des Empfängers gerichteter Wille im Sinne einer Bereicherungsabsicht ist nicht erforderlich[88].

---

[84] Tz. 2.6.2.
[85] A. a. O.
[86] Tz. 2.6.1.
[87] Tz. 2.6.1.
[88] BFH BStBl 1992 II, 925.

Nicht erforderlich ist auch, dass den Vertragspartnern das genaue Ausmaß des Wertunterschieds bekannt ist[89].

Der „Wille zur Unentgeltlichkeit" liegt nach der Rechtsprechung des BFH nämlich bereits vor, wenn sich der Zuwendende der Unentgeltlichkeit der Zuwendung derart bewusst ist, dass er zu der Vermögenshingabe rechtlich nicht verpflichtet ist oder dass er keine mit seiner Leistung in einem kausalen Zusammenhang stehende gleichwertige Gegenleistung erhält[90].

Dabei ist die Kenntnis des Zuwendenden hinsichtlich der Umstände, aus denen sich die objektive Bereicherung des Zuwendungsempfängers ergibt, regelmäßig prima facie zu unterstellen[91].

Das Fehlen des subjektiven Merkmals der Freigebigkeit i. S. v. § 7 Abs. 1 Nr. 1 ErbStG kann trotz Kenntnis des Zuwendenden hinsichtlich der Umstände, die seine Leistung zu einer objektiv (teil-) unentgeltlichen machen, dann gegeben sein, wenn der Steuerpflichtige wiederum in objektiv nachvollziehbarer Weise dar tut, dass die Bereicherung des Zuwendungsempfängers der Förderung des Geschäftes des Zuwendenden dient, d.h. objektiv und nahezu ausschließlich auf die Erzielung geschäftlicher Vorteile des Zuwendenden gerichtet ist[92].

Die bewusste und beabsichtigte Unausgewogenheit von Leistung und Gegenleistung wird regelmäßig prima facie zu unterstellen sein, wenn eine Wertdifferenz von mehr als 20 % bis 25 % besteht[93].

Auch die Finanzverwaltung geht von einem offensichtlichen Missverhältnis von Leistung und Gegenleistung und damit einem prima facie-Beweis bereits ab einer Wertdifferenz von mehr als 20 % aus[94].

Etwaige Ersatzansprüche der Gesellschaft gegen die handelnden Organe oder gegen den veranlassenden Gesellschafter schließen die Freigebigkeit nicht aus[95].

---

[89] Tz. 2.6.1.
[90] BFH BStBl 1994 II, 366; Breier Ubg 2009, 417, 423 m. w. N.
[91] BFH BStBl 1991 II, 181.
[92] BFH BStBl 1997 II, 832.
[93] FG München, EFG 2006, 1082; van Lishaut/Ebber/Schmitz, Ubg 2012, 1, 5 m. w. N.; Breier, Ubg 2009, 417, 423.
[94] Tz. 3.4.3.
[95] Tz. 2.6.1.

3.4 Anwendungszeitpunkt der geänderten Auffassung der Finanzverwaltung

Es wird nochmals klargestellt, dass die geänderte Auffassung der Finanzverwaltung zur Schenkungsteuer bei verdeckten Gewinnausschüttungen an Mitgesellschafter und Gesellschaftern nahe stehende Personen – soweit sich die Steuerbarkeit des Vorganges nicht ausnahmsweise nach R 18 ErbStR 2003 und H 18 ErbStH 2003 ergibt –, nur für Erwerbsfälle (= verdeckte Gewinnausschüttungen) gilt, für die die Steuer nach dem 20. 10. 2010 (= Ländererlass vom 20. 10. 2012, mit dem die an die BFH-Rechtsprechung angelehnte Auffassung der Finanzverwaltung klar gestellt wurde) entstanden ist[96].

3.5 Kritik an der Auffassung der Finanzverwaltung

3.5.1 vGA an Mitgesellschafter

In der Literatur – und zwar u. a. auch vom Vorsitzenden Richter des für die Schenkungsteuer zuständigen Senats des BFH – wird die Auffassung vertreten, die Finanzverwaltung über- oder fehlinterpretiere die Entscheidung des BFH vom 7. 11. 2007[97].

Dieser Entscheidung sei lediglich in einem Obiter Dictum zu entnehmen, das nach Meinung des BFH eine GmbH als Schenkerin auftreten und Schenkungen tätigen könne.

Die Entscheidung enthalte aber keine Ausführungen dazu, ob im Verhältnis der Gesellschaft zum Gesellschafter Schenkungen überhaupt möglich sind und ob dem möglicherweise das Gesellschaftsverhältnis entgegensteht. Erst recht enthalte die Entscheidung keine Aussagen dazu, ob in dem konkreten Fall tatsächlich eine gemischt freigebige Zuwendung vorliegt, die der Schenkungsteuer unterliegt

Es mangele bei verdeckten Gewinnausschüttungen regelmäßig am Merkmal der Freigebigkeit, da sämtliche Vermögenszuflüsse und -abflüsse zwischen Gesellschaft und Gesellschaftern ihren Rechtsgrund im Gesellschaftsverhältnis hätten und deshalb nicht dem Tatbestand des § 7 Abs. 1 Nr. 1 ErbStG unterliegen könnten.

Die Auffassung der Finanzverwaltung beruhe auf der unrichtigen Vorstellung, dass eine überquotale Gewinnausschüttung nicht mehr durch das Gesellschaftsverhältnis veranlasst sei. Vielmehr gehe die Finanzverwaltung – das genannte Urteil fehlinterpretierend – davon aus, dass die Rechtsbeziehung der Gesellschafter untereinander eine schenkungsteuerbare Zuwendung in einem ganz anderen Leistungsverhältnis – nämlich

---

[96] Tz. 2.9.
[97] BStBl 2008 II, 258.

zwischen der Gesellschaft und dem Mitgesellschafter oder der nahe stehenden Person
– auslösen könne.

Diese Auffassung sei auch rechtsdogmatisch nicht zu erklären, da sie doch wieder auf einer ertragsteuerlichen und damit wirtschaftlichen Betrachtungsweise beruhe, die im Schenkungsteuerrecht unzulässig sei[98].

Die Einwendungen gegen die Auffassung der Finanzverwaltung sind meines Erachtens zutreffend. Wenn der BFH – letztlich mit Zustimmung der Finanzverwaltung – disquotale Einlagen als gesellschaftsrechtliche Zuwendungen von der Schenkungsteuer ausnimmt, können auch disquotale verdeckte Gewinnausschüttungen – die in gleicher Weise gesellschaftsrechtlich veranlasst sind – nicht der Schenkungsteuer unterliegen.

3.5.2 vGA an nahe stehende Personen

Hier wird zwar grundsätzlich die Schenkung der Kapitalgesellschaft selbst unmittelbar an die nahe stehende Person für möglich erachtet, doch nur in Fällen der vollständig unentgeltlichen Leistung oder bei teilentgeltlichen Leistungen, die beim Empfänger nicht der Einkommensteuer unterliegen[99].

Die Beschränkung auf Fälle, die nicht der Einkommensteuer unterliegen, überzeugt allerdings nicht, da sie weder vom Gesetz noch von den Grundsätzen der Schenkungsteuer gedeckt wird. Denn es gibt keinen Grundsatz, wonach Vorgänge, die der Einkommensteuer unterliegen, nicht zusätzlich auch noch der Schenkungsteuer unterliegen können.

4. Leistungen zwischen Kapitalgesellschaften

4.1 Verdeckte Gewinnausschüttungen im Konzern

Die uneingeschränkte Anwendung der vorstehend dargestellten Grundsätze zur schenkungsteuerlichen Behandlung der verdeckten Gewinnausschüttung an nahe stehende Personen könnte dazu führen, dass auch eine verdeckte Gewinnausschüttung an eine

---

[98] Haag/Jehlin, DStR, Beihefter 12/2012, 53, 57; Viskorf, 51. Münchner Steuerfachtagung; Fuhrmann/Potsch, NZG 681, 687.

[99] Viskorf, 51. Münchner Steuerfachtagung; s. auch Crezelius, Ubg 2012, 190, 192.

Schwestergesellschaft (= dem gemeinsamen Gesellschafter nahe stehende Person) schenkungsteuerbar sein kann [100].

Denn auch im Konzern rechtlich miteinander verbundene Unternehmen bleiben zivilrechtlich eigenständige Unternehmen mit eigenen Vermögenssphären[101].

Zu dieser Problematik hat die Finanzverwaltung in der Vergangenheit nicht Stellung genommen, und zwar auch nicht im Ländererlass vom 20. 10. 2010[102].

4.2 Neuregelung durch § 7 Abs. 8 Satz 2 ErbStG

§ 7 Abs. 8 Satz 2 ErbStG stellt nun klar, dass verdeckte Gewinnausschüttungen im Konzern nur unter den Einschränkungen dieser Vorschrift als Schenkung nach § 7 Abs. 1 Nr. 1 ErbStG beurteilt werden können[103].

Nach § 7 Abs. 8 Satz 2 ErbStG sind Zuwendungen zwischen Kapitalgesellschaften nur freigebig, soweit sie in der Absicht getätigt werden, Gesellschafter zu bereichern und soweit an den Gesellschaften nicht unmittelbar oder mittelbar dieselben Gesellschafter zu gleichen Anteilen beteiligt sind.

Es wird also ausdrücklich auf eine Bereicherungsabsicht abgestellt und nicht auf eine fehlende betriebliche Veranlassung[104].

§ 7 Abs. 8 Satz 2 ErbStG begründet keine gesonderte, über § 7 Abs. 1 Nr. 1 ErbStG und § 7 Abs. 8 Satz 1 ErbStG hinausgehende Steuerbarkeit[105].

Vielmehr ist die Steuerbarkeit nach § 7 Abs. 1 Nr. 1 und Abs. 8 Satz 1 ErbStG – unter den weiteren Voraussetzungen von § 7 Abs. 8 Satz 2 ErbStG – zu prüfen.

Nach § 7 Abs. 8 Satz 2 2. Halbsatz ErbStG können verdeckte Gewinnausschüttungen zwischen Kapitalgesellschaften nicht der Schenkungsteuer unterliegen, soweit an der leistenden und der begünstigten Kapitalgesellschaft unmittelbar oder mittelbar dieselben natürlichen Personen im gleichen Beteiligungsverhältnis beteiligt sind[106].

---

[100] Breier, Ubg 2009, 417; Hartmann GmbH-StB 2008, 203.
[101] BGH DB 2004, 1487.
[102] A. a. O.
[103] Tz. 4.1.
[104] Tz. 4.2; siehe auch Korezkij, DStR 2012, 163, 168.
[105] Tz. 4.2.
[106] Tz. 4.3 und 6.6.

III. Verdeckte Gewinnausschüttungen 103

Beispiel:

A ist zu 100 % Gesellschafter der T1 GmbH und der T2 GmbH. Die T1 GmbH überträgt ein Grundstück (Buchwert: 100.000 €; gemeiner Wert: 500.000 €) unentgeltlich auf die T2 GmbH.

Ertragsteuerlich liegt eine verdeckte Gewinnausschüttung i. H. v. 500.000 € von der T1 GmbH an A vor. Bei A wiederum liegt eine verdeckte Einlage in die T2 GmbH vor.

Der Vorgang unterliegt gem. § 7 Abs. 8 Satz 2 ErbStG nicht der Schenkungsteuer nach § 7 Abs. 1 Nr. 1 ErbStG, da die Beteiligungsverhältnisse an beiden Gesellschaften gleich sind.

Beispiel:

A ist mit je 100 % an der T1 GmbH und mit 50 % an der der T2 GmbH beteiligt; die übrigen 50 % an der T2-GmbH hält S (Sohn des A). Die T1 GmbH überträgt ein Grundstück (Buchwert: 100.000 €; gemeiner Wert: 500.000 €) unentgeltlich auf die T2 GmbH.

Ertragsteuerlich liegt eine verdeckte Gewinnausschüttung i. H. v. 500.000 € von der T1 GmbH an A vor. Bei A wiederum liegt eine verdeckte Einlage in die T2 GmbH vor.

Schenkungsteuerlich kann eine Zuwendung der T1-GmbH an S vorliegen, wenn bei den Organen der T1-GmbH eine Bereicherung des S beabsichtigt ist. Die Zuwendung beträgt dann 250.000 € (= ½ von 500.000 €).

4.3 Zeitliche Geltung

Die Steuerbarkeit von verdeckten Gewinnausschüttungen zwischen Schwestergesellschaften nach den vorstehenden Grundsätzen ist – im Hinblick auf die Neuregelungen in § 7 Abs. 8 Satz 2 ErbStG – erstmals für Erwerbsfälle anzuwenden, für die die Steuer ab dem 14. 12. 2011 entsteht[107].

Insoweit ist es unerheblich, dass an sich schon aufgrund der ab dem 21. 10. 2010 anzuwendenden Grundsätze zur Schenkungsteuer bei verdecken Gewinnausschüttungen auch bei verdeckten Gewinnausschüttungen zwischen Schwestergesellschaften Schenkungsteuer nach § 7 Abs. 1 Nr. 1 ErbStG entstanden sein könnte.

---

[107] Tz. 1.3.

IV. Einlagen im Konzern

1. Grundsätze

Offene und verdeckte Einlagen – aber auch Nutzungseinlagen[108] – durch eine Kapitalgesellschaft in eine Tochtergesellschaft fallen gleichzeitig unter § 7 Abs. 8 Satz 1 und 2 ErbStG und damit auch unter § 15 Abs. 4 ErbStG[109].

Da durch § 7 Abs. 8 Satz 2 ErbStG keine neue Steuerbarkeit gegenüber § 7 Abs. 8 Satz 1 ErbStG begründet, sondern lediglich eine Einschränkung der allgemeinen Vorschriften[110] geregelt wird, ist in diesem Fall wiederum der Wille zur Unentgeltlichkeit für die Annahme einer Zuwendung erforderlich.

Dies ist insoweit problematisch, als die nur unter § 7 Abs. 8 Satz 1 ErbStG fallende disquotale Einlage durch eine natürliche Person nicht der Einschränkung des § 7 Abs. 8 Satz 2 ErbStG hinsichtlich des Erfordernisses der in der Regel von der Finanzverwaltung zu beweisenden Bereicherungsabsicht unterliegt.

Beispiel:

A ist zu 100 % an der A-GmbH beteiligt. Die A-GmbH ist wiederum zu 60 % an der T-GmbH beteiligt; die übrigen 40 % an der T-GmbH hält S (Sohn des A). Die A-GmbH legt in die T-GmbH verdeckt 500.000 € ein.

Nach § 7 Abs. 8 Satz 1 ErbStG gilt der Vorgang (Einlage der A-GmbH in die T-GmbH) als Zuwendung der A-GmbH (Zuwendender) an S (Bedachter). Als Schenkung gilt dabei nur die Werterhöhung der Anteile des S an der T-GmbH (= 40 % von 500.000 € = 200.000 €).

Da der Fall aber auch von der Vorschrift des § 7 Abs. 8 Satz 2 ErbStG erfasst wird, muss für die Annahme einer Schenkung die Bereicherungsabsicht der Organe der A-GmbH im Hinblick auf die Anteile des S vorliegen und vom Finanzamt bewiesen werden.

Alternative:

A ist unmittelbar an der T-GmbH mit 60 % beteiligt; 40 % hält sein Sohn S. A legt in die T-GmbH verdeckt 500.000 € ein.

Nur der Tatbestand des § 7 Abs. 8 Satz 1 ErbStG ist erfüllt, so dass eine Zuwendung des A an S in Höhe von 200.000 € (= 40 % von 500.000 €) gem. § 7 Abs. 8 Satz 1 ErbStG vorliegt; da der

---

[108] Zur Bewertung siehe oben.
[109] Siehe unten.
[110] § 7 Abs. 1 Nr. 1 und Abs. 8 Satz 1 ErbStG.

Wortlaut des § 7 Abs. 8 Satz 2 ErbStG nicht erfüllt ist, ist in diesem Fall die Absicht der Bereicherung des S durch A nicht erforderlich, sondern wird vom Gesetz unterstellt.

2. Zeitliche Geltung

Die Steuerbarkeit von verdeckten Einlagen – ggf. auch Nutzungseinlagen – unter Kapitalgesellschaften ist im Hinblick auf die Neuregelungen in § 7 Abs. 8 Satz 2 ErbStG erstmals für Erwerbsfälle anzuwenden, für die die Steuer ab dem 14. 12. 2011 entsteht[111].

V. Neuregelung des § 15 Abs. 4 ErbStG

1. Problemstellung

Die oben dargestellte Möglichkeit einer unmittelbaren freigebigen Zuwendung im Sinne des § 7 Abs. 1 Nr. 1 ErbStG oder des § 7 Abs. 8 Satz 1 ErbStG durch eine Kapitalgesellschaft an einen Gesellschafter oder eine nahestehende Person bei verdeckter Gewinnausschüttung oder verdeckter Einlage hat die nachteilige Rechtsfolge, dass regelmäßig der ungünstigste Steuersatz der Steuerklasse III[112] zur Anwendung kommt. Dies hat wiederum zur Folge, dass nur der niedrigste Freibetrag gem. § 16 Abs. 1 Nr. 5 ErbStG (derzeit 20.000 €) gewährt wird.

Bei Annahme einer Direktzuwendung des veranlassenden Gesellschafters an den Erwerber käme dagegen – je nach Verwandtschaftsverhältnis – die günstigere Steuerklasse I oder II zur Anwendung mit den entsprechenden Freibeträgen.

Diese regelmäßig für Steuerpflichtige ungünstige Rechtslage besteht insbesondere für verdeckte Gewinnausschüttungen in der Zeit vom 21. 10. 2010 bis 13. 12. 2011[113].

---

[111] Tz. 1.3.
[112] § 15 Abs. 1 ErbStG.
[113] Tz. 6.1; siehe unten.

2. Neuregelung durch § 15 Abs. 4 ErbStG

2.1 Grundsätze

Soweit in Fällen des § 7 Abs. 1 Nr. 1 ErbStG (verdeckte Gewinnausschüttung) und des § 7 Abs. 8 Satz 1 und 2 ErbStG (Einlagen) eine Kapitalgesellschaft als Zuwendender anzusehen ist, bestimmt § 15 Abs. 4 ErbStG, dass die Besteuerung des Erwerbs nach dem persönlichen Verhältnis der Erwerbers zu derjenigen unmittelbar oder mittelbar an der Kapitalgesellschaft beteiligten natürlichen Person vorzunehmen ist, durch die sie veranlasst ist. Zuwendender bleibt aber die Kapitalgesellschaft[114].

Beispiel:

Geschäftsführer der V-GmbH ist S. Alleingesellschafter der V-GmbH ist V (Vater des S). S erhält auf Veranlassung der Gesellschafterversammlung (V) ein um 1.000.000 € überhöhtes Gehalt.

Soweit die Bereicherungsabsicht nachgewiesen werden kann, liegt nach Auffassung der Finanzverwaltung eine Schenkung der V-GmbH (= Schenker) an S (= Beschenkter) gem. § 7 Abs. 1 Nr. 1 ErbStG vor.

Nach § 15 Abs. 4 ErbStG ist auf die Zuwendung der V-GmbH an S ab dem 14.12.2011 (siehe unten zum Anwendungszeitpunkt) die Steuerklasse I und der Freibetrag gem. § 16 Abs. 1 Nr. 2 ErbStG anzuwenden.

Beispiel:

A ist zu 100 % an der A-GmbH beteiligt. Die A-GmbH ist wiederum zu 60 % an der T-GmbH beteiligt; die übrigen 40 % an der T-GmbH hält S (Sohn des A). Die A-GmbH überträgt der T-GmbH unentgeltlich ein Grundstück im Wert von 500.000 €.

Nach § 7 Abs. 8 Satz 1 ErbStG gilt die Einlage der A-GmbH in die T-GmbH als Zuwendung der A-GmbH (Zuwendender) an S (Bedachter). Als Schenkung gilt dabei nur die Werterhöhung der Anteile des S an der T-GmbH (= 40 % von 500.000 € = 200.000 €). Da der Fall den Einschränkungen des § 7 Abs. 8 Satz 2 ErbStG unterliegt, muss die Bereicherungsabsicht der Organe der A-GmbH (also des A) im Hinblick auf die Anteile des S vorliegen.

Nach § 15 Abs. 4 ErbStG ist auf die Zuwendung der A-GmbH an S die Steuerklasse I und der Freibetrag gem. § 16 Abs. 1 Nr. 2 ErbStG anzuwenden.

---

[114] Tz. 6.2.

Kommen mehrere Gesellschafter als Veranlassende in Betracht, kann eine quotale Mitveranlassung aller Beteiligten angenommen werden, es sei denn, es kann konkret dargelegt werden, welche Person die Zuwendung veranlasst hat[115].

Beispiel:

Alleingeschäftsführer der V/O-GmbH ist S. Gesellschafter der V/O-GmbH sind zu je 50 % V (Vater des S) und O (Onkel des S). S erhält auf Veranlassung der Gesellschafterversammlung (V und O) ein um 1.000.000 € überhöhtes Gehalt.

Nach § 15 Abs. 4 ErbStG ist die auf die Zuwendung durch die V/O-GmbH an S entfallende Steuer auf die Summe der Steuerbeträge begrenzt, die sich bei Schenkung von V an S und O an S (je 500.000 €) ergeben würde.

In der Literatur wird die Frage aufgeworfen, welche Folgen die Veranlassung einer verdeckten Gewinnausschüttung durch einen beherrschenden Gesellschafter-Geschäftsführer hat, da es ein persönliches Verhältnis zu sich selbst nicht gebe und hier im Übrigen auch eine freigebige Zuwendung seitens der Gesellschaft oder der anderen Gesellschafter kaum vorstellbar sei[116].

2.2 Zusammenrechnung früherer Erwerbe

Gem. § 15 Abs. 4 Satz 2 ErbStG gilt in den Schenkungsfällen des § 15 Abs. 4 Satz 1 ErbStG (Zuwendender = Schenker ist eine Kapitalgesellschaft) diese Zuwendung bei der Zusammenrechnung früherer Erwerbe[117] als Vermögensvorteil, der dem Bedachten von dieser Person anfällt[118].

Beispiel:

V schenkt seinem Sohn S im Jahr 01 einen Geldbetrag von 300.000 €. V und S sind zu je 50 % an der V/S-GmbH beteiligt. Die V/S- GmbH verkauft im Jahr 06 an S ein Grundstück für 100.000 €, dessen gemeiner Wert 900.000 € beträgt.

Es liegt nach Auffassung der Finanzverwaltung im Jahr 06 gem. § 7 Abs. 1 Nr. 1 ErbStG eine weitere Zuwendung (= Schenkung) an S in Höhe von 400.000 (= ½ von 800.000) vor, wobei Zuwendender (Schenker) die V/S-GmbH ist.

---

[115] Tz. 6.4.

[116] Korezkij, DStR 2012, 163, 166.

[117] § 14 ErbStG.

[118] Tz. 6.3.

Es werden gem. § 15 Abs. 4 Satz 2 ErbStG die Schenkungen der Jahre 01 und 06 zusammengerechnet, und zwar als Schenkungen des V an S. Es gilt gem. § 15 Abs. 4 Satz 1 ErbStG die Steuerklasse I und der Freibetrag gem. § 16 Abs. 1 Nr. 2 ErbStG.

2.3 Zeitliche Anwendung

Die begünstigende Vorschrift des § 15 Abs. 4 ErbStG ist erst für Erwerbe ab dem 14. 12. 2011 anwendbar[119].

Soweit es in der Zeit zwischen dem 21. 10. 2010 und 13. 12. 2011 zu verdeckten Gewinnausschüttungen an Mitgesellschafter oder nahe stehende Personen gekommen ist und damit die geänderte Auffassung der Finanzverwaltung zur Schenkungsteuer bereits anzuwenden ist, gilt die begünstigende Vorschrift also noch nicht[120].

Für diese Zeit bleibt es bei der Anwendung der Steuerklasse III mit den damit verbundenen nachteiligen Folgen[121].

Bei Einlagen durch Kapitalgesellschaften dürfte der späte Anwendungszeitpunkt des § 15 Abs. 4 ErbStG unproblematisch sein, da Einlagen durch Kapitalgesellschaften in der Regel nur über die neue Vorschrift des § 7 Abs. 8 Satz 1 ErbStG steuerbar sein dürften; diese Vorschrift gilt ihrerseits aber erst ab dem 14. 12. 2011.

VI. Fazit

Die schenkungsteuerlichen Folgen disquotaler Einlagen in eine Kapitalgesellschaft sind durch die ab dem 14. 12. 2011 anzuwendende Vorschrift des § 7 Abs. 8 Satz 1 ErbStG an die Grundsätze zur Schenkungsteuer gem. § 7 Abs. 1 Nr. 1 ErbStG bei vom Beteiligungsverhältnis abweichenden Einlagen in Personengesellschaften angepasst worden, wobei gem. § 7 Abs. 8 Satz 1 ErbStG auch Nichtgesellschafter als Leistende in Betracht kommen und nicht einmal die Absicht zur Bereicherung anderer Gesellschafter erforderlich ist.

Besonders problematisch dürfte in der Praxis die – allerdings umstrittene – schenkungsteuerliche Erfassung von Sanierungsvorgängen, insbesondere durch Forderungsverzicht, sein. Die Finanzverwaltung schränkt die dabei entstehende Belastung aber zu-

---

[119] § 37 Abs. 7 Satz 1 ErbStG.

[120] Tz. 6.6.

[121] Siehe oben.

mindest ein, indem sie die Zuwendung auf den Wert der erlassenen Forderung beschränkt, der in der Praxis vielfach bei 0 € liegen dürfte.

Auch in der Praxis große Auswirkungen dürfte dagegen die Auffassung der Finanzverwaltung zur Schenkungsteuer bei verdeckten Gewinnausschüttungen an Mitgesellschafter oder Gesellschaftern nahe stehenden Personen haben. Sollte die hoch umstrittene Auffassung der Finanzverwaltung Bestand haben, können verdeckte Gewinnausschüttungen nicht nur die bekannten ertragsteuerlichen Folgen bei der Kapitalgesellschaft und deren Gesellschaftern auslösen, sondern daneben auch noch Schenkungsteuer. Die neu eingeführte Vorschrift des § 15 Abs. 4 ErbStG zur Steuerklasse und zum Freibetrag mildert diese Folgen nur ab.

Es ist aber zu vermuten, dass die Auffassung der Finanzverwaltung, die sich ohne Gesetzesänderung auf den Grundtatbestand des § 7 Abs. 1 Nr. 1 ErbStG stützt und nicht – wie die schenkungsteuerliche Behandlung disquotaler Einlagen nach § 7 Abs. 8 Satz 1 ErbStG – auf einer neuen Vorschrift beruht, von den Gerichten in Frage gestellt wird. Insoweit bleiben die weiteren Entwicklungen abzuwarten.

Relevanz der Aktivierung von Entwicklungsausgaben – Ergebnisse einer empirischen Analyse

Prof. Dr. Michael Dobler

I. Einleitung

Immaterielle Werte gelten aufgrund mannigfaltiger Objektivierungsprobleme als „ewige Sorgenkinder des Bilanzrechts."[1] Daran ändern im Kern auch die IFRS nichts, die den durch das BilMoG implementierten handelsrechtlichen Bilanzierungsregeln zu selbst erstellten immateriellen Vermögenswerten und Entwicklungsausgaben erkennbar Pate gestanden haben und zu ihrer Auslegung herangezogen werden (insb. §§ 248 Abs. 2, 255 Abs. 2a HGB).[2]

Das ist nur ein, wenngleich ein prominentes Beispiel, wie die IFRS mit weitreichenden Implikationen, die auch vor dem Bilanzsteuerecht nicht gänzlich Halt machen, auf die

---

[1] *Moxter*, Immaterielle Anlagewerte im neuen Bilanzrecht, in: Betriebs-Berater 1979, S. 1102. Vgl. zur Historie internationaler Bilanzierungsansätze *Powell*, Accounting for Intangible Assets: Current Requirements, Key Players and Future Directions, in: European Accounting Review 2003, S. 797-811; zum Überblick internationaler Forschung *Zéghal/Maaloul*, The Accounting Treatment of Intangibles – A Critical Review of the Literature, in: Accounting Forum 2011, 262-274.

[2] Vgl. z. B. AK „Immaterielle Werte im Rechnungswesen" der Schmalenbach-Gesellschaft für Betriebswirtschaft e.V., Leitlinien zur Bilanzierung selbstgeschaffener immaterieller Vermögensgegenstände des Anlagevermögens nach dem Regierungsentwurf des BilMoG, in: Der Betrieb 2008, S. 1813-1821; *Wulf*, Bilanzierung des selbst geschaffenen immateriellen Anlagevermögens nach dem BilMoG – kritische Würdigung und rechnungslegungsanalytische Perspektiven im Lichte der Bilanztheorien, in: Zeitschrift für Planung und Unternehmenssteuerung 2010, S. 331-352. Interessanterweise verwies der RefE des BilMoG explizit auf IAS 38, der RegE aber nicht mehr. Vgl. kritisch auf Basis des RefE *Hennrichs*, Immaterielle Vermögensgegenstände nach dem Entwurf des Bilanzrechtsmodernisierungsgesetzes (BilMoG) – Gemeinsamkeiten und verbleibende Unterschiede zwischen modernisiertem HGB-Bilanzrecht und IFRS (IAS 38, IFRS 3), in: Der Betrieb 2008, S. 537-542; auf Basis des RegE *Dobler/Kurz*, Aktivierungspflicht für immaterielle Vermögensgegenstände in der Entstehung nach dem RegE eines BilMoG – Kritische Würdigung der F&E-Bilanzierung im HGB-Abschluss de lege ferenda, in: Zeitschrift für internationale und kapitalmarktorientierte Rechnungslegung 2008, S. 485-493.

nationale Rechnungslegung einwirken.[3] Solchen Entwicklungen kann man – wie der Jubilar *Horst Walter Endriss* – aus guten Gründen skeptisch bis ablehnend gegenüberstehen, ohne sich der Auseinandersetzung mit IFRS und ihrer Anwendung im sinnhaften Kontext zu versperren.[4]

Die IFRS regeln die Bilanzierung von Ausgaben für Forschung und Entwicklung (F&E) allgemein in IAS 38 zu *Intangible Assets* und ergänzend in SIC-32 zu *Intangible Assets – Website Costs*.[5] Anders als im HGB besteht nach IAS 38 kein explizites, jedoch ein (begrenztes) faktisches Aktivierungswahlrecht für Entwicklungsausgaben, das sich aus einem Kanon von dehnbaren Kriterien ergibt. Immanent bieten sich bilanzpolitische Spielräume, die anreizgetrieben im Dienst aussagestarker Information oder opportunistischen Eigennutzes ausgeübt werden können.[6] Empirische Befunde dazu sind bis

---

[3] Im vorliegenden Kontext verbietet § 5 Abs. 2 EStG zwar ausdrücklich den Ansatz nicht entgeltlich erworbener immaterieller Wirtschaftsgüter des Anlagevermögens. Die Aushöhlung des handelsrechtlichen Vorsichtsprinzips gerade durch den Wegfall des Aktivierungsverbots nach § 248 Abs. 2 HGB a. F. kann jedoch über den Maßgeblichkeitsgrundsatz auf die steuerliche Gewinnermittlung einwirken. Der RegE des BilMoG, BT-Drucksache 16/10067 v. 30. 7. 2008, S. 50, geht dabei fehl, die Ausschüttungssperre als Ausfluss des GoB der Vorsicht darzustellen, da der Gewinn gerade nicht vorsichtig bemessen ist und daher zur Ausschüttung gesperrt wird. Vgl. kritisch *Dobler/Kurz*, a. a. O. (Fn. 2), S. 491 f. Vgl. zu weiteren steuerlichen Auswirkungen des BilMoG *Herzig*, Erfahrungen mit dem BilMoG aus steuerlicher Sicht, in: Der Betrieb 2012, S. 1343-1351; zur Auslegung nationaler Vorschriften anhand der IFRS bereits *EuGH*, Urteil v. 7. 1. 2003, C-306/99 (BIAO), mit Klarstellung von *Hennrichs*, Zur normativen Reichweite der IFRS, in: Neue Zeitschrift für Gesellschaftsrecht 2005, 783-787.

[4] Vgl. speziell zu Analogien bei selbst erstellten immateriellen Vermögensgegenständen nach dem BilMoG *Endriss/Baßendowski/Küpper*, Steuerkompendium, Band 1, 12. Aufl., Herne 2010, S. 216. Engagiert setzt sich *Horst Walter Endriss* gegen die umfängliche IFRS-Bilanzierung als obligatorischen Bestandteil der Bilanzbuchhalterprüfung ein und stützt sich dabei auf Argumente von *Küting*, IFRS oder HGB?, in: Der Betrieb 3/2012, S. M01.

[5] Besonderheiten ergeben sich vorrangig im Kontext von Unternehmenszusammenschlüssen gemäß IFRS 3 und für die Exploration von Rohstoffen nach IFRS 6. Vgl. zu Erstgenanntem inklusive empirischer Befunde *Ott*, Mergers & Acquisitions and Intangibles, Diss. TU Dresden 2012; zu Zweitgenanntem *Ballwieser/Dobler*, Branchenspezifische Rechnungslegungsvorschriften, in: Ballwieser et al. (Hrsg.), Wiley Handbuch IFRS 2011, 7. Aufl., Weinheim 2011, Abschn. 26, Rn. 92-106.

[6] Vgl. zu den Anreizen im Kontext immaterieller Vermögenswerte prägnant *Guay/Kothari/Watts*, A Market-Based Evaluation of Discretionary Accrual Models, in: Journal of Accounting Research 1996, Suppl., S. 86 f.; im Kontext des Übergangs von HGB zu IFRS m. w. N. *Dobler*, Auswirkungen des Wechsels der Rechnungslegung von HGB zu IFRS auf die Gewinnsteuerung, in: Betriebswirtschaftliche Forschung und Praxis 2008, S. 259-275. Bilanzpolitik ist zwar negativ konnotiert, aber nicht zwingend schlimm, sondern im Zuge der erforderlichen Ausübung von Ermessensspielräumen und Wahlrechten jedwedem Abschluss immanent.

I. Einleitung

dato gemischt.[7] Konzeptionell ist die Frage der Aktivierung von Entwicklungsausgaben eine Frage der Periodisierung. Das rückt in das Bewusstsein, dass die Aktivierung zwar kurzfristig den Erfolgsausweis und das Bilanzvermögen stärkt, später aber Abschreibungen oder Wertminderungen drohen. Beides kann mit adversen Reaktionen skeptischer Abschlussadressaten einhergehen.

Um einen Einblick in die aktuelle Bilanzierungspraxis zu vermitteln, liefert dieser Beitrag Befunde zur Bilanzierung von Forschungs- und Entwicklungsausgaben aus den IFRS-Konzernabschlüssen des Jahrs 2011 der im DAX, MDAX und TecDAX gelisteten Gesellschaften. Die Befunde ergänzen den Bestand früherer empirischer Untersuchungen für Deutschland.[8] Insbesondere interessiert, (1) wie häufig sich Entwicklungsausgaben in den Bilanzen finden, (2) in welchem Umfang Entwicklungsausgaben aktiviert werden und (3) inwiefern sich Unterschiede zwischen Branchen und Indizes zeigen. Die differenzierten Ergebnisse erlauben, die Bedeutung der Aktivierung von Entwicklungsausgaben und des damit einhergehen Problempotentials in der Bilanzierung nach den IFRS abzuschätzen. Während die empirischen Befunde nicht auf die HGB-Abschlüsse übertragbar sind, können Implikationen für die handelsrechtliche Bilanzierung diskutiert werden.

---

[7] Vgl. mit Bezug zu Deutschland und IFRS z. B. *Thi/Kang/Schultze*, Discretionary Capitalization of R&D – The Trade-Off Between Earnings Management and Signaling, Working Paper, University of Augsburg/University of New South Wales 2009; *Höllerschmid*, Signalwirkungen und Bilanzpolitik mithilfe von selbst erstellten technologiebezogenen immateriellen Vermögens, Frankfurt a. M. 2010, S. 78-159; zu ausländischen Studien *Ders.*, S. 73-77.

[8] Vgl. m. w. N. insb. *Hager/Hitz*, Immaterielle Vermögenswerte in der Bilanzierung und Berichterstattung – eine empirische Bestandsaufnahme für die Geschäftsberichte deutscher IFRS-Bilanzierer 2005, in: Zeitschrift für internationale und kapitalmarktorientierte Rechnungslegung 2007, S. 205-218; *Küting*, Die Bedeutung immaterieller Vermögenswerte in der deutschen IFRS-Bilanzierungspraxis, in: Praxis der internationalen Rechnungslegung 2008, S. 315-323; *Haller/Froschhammer/Groß*, Die Bilanzierung von Entwicklungskosten nach IFRS bei deutschen börsennotierten Unternehmen – Eine empirische Analyse, in: Der Betrieb 2010, S. 681-689.

II. Bilanzierung von Entwicklungsausgaben nach IFRS

1. Ansatz

IAS 38 knüpft die Ansatzpflicht von Entwicklungsausgaben an (1) die Definition eines immateriellen Vermögenswerts, (2) allgemeine Ansatzkriterien, (3) spezielle Ansatzkriterien und (4) das Nichtbestehen expliziter Ansatzverbote.[9]

Ein *immaterieller Vermögenswert* ist definiert als „identifizierbarer, nicht monetärer Vermögenswert ohne physische Substanz" (IAS 38.8).[10] Damit müssen aktivierte Entwicklungsausgaben stets ein Vermögenswert sein, wohingegen sie nach dem HGB als „Eventualvermögensgegenstand"[11] nur hinreichend sicher einen späteren selbständig verwertbaren Vermögensgegenstand begründen brauchen. Identifizierbarkeit knüpft an Separierbarkeit oder Entstehung aus Rechten an (IAS 38.12).

Mit dem wahrscheinlichen künftigen Nutzenzufluss des immateriellen Vermögenswerts und seiner verlässlichen Bewertbarkeit werden die *allgemeinen Ansatzkriterien* betont, die aus dem Rahmenkonzept des IASB bekannt sind (IAS 38.21, R.4.38).

Wie in § 255 Abs. 2a Satz 2-4 HGB übernommen, gilt es zur Klärung der Aktivierbarkeit, Ausgaben der Entwicklungsphase von jenen der Forschungsphase eines internen Projekts zu trennen.[12] Letztgenannte sind unterstelltermaßen nicht aktivierungsfähig (IAS 38.52-56). Glückt die Trennung – etwa bei sequenziellen Phasen – nicht, sind sämtliche Ausgaben der Forschungsphase zuzuordnen und aufwandswirksam zu erfassen (IAS 38.53). Entwicklungsausgaben sind nur dann zu aktivieren, wenn die *speziellen Ansatzkriterien* nach IAS 38.57 kumulativ erfüllt sind.[13] Diese erfordern Nachweise über die

▶ technische Durchführbarkeit der Fertigstellung zur Nutzung oder zum Verkauf,

▶ unternehmerische Absicht der Fertigstellung zur Nutzung oder zum Verkauf,

---

[9] Vgl. IAS 38.33.43 zu Spezifika im Kontext von Unternehmenszusammenschlüssen gemäß IFRS 3, die auch die Bewertung betreffen.

[10] Verfügungsmacht und künftiger wirtschaftlicher Nutzenzufluss, die sich aus der Definition eines Vermögenswerts im Rahmenkonzept ergeben, werden in IAS 38.13-17 hervorgehoben.

[11] *Dobler/Kurz*, a. a. O. (Fn. 2), S. 490, die den Begriff in Abgrenzung zu von Eventualvermögenswerten bzw. -forderungen nach IAS 37 etablieren.

[12] Vgl. auch *Endriss/Baßendowski/Küpper*, a. a. O. (Fn. 4), S. 216.

[13] Vgl. im Detail *Hoffmann*, Immaterielle Vermögenswerte des Anlagevermögens, in: Lüdenbach/Hoffmann (Hrsg.): Haufe IFRS Kommentar, 10. Aufl., Freiburg 2012, § 13, Rz. 26-36, 40.

II. Bilanzierung von Entwicklungsausgaben nach IFRS

▶ unternehmerische Fähigkeit zur Nutzung oder zum Verkauf,

▶ Art der Generierung wahrscheinlicher künftiger Nutzenzuflüsse,

▶ Verfügbarkeit von adäquaten Ressourcen zur Fertigstellung und zur Nutzung oder zum Verkauf *sowie*

▶ verlässliche Bestimmbarkeit der Entwicklungsausgaben.

Die Kriterien dienen der Objektivierung, die sie aber nur begrenzt gewährleisten können. Sie sind auslegungsbedürftig, zeichnen sich durch Dehnbarkeit aus, die im Bezug auf die unternehmerische Absicht in IAS 38.57(b) kulminiert, und belassen – mithin zwangsläufig – erhebliche Spielräume.[14] Insoweit ist in Grenzen von einem faktischen Aktivierungswahlrecht auszugehen.[15]

Materiell am bedeutendsten ist der Nachweis der *Art* der Generierung des zu erwartenden Nutzenzuflusses nach IAS 38.57(d). Er fragt nach dem „wie" statt nach dem bloßen „ob" der Nutzengenerierung und geht daher über die von den allgemeinen Ansatzkriterien geforderte hinreichende Wahrscheinlichkeit des Nutzenzuflusses hinaus. Das Kriterium ist anhand der Grundsätze des Wertminderungstests gemäß IAS 36 zu beurteilen (IAS 38.60). In Bezug auf Internetseiten tritt die Interpretation SIC-32 hinzu. Um das kritische Kriterium zu erfüllen, nennt die Interpretation – positiv abgrenzend – die Möglichkeit von Online-Bestellungen als Indikator. Negativ grenzt sie Entwicklungsausgaben für Webseiten von der Aktivierung aus, die allein oder überwiegend der Bewerbung und Vermarktung unternehmenseigener Produkte dienen.[16]

Explizite *Ansatzverbote*, etwa für Ausgaben für Mitarbeiterschulungen im Kontext interner Entwicklungsprojekte, nennen IAS 38.48, .63, .69 und SIC-32.9; jene aus IAS 38.63 finden sich im Kern in § 248 Abs. 2 Satz 2 HGB wieder.

---

[14] Vgl. z. B. *Ballwieser*, IFRS-Bilanzierung: Konzept, Regeln und Wirkungen, 2. Aufl., München 2009, S. 66. Hinweise auf branchenspezifische Auslegungsvarianten der Kriterien finden anhand von Experteninterviews *Behrendt-Geisler/Weißenberger*, Branchentypische Aktivierung von Entwicklungskosten nach IAS 38, in: Zeitschrift für internationale und kapitalmarktorientierte Rechnungslegung 2012, S. 56-66. Die Praxis rekurriert z. B. im Kontext selbst erstellter Software teilweise, wenngleich ohne Zwang, auf die detaillierten Regeln nach US-GAAP; diese sind mittlerweile in ASC 350-40 verankert.

[15] Die Kriterien dienen eher der Vermeidung, denn der Forcierung der Aktivierung von Entwicklungsausgaben. Eine an den IFRS orientierte Auslegung der handelsrechtlichen Regeln, die ohnehin ein Ansatzwahlrecht vorsehen, schafft zumindest gewisse Barrieren, um dem bilanziellen Ansatz vermeintlicher Leerposten vorzubeugen.

[16] Vgl. würdigend zu SIC-32 *Dobler*, Bilanzierung von selbst entwickelten Websites, in: Praxis der internationalen Rechnungslegung 2007, S. 113-115.

Entwicklungsausgaben sind ab dem Zeitpunkt der erstmaligen Erfüllung aller Kriterien zu aktivieren. Eine Nachaktivierung zuvor als Aufwand gezeigter Entwicklungsausgaben ist – wie im Handelsrecht – unzulässig (IAS 38.71, SIC-32.9(b)).

2. Bewertung und Anhangangaben

Aktivierte Entwicklungsausgaben sind im Zugang zu Herstellungskosten zu bewerten (IAS 38.65-67). Als immaterielle Vermögenswerte unterliegen sie den üblichen Varianten der Folgebewertung nach IAS 38. Dabei ist das *Anschaffungskostenmodell* gemäß IAS 38.74 üblich. Das alternativ denkbare, dem HGB fremde Neubewertungsmodell gemäß IAS 38.75-87 mitsamt seiner Kongruenzverstöße ist in Ermangelung eines aktiven Markts zur Bestimmung des beizulegenden Zeitwerts praktisch unbedeutend.[17] Jedenfalls sind aktivierte Entwicklungsausgaben nach IAS 36 auf *Wertminderung* – also außerplanmäßigem Abschreibungsbedarf – zu prüfen. Eine solche Prüfung ist auch nach HGB angezeigt, selbst wenn noch kein Vermögensgegenstand vorliegt.[18]

Ferner sind umfangreiche Angangangaben gefordert (IAS 38.118-129).[19] Diese umfassen u.a. die Angabe des *Gesamtbetrags* der Forschungs- und Entwicklungsausgaben der Periode (IAS 38.126), die nach §§ 285 Nr. 22, 314 Abs. 1 Nr. 14 HGB nur im Fall der Aktivierung von Entwicklungsausgaben geboten ist.[20]

III. Stichprobe und Methodik der empirischen Analyse

1. Abgrenzung der Stichprobe

Die Stichprobe der empirischen Untersuchung gründet auf die zum 30.12.2011 im DAX, MDAX oder TecDAX gelisteten Gesellschaften. Von den insgesamt 110 Gesellschaften ist ein US-GAAP-Bilanzierer unberücksichtigt. Um Doppelerfassungen zu ver-

---

[17] Vgl. zum Ganzen *Hoffmann*, a.a.O. (Fn. 13), § 13, Rz. 77-88; *Schruff*, Rechnungslegung nach IFRS, in: IDW (Hrsg.), WP Handbuch 2012, Band I, Düsseldorf 2012, Abschn. N, Tz. 148-157.

[18] Vgl. vehement bereits *Dobler/Kurz*, a.a.O. (Fn. 2), S. 490.

[19] Vgl. zu Defiziten in der deutschen Berichtspraxis z.B. *Hager/Hitz*, a.a.O. (Fn. 8), S. 210-212; *Haller/Froschhammer/Groß*, a.a.O. (Fn. 8), 684 f.

[20] Auch im obligatorischen (Konzern-)Lagebericht muss über Forschung und Entwicklung berichtet werden (§§ 289 Abs. 2 Nr. 3, 315 Abs. 2 Nr. 3 HGB). Das schließt deutsche IFRS-Bilanzierer nicht aus und birgt Überschneidungspotential bei den Berichtsinhalten.

III. Stichprobe und Methodik der empirischen Analyse

meiden, bleiben zwei weitere Gesellschaften ausgespart, die in einem übergeordneten Konzernabschluss einer in die Erhebung einbezogenen Gesellschaft vollkonsolidiert sind.

	DAX	MDAX	TecDAX	Gesamt
Industrials & Utilities	7	18	11	36
Information Technology	2	1	12	15
Services & Telecommunications	2	9	2	13
Consumer Goods	6	7	0	13
Financials	5	6	1	12
Basic Materials	3	7	0	10
Pharma & Healthcare	3	2	3	8
Gesamt	28	50	29	107

TAB. 1: Zusammensetzung der Stichprobe

TAB. 1 zeigt die Verteilung der 107 untersuchten Gesellschaften auf Branchen, die sich eng an der Einteilung von Supersektoren der Deutschen Börse orientiert.[21] Die Branchenzusammensetzung der drei berücksichtigten Indizes unterscheidet sich erkennbar. Dies ist bei der Interpretation der Ergebnisse zu berücksichtigen.

2. Methodisches Vorgehen

Alle verwendeten Abschlussgrößen stammen aus den veröffentlichten IFRS-Konzernabschlüssen des Jahrs 2011.[22] Nicht auf Euro lautende Abschlussgrößen sind für die deskriptive Statistik im Fall von Stromgrößen mit dem Jahresdurchschnittskurs und im Fall von Bestandsgrößen mit dem Kurs zum Abschlussstichtag umgerechnet; relative Kennzahlen bedienen sich der veröffentlichten Abschlusszahlen in der Darstellungswährung. Das betrifft die Aktivierungsquote, die sich unternehmensindividuell als Quotient der im Jahr 2011 neu aktivierten Entwicklungsausgaben zu den im Geschäfts-

---

[21] Um kleinzahlige Gruppen zu vermeiden, werden Utilities mit Industrials sowie Telecommunications mit (Consumer) Services zusammengefasst. Aufgrund ihrer Geschäftstätigkeit ist BB Biotech den Financials zugeordnet.

[22] Bei vom Kalenderjahr abweichendem Geschäftsjahr wird der Konzernabschluss herangezogen, der das Kalenderjahr 2011 überwiegend abdeckt.

Jahr getätigten Gesamtausgaben für Forschung und Entwicklung berechnet und als Indiz der „Aktivierungsfreudigkeit"[23] gilt.

Sofern die Abschlüsse keine aktivierten Entwicklungsausgaben, keine Wertminderungen oder Abschreibungen darauf oder keine Gesamtausgaben für Forschung und Entwicklung erkennen lassen, ist ein Wert von Null kodiert. Das führt – wie sich zeigen wird – bei Wertminderungen oder Abschreibungen bei Gesellschaften, die Entwicklungsausgaben aktiviert haben, zu diskussionswürdigen Verwerfungen.

IV. Ergebnisse der empirischen Analyse

1. Häufigkeitsorientierte Befunde

TAB. 2 fasst die häufigkeitsorientierten Ergebnisse der Erhebung insgesamt, nach Branchen und nach Indizes zusammen. 68 (63,6 %) der Konzernabschlüsse des Jahrs 2011 weisen kumulierte aktivierte Entwicklungsausgaben aus. Die Häufigkeiten sind bei Industrials/Utilities (77,8 %) sowie IT-Unternehmen (73,3 %) besonders hoch. Auch weil die beiden Sektoren die Zusammensetzung des TecDAX dominieren, verwundert nicht, dass etwa drei Viertel der in diesem Index geführten Gesellschaften aktivierte Entwicklungsausgaben zeigen (75,9 %). Das ist ähnlich häufig wie bei den DAX-Gesellschaften und jeweils häufiger als im MDAX.

---

[23] *Coenenberg/Haller/Schultze*, Jahresabschluss und Jahresabschlussanalyse, 22. Aufl., Stuttgart 2012, S. 1062.

IV. Ergebnisse der empirischen Analyse

	N	davon mit aktivierten Entwicklungs- ausgaben	davon mit Wert- minderungen/ Abschreibungen auf aktivierte Entwicklungs- ausgaben	davon mit neu aktivierten Entwicklungs- ausgaben	davon mit Gesamtausga- ben für F&E > 0
Branchenbetracht					
Industrials & Utilities	36	28 (77,8 %)	25 (69,4 %)	26 (72,2 %)	34 (94,4 %)
Information Technology	15	11 (73,3 %)	9 (60,0 %)	8 (53,3 %)	12 (80,0 %)
Services & Telecommuni- cations	13	7 (53,8 %)	7 (53,8 %)	7 (53,8 %)	9 (69,2 %)
Consumer Goods	13	7 (53,8 %)	7 (53,8 %)	6 (46,2 %)	12 (92,3 %)
Financials	12	7 (58,3 %)	5 (41,2 %)	6 (50,0 %)	6 (50,0 %)
Basic Materials	10	4 (40,0 %)	4 (40,0 %)	4 (40,0 %)	9 (90,0 %)
Pharma & Healthcare	8	4 (50,0 %)	3 (37,5 %)	3 (37,5 %)	8 (100,0 %)
Indexbetracht					
DAX	28	22 (78,6 %)	20 (71,4 %)	21 (75,0 %)	27 (96,4 %)
MDAX	50	24 (48,0 %)	22 (44,0 %)	22 (44,0 %)	38 (76,0 %)
TecDAX	29	22 (75,9 %)	18 (62,1 %)	17 (58,6 %)	25 (86,2 %)
Gesamt	107	68 (63,6 %)	60 (56,1 %)	60 (56,1 %)	90 (84,1 %)

TAB. 2: Häufigkeiten der Berücksichtigung von Entwicklungsausgaben 2011

Auf den ersten Blick mag verwundern, dass acht Gesellschaften weder Wertminderungen noch planmäßige Abschreibungen auf in ihrem Konzernabschluss aktivierte Entwicklungsausgaben zeigen. Konzeptionell könnte sich das bei einer – hier kaum zu erwartenden – Klassifikation als immaterieller Vermögenswert mit unbestimmbarer Nutzungsdauer und fehlenden Indikatoren für Wertminderung ergeben. Eine nähere Betrachtung dieser Fälle weist jedoch auf eine sehr geringe Bedeutung aktivierter Entwicklungsausgaben in den betreffenden Konzernbilanzen hin und legt nahe, dass die Angaben aufgrund von Rundungen oder Unwesentlichkeit fehlen. Insofern verbietet sich vorschnelle Kritik am Ausweisverhalten der betroffenen Gesellschaften.

Aus 60 (56,1 %) der Konzernabschlüsse ist ersichtlich, dass in 2011 angefallene Entwicklungsausgaben zumindest teilweise aktiviert werden. Nach Sektoren ergibt sich allein für Industrials & Utilities eine überdurchschnittliche Häufigkeit der Neuaktivierung. Nach Indizes fällt nur der MDAX unter den Durchschnitt (44,0 %).

Der Gesamtbetrag der Ausgaben für Forschung und Entwicklung für das Jahr 2011 ist 90 (84,1 %) der Konzernabschlüsse zu entnehmen. Darunter sind alle Gesellschaften in der Branche Pharma & Healthcare und mit einer Ausnahme alle DAX-Gesellschaften. Zwei Drittel der Konzerne, die die Gesamtausgaben offenlegen und sich insoweit die Frage der Aktivierung zu stellen haben, setzen 2011 getätigte Entwicklungsausgaben bilanziell an. Dabei sind Neuaktivierungen in der Branche Pharma & Healthcare auffallend selten.

2. Ausmaßorientierte Befunde

Die 90 Gesellschaften, die den Gesamtbetrag an Ausgaben für Forschung und Entwicklung im Geschäftsjahr 2011 offenlegen, weisen in der Periode durchschnittlich 460.591 T€ an Gesamtausgaben und durchschnittlich 72.215 T€ neu aktivierter Entwicklungsausgaben aus. Wie TAB. 3 zeigt, unterscheiden sich die Absolutbeträge deutlich zwischen den Branchen und – nicht losgelöst davon, aber auch Größeneffekten geschuldet – zwischen den Indizes.

	N mit Gesamt-ausgaben für F&E > 0	⌀ aktvier-te Enwick-lungsaus-gaben [T€]	⌀ Ge-samtaus-gaben für F&E [T€]	⌀ Aktivie-rungs-quote [%]	Median Aktivie-rungs-quote [%]	Min. Aktivie-rungs-quote [%]	Max. Aktivie-rungs-quote [%]
Branchenbetracht							
Industri-als & Utilities	34	29.676	291.244	22,91	15,00	0,00	100,00
Informa-tion Tech-nology	12	12.231	247.502	15,72	10,20	0,00	51,03
Services & Telecom-munica-tions	9	29.422	49.611	69,32	100,00	0,00	100,00
Consumer Goods	12	354.416	1.674.733	8,22	2,49	0,00	26,18
Financials	6	113.233	125.266	77,06	80,00	47,37	100,00
Basic Materials	9	2.244	249.022	1,18	0,00	0,00	5,32
Pharma & Healthcare	8	15.775	630.600	3,05	0,00	0,00	20,25
Indexbetracht							
DAX	27	217.962	1.235.088	29,01	14,26	0,00	100,00
MDAX	38	12.397	184.307	22,44	4,30	0,00	100,00
TecDAX	25	5.731	44.085	22,07	8,46	0,00	100,00
Gesamt	90	72.215	460.591	24,31	9,44	0,00	100,00

TAB. 3: Umfang der Aktivierung von Entwicklungsausgaben 2011

Die Aktivierungsquote beträgt durchschnittlich 24,31 %; ihr Median liegt mit 9,44 % deutlich niedriger, was angesichts von 30 in 2011 nicht neu aktivierenden Gesellschaften auf Ausreißer hinweist.[24] Im Detail haben neun Gesellschaften alle im Geschäftsjahr 2011 angefallenen Entwicklungsausgaben aktiviert. Diese Fälle einer Aktivierungsquote von 100 % beziehen sich inhaltlich ausnahmslos auf Ausgaben für interne Projekte zur Sofwareentwicklung.

Die Aktivierungsquote unterschiedet sich deutlich zwischen den Branchen; univariate ANOVA untermauert Branchenunterschiede statistisch (F=14,46, p<0,0001). Besonders auffällig sind einerseits die hohen Aktivierungsquoten in den Branchen Services & Telecommunications und – softwaregetrieben – Financials. Andererseits sind die Aktivierungsquoten in Basic Materials und überraschenderweise in Pharma & Healthcare vergleichsweise niedrig. Nicht parametrische Mann-Whitney-Tests untermauern, dass die Gesellschaften der beiden erstgenannten (letztgenannten) Branchen zusammengefasst signifikant höhere (niedrigere) Aktivierungsquoten gegenüber den übrigen Gesellschaften der Teilstichprobe aufweisen.[25]

Nach Indexzugehörigkeit sind der Mittelwert und der Median der Aktivierungsquote im DAX am höchsten. Univariate ANOVA und Mann-Whitney-Tests zeigen aber keinerlei statistisch signifikanten Unterschiede der Aktivierungsquote zwischen den drei untersuchten Indizes.

V. Diskussion und Fazit

Die in das HGB übergeschwappte Aktivierung von Entwicklungsausgaben ist in IFRS-Konzernabschlüssen bereits Usus. Das spiegelt sich anschaulich in den erarbeiteten Befunden für das Geschäftsjahr 2011 wider: Der überwiegende Teil der einbezogenen Gesellschaften führt Entwicklungsausgaben in den Konzernbilanzen (N = 107). Durchschnittlich knapp ein Viertel der im Geschäftsjahr getätigten Ausgaben für Forschung und Entwicklung einer Gesellschaft wird als immaterieller Vermögenswert aktiviert (N = 90). Ein Vergleich mit Ergebnissen früherer Untersuchungen – etwa von *Hager/Hitz* für den DAX, MDAX und TecDAX in 2005 oder *Haller/Froschhammer/Groß* im

---

[24] Die hier dargestellten Verteilungsparameter der Aktivierungsquote gründen auf den unternehmensindividuellen Quotienten. Übergreifend ergibt sich ein Quotient aus der Summe aktivierter Entwicklungsausgaben (6.499.377 T€) zur Summe der Gesamtausgaben für Forschung und Entwicklung (41.543.230 T€) von 15,64 %.

[25] Signifikante Unterschiede zeigen sich für Erstgenannte mit Z = –4,531 und p < 0,0001, für Letztgenannte mit Z = –3,631 und p < 0,0003.

DAX, MDAX, SDAX und TecDAX für 2005 bis 2007[26] – ist schon aufgrund abweichender Stichproben und Brancheneinteilung stark gehemmt. Es lässt sich in der Gesamtschau allenfalls ein moderater Anstieg des Anteils aktivierender Gesellschaften und der Aktivierungsquote unter den IFRS-Bilanzierern im Zeitablauf vermuten, aber nicht ernsthaft auf zunehmende Freizügigkeit schließen.

Die Relevanz der Aktivierung von Entwicklungsausgaben ist branchenabhängig. Die vorliegende Analyse zeigt für Gesellschaften der Branchen Basic Materials und Pharma & Healthcare besonders niedrige Aktivierungshäufigkeiten und -quoten. Das verwundert gerade im Bereich Pharma & Healthcare, passt aber zu früheren Befunden und wird in der Branche häufig mit Risiken der Zulassung begründet. Gesellschaften der Branche Industrials & Utilities aktivieren am häufigsten Entwicklungsausgaben, jene in Financials und Services & Telecommunications haben – bei im Branchenvergleich geringen Ausgaben für Forschung und Entwicklung – die höchsten Aktivierungsquoten. Zu den ökonomischen Erklärungsansätzen dieser Aktivierungspraxis zählen branchenspezifische Unterschiede in der Forschungslastigkeit und in der Anwendung der Aktivierungskriterien. Unterschiede nach Indexzugehörigkeit können nicht nur der Zusammensetzung nach Branchen geschuldet sein. Vielmehr ist auch ein Größeneffekt zu vermuten.[27]

Auf die praktische Relevanz der Aktivierung von Entwicklungsausgaben in HGB-Abschlüssen erlauben die dargestellten Befunde keine unmittelbaren Rückschlüsse. Eine trotz Ausschüttungssperre traditionell auf Gläubigerschutz bedachte vorsichtige Gewinnermittlung, das Diktum der Einheitsbilanz und – nicht unabhängig davon – Unsicherheit ob der Reaktionen skeptischer Abschlussadressaten dürften (vorerst) einen flächendeckenden Ansatz von Entwicklungsausgaben in einzelgesellschaftlichen HGB-Abschlüssen hemmen. Trotz der betonten Informationsfunktion und einem Aufleben der Wahlrechte mögen solche Erwägungen zumindest teilweise auf konsolidierte HGB-Abschlüsse kapitalmarktferner Gesellschaften durchschlagen. Umgekehrt ist denkbar, dass Konzernrichtlinien der IFRS-Bilanzierer eine Rückwirkung auf die einzelgesellschaftliche Aktivierung von Entwicklungsausgaben deutscher Gesellschaften

---

[26] Vgl. *Hager/Hitz*, a. a. O. (Fn. 8); *Haller/Froschhammer/Groß*, a. a. O. (Fn. 8).

[27] Anhand multipler Regressionsanalysen finden Studien aus vom *code law* geprägten Jurisdiktionen gleichwohl keinen signifikanten oder einen negativen Zusammen zwischen Surrogaten für Unternehmensgröße und der Aktivierungsfreudigkeit. Vgl. z. B. für Italien *Markarian/Pozza/Prencipe*, Capitalization of R&D Costs and Earnings Management: Evidence from Italian Listed Companies, in: The International Journal of Accounting 2008, S. 246-267; für Deutschland *Höllerschmid*, a. a. O. (Fn. 7), S. 119-159.

entfalten.[28] Um zu klären, welche dieser konfliktären Anreize neben den üblichen Einflussfaktoren auf Bilanzpolitik die Aktivierung von Entwicklungsausgaben in HGB-Abschlüssen prägen, ist die empirische Rechnungslegungsforschung gefragt. Ihr bieten die deutschen Rahmenbedingungen ebenso vielfältige wie vielversprechende Analysemöglichkeiten im Widerstreit der Rechnungslegungssysteme.

---

[28] Vgl. zu ersten deskriptiven Befunden zur spezifischen Wahlrechtsausübung in HGB-Jahresabschlüssen von kapitalmarktorientierten Gesellschaften von *Keitz/Wenk/Jagosch*, HGB-Bilanzierungspraxis nach BilMoG (Teil 1) – Eine Analyse von ausgewählten Familienunternehmen, in: Der Betrieb 2011, S. 2448 f.; *Froschhammer/Haller*, IFRS-Konvergenz im Rahmen der BilMoG-Erstanwendung – Eine empirische Analyse, in: Zeitschrift für internationale und kapitalmarktorientierte Rechnungslegung 2012, S. 17-25; *Herzig*, a. a. O. (Fn. 3), S. 1346.

# Ertragsteuerliche Organschaft im Fluss – eine Momentaufnahme

Prof. Dr. Markus Peter und Katharina Schneider[1]

I. Einleitung

Die ertragsteuerliche Organschaft scheint in ihrer bisherigen Form nur noch auf dem Papier zu existieren. Seit Jahren wird das Regelwerk der Organschaft im Hinblick auf seine EU-Rechtskonformität vor allem von der EU-Kommission selbst immer wieder kritisch beäugt. Aber auch die deutschen Finanzgerichte schlagen Alarm: Grund hierfür sind die Tatbestandsmerkmale „Ergebnisabführungsvertrag", welcher international unüblich ist, und „doppelter Inlandsbezug" Nach diversen Aufforderungen der EU-Kommission hat es sich inzwischen sowohl die Rechtsprechung als auch das BMF zur Aufgabe gemacht, die ertragsteuerliche Organschaft einer Reform zu unterziehen. Noch im Koalitionsvertrag hatte die Regierung die Absicht geäußert, die Organschaft gänzlich abzuschaffen und durch ein modernes Gruppenbesteuerungssystem zu ersetzen. Im Vordergrund steht dabei die Anpassung an das höherrangige EU-Recht, welches den Abzug finaler Verluste von europäischen Tochtergesellschaften vorsieht. Angesichts der notwendigen Haushaltskonsolidierung hat sich der Bundestag im Rahmen des „Gesetzes zur Änderung und Vereinfachung der Unternehmensbesteuerung und des steuerlichen Reisekostenrechts" allerdings zunächst nur zu einer kleinen Lösung durchringen können.[2] Vor diesem Hintergrund befasst sich der nachfolgende Beitrag insbesondere mit den grenzüberschreitenden Aspekten der Organschaft im Ertragsteuerrecht.

---

[1] StB Prof. Dr. Markus Peter ist Professor für Internationales Steuerrecht, BWL Steuerlehre und ABWL an der Hochschule Aalen, Studiendekan beim Taxmaster, einem Studienangebot der Hochschule Aalen in Kooperation mit der Steuerfachschule Dr. Endriss sowie Partner bei SPS – Spohn Peter Steuerberater, Niederlassung Aalen. Betriebswirtin (B.A.) Katharina Schneider ist wissenschaftliche Mitarbeiterin im Bereich BWL Steuerlehre bei der Taxmaster GmbH, Köln, Dozentin an der Hochschule Aalen sowie Managerin bei SPS – Spohn Peter Steuerberater, Niederlassung Aalen.

[2] Der Vermittlungsausschuss von Bundestag und Bundesrat hat am 12. 12. 2012 eine Einigung bezüglich des vom Bundestag beschlossenen Gesetzes zur Änderung und Vereinfachung der Unternehmensbesteuerung und des steuerlichen Reisekostenrechts erzielt. Dieser Beschlussempfehlung des Vermittlungsausschusses vom 12. 12. 2012, BT-Drs. 17/11841, müssen Bundestag und Bundesrat erneut zustimmen. Weil das Vermittlungsergebnis den Bundestag nicht fristgemäß erreicht hat, kann eine solche Zustimmung erst im Januar 2013 erfolgen (Stand: 31. 12. 2012).

II. Reformbedarf der deutschen Organschaft im Überblick

1. Doppelter Inlandsbezug

Die ertragsteuerliche Organschaft stand in den vergangenen Jahren immer wieder auf dem Prüfstand der Finanzgerichte. Grund hierfür sind zum einen die hohen formalen Anforderungen an Ergebnisabführungsverträge (EAV) gem. § 17 KStG und zum anderen der Anwendungsbereich des § 14 Abs. 1 Satz 1 KStG bzw. § 17 KStG, wonach sich Sitz und Geschäftsleitung der Organgesellschaft im Inland befinden müssen. Allerdings ist eine Gesellschaft gemäß § 1 Abs. 1 KStG bereits dann unbeschränkt körperschaftsteuerpflichtig in Deutschland, wenn sie ihren Sitz oder ihre Geschäftsleitung im Inland hat. Diese Regelung hat zur Folge, dass beispielsweise eine ausländische Gesellschaft mit Geschäftsleitung im Inland aber mit Sitz im Ausland, zwar unbeschränkt körperschaftsteuerpflichtig in Deutschland ist, jedoch nicht als Organgesellschaft i. S. d. §§ 14 ff. KStG fungieren kann. Dadurch entgehen dieser ausländischen Gesellschaft die steuerlichen Vorteile eines Organschaftsverhältnisses innerhalb des Organkreises. Nach Auffassung der EU-Kommission verstößt diese Ungleichbehandlung gegen die Niederlassungsfreiheit i. S. d. Art. 49 AEUV.

2. Ergebnisabführungsvertrag (EAV)

Sowohl die körperschaftsteuerliche als auch die gewerbesteuerliche Organschaft setzen den Abschluss und die tatsächliche Durchführung eines EAV i. S. d. § 291 Abs. 1 AktG voraus. Die Liste der Kritik am EAV ist lang – neben der potentiellen Unvereinbarkeit mit dem EU-Recht scheinen vor allem auch die durch den EAV verursachten Fehlanreize gewichtig; der EAV nimmt der Tochtergesellschaft sowohl Erfolg als auch Risiko ihrer Tätigkeit ab und gefährdet so die Motivation und Ergebnisorientierung der Organgesellschaft.[3] Europarechtlich gesehen ist zunächst festzustellen, dass der EAV keine explizite nationale Ausrichtung enthält. Zweifelhaft ist aber, ob das Gesellschaftsrecht einen EAV mit einer ausländischen Gesellschaft als abhängigem Unternehmen zulässt. Des Weiteren ergibt sich das Problem, dass in den meisten Mitgliedstaaten kein dem EAV vergleichbares Statut bekannt ist. Ein Abschluss eines EAV über die Grenze scheint daher kaum möglich und stellt folglich eine versteckte Diskriminierung dar. Trotz allem hält der Gesetzgeber in § 14 Abs. 1 Nr. 3 KStG an der Notwendigkeit eines EAV vehement fest. Dabei drängt sich mehr und mehr die Frage auf, ob bzw.

---

[3] Vgl. Endres, in: FS Herzig, 2010, S. 197; s. a. Hey, StuW 2011, S. 137.

inwieweit dieses Beharren den veränderten wirtschaftlichen Verhältnissen noch Rechnung trägt.

III. Fortentwicklung durch die Rechtsprechung

1. FG Niedersachsen vom 11. 2. 2010

Am 11. 2. 2010[4] hat das FG Niedersachsen folgenden Fall entschieden: Bei der Klägerin handelte es sich um eine geschäftsleitende Holding in Deutschland, die Tochtergesellschaften im In- und Ausland unterhält. Da zwei ihrer mittlerweile liquidierten italienischen Tochtergesellschaften Verluste erlitten hatten, forderte die Klägerin, diese Verluste mit deutschen Gewinnen verrechnen zu dürfen. Die Klägerin leistete in den Streitjahren 2002 bis 2005 Zahlungen an ihre italienischen Tochtergesellschaften, die sie zunächst zum Teil als Anschaffungskosten der Beteiligung und teils als Darlehensforderung aktivierte. In den Jahren 2003 bis 2006 wandelte die Klägerin diese Darlehen im Wege eines Darlehensverzichts in Eigenkapital der Tochtergesellschaft um.

Das Niedersächsische Finanzgericht kam hier zu dem Ergebnis, dass die Klage unbegründet sei und die Klägerin keinen Anspruch auf Minderung ihres Einkommens um die Verluste der italienischen Tochtergesellschaften habe. Das Gericht ging dabei zunächst vom Wortlaut der gesetzlichen Regelung in Deutschland aus. Danach ist eine Organschaft nur im Verhältnis zu einer inländischen Organgesellschaft möglich, da die Organgesellschaft nach § 14 Abs. 1 Satz 1 KStG ihren Sitz und ihre Geschäftsleitung im Inland haben muss. Darüber hinaus ist ein EAV i. S. d. § 291 Abs. 1 AktG erforderlich. Nur wenn diese Voraussetzungen erfüllt sind, ist eine Saldierung von Gewinnen und Verlusten innerhalb des Organkreises möglich.

Danach setzte sich das Gericht mit der Argumentation der Klägerin auseinander. Diese berief sich auf das EuGH-Urteil vom 13. 12. 2005 (Marks & Spencer)[5], welches eine Berücksichtigung finaler Verluste ausländischer Tochtergesellschaften bei der inländischen Muttergesellschaft gestattet. Verluste sind final in diesem Sinne, wenn die Muttergesellschaft ihre Auslandstochter veräußert oder wenn sie deren Geschäftstätigkeit einstellt. Seit diesem Urteil ist eine Berücksichtigung solch finaler Verluste im Inland prinzipiell europarechtlich geboten. Der BFH deklariert Verluste in seinem Urteil vom

---

[4] Vgl. FG Niedersachsen vom 11. 2. 2010, 6 K 406/08, IStR 2010, S. 260.

[5] Vgl. EuGH vom 13. 12. 2005, C-446/03 (Rs. Marks & Spencer), IStR 2006, S. 19.

9. 6. 2010[6] als final, wenn die Nutzung von Verlusten im Ansässigkeitsstaat der Tochtergesellschaft endgültig ausgeschlossen ist, also z. B. bei einer Umwandlung, der Übertragung oder der endgültigen Aufgabe, also dem tatsächlichen Wegfall der Tochtergesellschaft als Quelle künftiger Einkünfte.

Das Niedersächsische FG kam – als erstes deutsches Finanzgericht – zu dem Ergebnis, dass die Grundsätze aus dem Marks & Spencer -Urteil ggf. auf die deutsche Organschaft übertragbar seien. Im Zuge dessen sollen die gemeinschaftsrechtswidrigen Tatbestandsvoraussetzungen der nationalen deutschen Organschaft i. S. d. § 14 Abs. 1 KStG in solch einer Weise normerhaltend reduziert werden, dass sie mit dem Gemeinschaftsrecht vereinbar seien. Nach Auffassung des Gerichts stellen sowohl das Erfordernis des doppelten Inlandsbezugs der Organgesellschaft als auch der EAV eine versteckte Diskriminierung dar. Nach übereinstimmender Auffassung der deutschen steuerrechtlichen Literatur ist der Abschluss eines EAV grenzüberschreitend nahezu unmöglich. Infolgedessen dürfte es auch der Klägerin unmöglich gewesen sein, einen EAV im Verhältnis zu ihren italienischen Tochtergesellschaften zu schließen.

Trotz dieser Auffassung erachten sowohl das Niedersächsische FG als auch der BFH[7] die rechtliche Verpflichtung zur Verlustübernahme als unerlässliche Voraussetzung einer körperschaftsteuerlichen Organschaft, die auch für einen Verlustabzug über die Grenze vorliegen muss. Das Tatbestandsmerkmal des EAV i. S. d. § 14 Abs. 1 Satz 1 KStG, das kraft Gesetzes gem. § 302 AktG eine Verpflichtung zur Verlustübernahme voraussetzt, soll demnach dahingehend normerhaltend reduziert werden, dass bei grenzüberschreitenden Sachverhalten stattdessen eine rechtliche Verpflichtung der Muttergesellschaft zur Übernahme der Verluste ihrer Tochtergesellschaft genügt. Sollten Verluste einer in einem anderen EU-Staat ansässigen Tochtergesellschaft definitiv sein, kommt ein Verlustabzug bei der Muttergesellschaft demnach nur dann in Betracht, sofern sich die Muttergesellschaft von Beginn an rechtsverbindlich für eine Dauer von mindestens fünf Jahren zur Übernahme der Verluste der Tochtergesellschaft verpflichtet hat. Da im entschiedenen Fall keine solche Verlustübernahmeverpflichtung seitens der deutschen Muttergesellschaft bestand, verneinte das FG die Verlustverrechnung über die Grenze.

Darüber hinaus kommt eine grenzüberschreitende Organschaft nach Ansicht des Niedersächsischen FG insoweit nicht in Betracht, als eine Muttergesellschaft Verluste der ausländischen Tochtergesellschaft nicht zeitnah durch Zufuhr von Eigenkapital ausgleicht, sondern zunächst Mittel in Form eines Gesellschafterdarlehens zur Verfügung stellt, welches erst später durch Darlehensverzicht in Eigenkapital umgewandelt wird.

---

[6] Vgl. BFH vom 9. 6. 2010, I R 107/09, IStR 2010, S. 663.

[7] Vgl. BFH vom 22. 2. 2006, I R 74/05, BFH/NV 2006, S. 1513.

Folglich wurde die Klage vom Niedersächsischen FG als unbegründet abgewiesen, woraufhin die Klägerin jedoch die Revision einlegte.

2. BFH vom 9. 11. 2010

Mit Beschluss vom 9. 11. 2010[8] hat der 1. Senat des BFH die Revision des oben geschilderten Vorverfahrens beim FG Niedersachsen vom 11. 2. 2010[9] zurückgewiesen. Als Begründung führt der BFH kurz sein zu ausländischen Betriebsstättenverlusten ergangenes Senatsurteil vom 9. 6. 2010[10] an, wonach ein Abzug von Verlusten einer im Ausland unterhaltenen Betriebsstätte nur ausnahmsweise aus Gründen des Gemeinschaftsrechts im Jahr der Verlustfinalität[11] in Betracht kommt.[12] Da das Liquidationsverfahren aber zum damaligen Zeitpunkt noch nicht abgeschlossen war, war die Revision zurückzuweisen. Die Frage nach der grundsätzlichen Abzugsfähigkeit von Verlusten ausländischer Tochtergesellschaften blieb demnach vom BFH unbeantwortet. Eine Berücksichtigung laufender Verluste ausländischer Tochtergesellschaften durch eine schuldrechtliche Verlustübernahmeverpflichtung schließt der BFH somit implizit aus.

3. BFH vom 9. 2. 2011: Anerkennung der gewerbesteuerlichen Organschaft über die Grenze

Ein im Ergebnis überraschendes Urteil zur Frage der Anerkennung einer grenzüberschreitenden Organschaft erging am 9. 2. 2011 vom BFH. Der Entscheidung lag folgender Sachverhalt zugrunde: Die alleinige Gesellschafterin der Klägerin, einer deutsche GmbH, war seit dem 1. 1. 1999 die C-plc, eine Kapitalgesellschaft mit Sitz und Ort der

---

[8] Vgl. BFH vom 9. 11. 2010, I R 16/10, IStR 2011, S. 111.

[9] Vgl. FG Niedersachsen vom 11. 2. 2010, 6 K 406/08, IStR 2010, S. 260.

[10] Vgl. BFH vom 9. 6. 2010, I R 107/09, IStR 2010, S. 663.

[11] Vgl. BFH vom 9. 6. 2010, I R 107/09, IStR 2010, S. 665 f.; demnach gelten Verluste als definitiv, wenn sie im Ausland unbeschadet der dort herrschenden rechtlichen Rahmenbedingungen definitiv sind oder keiner anderweitigen Berücksichtigung mehr zugänglich sind, bspw. bei Umwandlung der Auslandsbetriebsstätte in eine Kapitalgesellschaft, ihrer entgeltlichen oder unentgeltlichen Übertragung oder ihrer endgültigen Aufgabe. Auf Basis der sog. Symmetriethese können Verluste aber nicht phasengleich in ihrem Entstehungsjahr, sondern nur in dem Jahr, in dem sie final geworden sind, ausnahmsweise zum Ansatz gebracht werden; vgl. ebenso FG Düsseldorf vom 8. 9. 2009, 6 K 308/04 K, DStRE 2010, S. 936.

[12] Vgl. BFH vom 9. 6. 2010, I R 107/09, IStR 2010, S. 663, Tz. 29.

Geschäftsleitung in Großbritannien. Die Klägerin war im Streitjahr 1999 zu 96,5 % an der deutschen C-GmbH beteiligt. Die C-plc hatte der C-GmbH Darlehen i. H. v. ca. DM 570 Mio. gewährt, die von der Klägerin zum 1. 1. 1999 übernommen wurden; im Streitjahr sind dafür Darlehenszinsen i. H. v. DM 41 Mio. angefallen. Nachdem die C-GmbH im Jahre 2003 auf die Klägerin verschmolzen wurde, erhob diese nun als Rechtsnachfolgerin der C-GmbH Klage gegen die Hinzurechnung der Darlehenszinsen als sog. Dauerschuldzinsen i. S. d. § 8 Nr. 1 GewStG 1999 zum Gewerbeertrag der C-GmbH. Die Klägerin begründete ihre Klage mit der Annahme, dass eine gewerbesteuerliche Organschaft bestehe und eine Hinzurechnung daher ausgeschlossen sei. Der Klägerin wurde Recht gegeben.

Der BFH folgte zunächst der Auffassung des FG, zwischen Klägerin und der C-GmbH habe kein Organschaftsverhältnis i. S. d. § 14 Nr. 1 bis 3 KStG 1999 bestanden, da die Klägerin als eine reine Beteiligungsholding ohne eigenen Geschäftsbetrieb fungierte. Damit scheide sie als Organträgerin aus. Stattdessen prüfte der BFH, ob demgegenüber die britische C-plc als Organträger in Betracht käme. Das Gericht kam dabei zu dem Ergebnis, dass eine solche grenzüberschreitende Organschaft nach dem Gesetzeswortlaut mangels der unbeschränkten Steuerpflicht der C-plc in Deutschland ausgeschlossen sei.

Jedoch liegt nach Auffassung des BFH ein Verstoß gegen das Diskriminierungsverbot des Art. 20 Abs. 4 und 5 des DBA-Großbritannien 1964/1970 vor. Danach sei es den Vertragsstaaten untersagt, Unternehmen höher zu besteuern, weil ihre Anteilseigner in einem anderen Vertragsstaat ansässig sind. Insoweit sei die britische C-plc als Organträgerin der Klägerin anzusehen. Ein deutscher Besteuerungszugriff ist nach dem DBA auf solche Gewinne des ausländischen Organträgers beschränkt, welche auf eine inländische Betriebsstätte entfallen. Nach der abkommensrechtlichen Organklausel des Art. 2 Abs. 1 lit I (vi) DBA Großbritannien 1964/1970 ist eine Tochtergesellschaft aber keine Betriebsstätte. Großbritannien darf zwar abkommensrechtlich die der C-plc zugewiesenen Gewinne der Enkelgesellschaft der Besteuerung unterwerfen, macht hiervon nach nationalem Recht aber keinen Gebrauch, da es das Institut der (gewerbesteuerlichen) Organschaft nicht kennt. Vorliegend kam es daher zu einer gewerbesteuerlichen „Keinmalbesteuerung" des Gewinns der deutschen Organgesellschaft.[13]

Für die Praxis ist dieses Urteil hinsichtlich gewerbesteuerlicher Auswirkungen nur für wenige Altfälle vor 2001 relevant, da die gewerbesteuerliche Organschaft bis dahin keinen EAV voraussetzte. Würde dem gleichen Fall ein Streitjahr ab 2002 zugrunde liegen und ein EAV zwischen dem ausländischen Organträger und der deutschen Organgesellschaft bestehen, wäre hinsichtlich der Rechtsfolgen der gewerbesteuerlichen

---

[13] Vgl. hierzu ausführlich Mitschke, IStR 2011, S. 538; s. a. Korn, GWR 2011, S. 272.

Organschaft das Recht der abhängigen Gesellschaft maßgeblich, d.h. in diesem Fall Deutschlands. Hier würde die Organgesellschaft nach § 2 Abs. 2 Satz 2 GewStG als Betriebsstätte des Organträgers qualifizieren. Dementsprechend wäre der Organträger im Inland mit seinen Betriebsstätteneinkünften der Gewerbesteuer zu unterwerfen. Ein anderes Bild ergibt sich dagegen bei der Körperschaftssteuer.

Das KStG enthält keine Regelung, die besagt, dass die Organgesellschaft als Betriebsstätte des Organträgers gilt. Wendet man hierauf die Rechtsprechung des BFH im Hinblick auf das abkommensrechtliche Diskriminierungsverbot an, sind weiße, d. h. im Inland unbesteuerte Einkünfte, die Folge.[14] Grund hierfür ist der Umstand, dass dem ausländischen Organträger in diesem Fall das Einkommen der inländischen Organgesellschaft zugewiesen wird. Gegebenenfalls käme es sogar zu einer Keinmalbesteuerung, d. h. auch nicht beim Organträger im Ausland. Dies wäre denkbar, wenn der ausländische Staat die deutsche Organschaftsbesteuerung nicht nachvollzieht. Doch selbst, wenn er die Gewinnabführung als Gewinnausschüttung qualifizieren würde, könnte diese bspw. im Rahmen des Schachtelprivilegs freigestellt werden.[15] Angesichts einer solch immensen Bedrohung des deutschen Steuersubstrats versagte das BMF die Wirkung dieses Urteils über den entschiedenen Einzelfall hinaus mit einem Nichtanwendungserlass.[16]

4. EuGH vom 21. 7. 2011 (Rs. Scheuten Solar Technology)[17] und BFH vom 7. 12. 2011[18]

Die Entscheidung des EuGH vom 21. 7. 2011 in der Rs. Scheuten Solar Technology ist zwar zu § 8 Nr. 1 GewStG 2002 ergangen; die Ausführungen sind jedoch auch relevant für die seit dem Jahr 2008 geltende Hinzurechnung von Schuldzinsen nach § 8 Nr. 1 Buchst. a GewStG, die Hinzurechnung von Zahlungen für die zeitlich begrenzte Überlassung von Rechten nach § 8 Nr. 1 Buchst. f GewStG sowie für die zeitgleich eingeführte Zinsschranke gemäß § 4h EStG und § 8a KStG. Darüber hinaus lassen sich dem Urteil auch Aussagen zur Europarechtskonformität der (gewerbesteuerlichen) Organschaft entnehmen.

---

[14] Vgl. Rödder/Schönfeld, DStR 2011, S. 888 ; s. a. Frotscher, IStR 2011, S. 701.

[15] Vgl. Frotscher, IStR 2011, S. 701.

[16] Vgl. BMF vom 27. 12. 2011, IV C 2 - S 2770/11/10002.

[17] Vgl. EuGH vom 21. 7. 2011, C-397/09 (Rs. Scheuten Solar Technology), BStBl. II 2012, S. 528.

[18] Vgl. BFH vom 7. 12. 2011, I R 30/08, DStR 2012, S. 509.

Der entschiedene Sachverhalt in Kürze: Klägerin war eine GmbH mit Sitz in Deutschland; alleinige Anteilseignerin der Klägerin war eine Gesellschaft in der Rechtsform einer B.V. mit Sitz in den Niederlanden. Es bestand kein Gewinnabführungsvertrag zwischen den Gesellschaften. In den Jahren 2003 und 2004 gewährte die B.V. der Klägerin verschiedene Darlehen. Im Streitjahr zahlte die Klägerin hierfür Zinsen. Im Gewerbesteuermessbescheid für das Jahr 2004 rechnete das Finanzamt die Hälfte der Darlehenszinsen dem Gewinn aus Gewerbebetrieb nach dem damals geltenden § 8 Nr. 1 GewStG hinzu. Nach erfolgloser Klage legte der BFH im Revisionsverfahren dem EuGH die Frage vor, ob Art. 1 Abs. 1 der Zins- und Lizenzgebührenrichtlinie der Hinzurechnung von Zinsen zur Gewerbesteuer entgegenstehe. Dies verneinte der EuGH mit Urteil vom 21. 7. 2011.

In seinem hierzu ergangenen Urteil vom 7. 12. 2011 wies der BFH ergänzend darauf hin, dass die gewerbesteuerliche Hinrechnungsregelung auch nicht gegen die Niederlassungsfreiheit verstoßen würde. Zwar wäre entsprechend den im Streitjahr geltenden Gewerbesteuerrichtlinien eine Hinzurechnung der Zinsen unterblieben, wenn es der Klägerin gemäß § 2 Abs. 2 Satz 2 GewStG 2002 i. V. m. §§ 14, 17 und 18 KStG 2002 wie im Inlandsfall möglich gewesen wäre, eine gewerbesteuerliche Organschaft zu bilden. Allerdings sei gemäß dem EuGH-Urteil vom 25. 2. 2010 in der Rs. X-Holding[19] eine etwaige Beschränkung der Niederlassungsfreiheit gerechtfertigt. Darüber hinaus habe die Klägerin weder einen Gewinnabführungsvertrag gemäß § 14 Abs. 1 Satz 1 Nr. 2 KStG 2002 i. V. m. § 291 Abs. 1 AktG noch eine Verlustübernahmeverpflichtung gemäß § 17 Satz 2 Nr. 2 KStG 2002 i. V. m. § 302 AktG mit ihrer Muttergesellschaft abgeschlossen. Aus diesem Grund werde sie im Vergleich zu einer inländischen Muttergesellschaft, die mit ihrer Tochtergesellschaft keinen Gewinnabführungsvertrag abgeschlossen habe, nicht schlechter gestellt.

Im Ergebnis unterstreicht der BFH damit, dass die nationalen deutschen Regelungen zur ertragsteuerlichen Organschaft den europarechtlich garantierten Grundfreiheiten prinzipiell nicht entgegenstehen. Folglich dürften Klagen zur grenzüberschreitenden Berücksichtigung finaler Verluste insbesondere dann Erfolgschancen eingeräumt werden, wenn schuldrechtliche Verträge geschlossen wurden, die den inhaltlichen Anforderungen der §§ 14 ff. KStG Rechnung tragen.[20]

---

[19] Vgl. EuGH vom 25. 2. 2010, C-337/08 (Rs. X-Holding), DStR 2010, S. 427.

[20] Vgl. Schönfeld, IStR 2012, S. 368; von Brocke, SteuK 2012, S. 149.

IV. Reaktion von Finanzverwaltung und Gesetzgeber („kleine Lösung")

1. Ablösung des doppelten Inlandbezugs bei der Organgesellschaft

Bereits im Jahr 2009 hatte die EU-Kommission ein Vertragsverletzungsverfahren gegen Deutschland eingeleitet mit der Aufforderung, die Regelungen insbesondere den doppelten Inlandsbezug der Organgesellschaft betreffend umgehend zu ändern. Nachdem eine Reaktion des Gesetzgebers zunächst ausblieb, reagierte inzwischen das BMF mit Schreiben vom 28. 3. 2011.[21] Dieses setzt fest, dass zur Anwendung der Regelungen des § 14 Abs. 1 Satz 1 KStG und § 17 KStG ab diesem Zeitpunkt Folgendes gilt: Künftig kann auch eine im EU/EWR-Ausland gegründete Kapitalgesellschaft mit Geschäftsleitung in Deutschland als Organgesellschaft fungieren und somit ihre im Inland steuerpflichtigen Einkünfte innerhalb eines Organschaftverhältnisses einem Organträger i. S. d. § 14 Abs. 1 Nr. 2 KStG oder § 18 KStG zurechnen, wenn auch die übrigen Tatbestandsmerkmale der §§ 14 ff. KStG erfüllt sind.

Obwohl die Reaktion des BMF gewiss ein Schritt in die richtige Richtung war, ist eine Aufhebung des doppelten Inlandsbezugs – allein durch die Finanzverwaltung – aus Sicht der Europäischen Kommission nicht ausreichend. Grund hierfür ist das europarechtlich verankerte Gebot loyaler Zusammenarbeit. Danach ist der Europarechtsverstoß erst dann behoben, wenn der Gesetzgeber die Rechtslage an die Vorgaben des Europäischen Gerichtshofs angepasst hat.[22]

Nach der geplanten Neuregelung in § 14 Abs. 1 Satz 1 i. V. m. § 17 Satz 1 KStG-E soll nunmehr auch eine EU/EWR-Gesellschaft mit Geschäftsleitung im Inland als Organgesellschaft qualifizieren. So kommen zum Beispiel Gesellschaften, die in Österreich gegründet wurden und dort ihren Satzungssitz haben (insbesondere österreichische Ges.m.b.H.) als Organgesellschaft in Betracht, wenn sich der Ort der Geschäftsleitung im Inland befindet. Im Gegensatz dazu wird eine Organschaft nicht anerkannt, wenn die Gesellschaft ihren Sitz im Inland hat, den Ort der Geschäftsleitung aber im Ausland. Grund hierfür ist der Umstand, dass das Besteuerungsrecht Deutschlands mangels abkommensrechtlicher Ansässigkeit (Art. 4 Abs. 3 OECD-MA) im Inland nicht sichergestellt wäre. Damit bleibt die Organschaft auch nach der Neuregelung im Ergebnis auf inländische Gesellschaften begrenzt. Die Änderung soll nach § 34 Abs. 9 Nr. 8 KStG-E für alle noch nicht bestandskräftig veranlagten Fälle gelten.

---

[21] Vgl. BMF vom 28. 3. 2011, IV C 2 - S 2770/09/10001.
[22] Vgl. Hey, StuW 2011, S. 140.

2. Ansässigkeitsanforderungen beim Organträger

Mit der geplanten Neuregelung der Ansässigkeitsanforderungen auf Ebene des Organträgers reagiert die Bundesregierung auf das oben geschilderte BFH-Urteil vom 9. 2. 2011, in welchem der BFH eine grenzüberschreitende gewerbesteuerliche Organschaft aufgrund des abkommens-rechtlichen Diskriminierungsverbots zugelassen hatte.

Organträger kann nach dem Gesetzesentwurf – wie auch bereits nach geltendem Recht – eine natürliche Peron, eine juristische Person oder eine Personengesellschaft sein; dabei soll nun weder der Sitz noch der Ort der Geschäftsleitung des Organträgers eine Rolle spielen. Vielmehr verlangt § 14 Abs. 1 Nr. 2 Satz 4 und Satz 7 KStG-E, dass die Beteiligung an der Organgesellschaft einer inländischen Betriebsstätte des Organträgers zuzurechnen ist und dass die dieser Betriebsstätte zuzurechnenden Einkünfte sowohl nach nationalem Recht als auch ggf. nach Abkommensrecht der deutschen Besteuerung unterliegen.[23]

Zumindest auf den ersten Blick erscheint es geradezu bahnbrechend, wenn künftig Gesellschaften als Organträger fungieren können, welche weder Sitz noch Ort der Geschäftsleitung im Inland haben. Bei näherem Hinsehen fällt jedoch auf, dass eine grenzüberschreitende Organschaft nicht eingeführt werden soll. Ziel der Neuregelung ist vielmehr, das deutsche Besteuerungsrecht durch Zuordnung der Beteiligung an der Organgesellschaft zu einer inländischen Betriebsstätte abzusichern und so unerwünschten grenzüberschreitenden Gestaltungen zuvorzukommen.[24]

3. Vermeidung einer doppelten Verlustberücksichtigung

Der Vermittlungsausschuss von Bundestag und Bundesrat hat am 12. 12. 2012 eine Einigung bezüglich des vom Bundestag beschlossenen Gesetzes zur Änderung und Vereinfachung der Unternehmensbesteuerung und des steuerlichen Reisekostenrechts erzielt.[25] Das ansonsten unveränderte Gesetz soll um einen Punkt ergänzt werden,

---

[23] Dabei stellt der Gesetzgeber innerhalb der geplanten Nr. 2 parallel auf den nationalen sowie auf den abkommensrechtlichen Betriebsstättenbegriff ab; vgl. hierzu Peter, Fortentwicklung des Betriebsstättenprinzips, Frankfurt am Main et al., 2002, S. 47 ff. Hinsichtlich der Zuordnung der Beteiligung können sich dabei in Praxis erhebliche Zweifelsfragen ergeben, vgl. z. B. von Brocke/Peter/Albrecht, IBW 2011, S. 943; s. a. Lenz/Adrian/Handwerker, BB 2012, S. 2851.

[24] Vgl. Lenz/Adrian/Handwerker, BB 2012, S. 2851.

[25] Vgl. Gesetzesbeschluss vom 2. 11. 2012, BR-Drs. 633/12.

indem § 14 Abs. 1 Satz 1 Nr. 5 KStG-E wie folgt gefasst wird: „Negative Einkünfte des Organträgers oder der Organgesellschaft bleiben bei der inländischen Besteuerung unberücksichtigt, soweit sie in einem ausländischen Staat im Rahmen der Besteuerung des Organträgers, der Organgesellschaft oder einer anderen Person berücksichtigt werden."[26] Durch diese ergänzende Neuregelung soll die doppelte Verlustnutzung im Rahmen einer Organschaft verhindert werden.

V. Konzepte für ein modernes Gruppenbesteuerungssystem als große Lösung

Sowohl auf EU- wie auch auf nationaler Ebene befassen sich verschiedene Gremien mit der Ausarbeitung von Vorschlägen für ein modernes Gruppenbesteuerungssystem in Deutschland bzw. in Europa. Nachstehend soll ein Überblick über die

1. EU-Richtlinienentwurf zu einer Gemeinsamen Konsolidierten Körperschaftsteuer-Bemessungsgrundlage (GKKB)

Nach langjährigen Arbeiten wurde am 16. 3. 2011[27] der Richtlinienentwurf der EU-Kommission zur GKKB (Gemeinsame konsolidierte Körperschaftsteuer-Bemessungsgrundlage) veröffentlicht. Die GKKB soll europäischen Konzernen die Möglichkeit eröffnen, die steuerliche Bemessungsgrundlage sämtlicher zugehöriger EU-Konzernunternehmen einheitlich zu ermitteln und zu konsolidieren.[28]

---

[26] Vgl. Beschlussempfehlung des Vermittlungsausschusses vom 12. 12. 2012, BT-Drs. 17/11841.

[27] Vorschlag für eine Richtlinie des Rates über eine Gemeinsame konsolidierte Körperschaftsteuer-Bemessungsgrundlage (GKKB), KOM(2011) 121/4; folgend zitiert als GKKB-E.

[28] Vgl. Rautenstrauch, Gruppenbesteuerung nach dem Richtlinienentwurf zur GKKB, EWS 2011, S. 161; s. a. Lenz/Rautenstrauch, Der Richtlinienentwurf zur GKKB, DB 2011, S. 726.

Das Konzept der GKKB sieht prinzipiell für die Ermittlung des steuerpflichtigen Ergebnisses innerhalb einer Gruppe drei Schritte vor: Im ersten Schritt bestimmt jede Konzerngesellschaft ihr Ergebnis separat nach den einheitlichen Vorschriften. Die so ermittelten Ergebnisse werden anschließend zum konsolidierten Konzernergebnis zusammengefasst und in einem letzten Schritt anhand von Schlüsselgrößen[29] auf die beteiligten Mitgliedstaaten verteilt.[30] Der so ermittelte Gewinnanteil einer Konzerngesellschaft wird dann dem nationalen Körperschaftsteuersatz des Sitzstaats dieser Konzerneinheit unterworfen.[31]

Der bedeutendste Vorteil einer GKKB für europäische Konzerne ergibt sich aus der Konsolidierung. Diese ermöglicht durch die Saldierung positiver und negativer Steuerbemessungsgrundlagen der Gruppenmitglieder gleichzeitig einen automatischen grenzüberschreitenden Verlustausgleich.[32] Ein weiterer Vorteil besteht in der Tatsache, dass grundsätzlich quellensteuerpflichtige Zahlungen zwischen den Gruppenmitgliedern, z. B. Dividenden, Zinsen, Lizenzen, etc., nach Art. 60 GKKB-E als steuerfrei gelten.

2. Reformvorschlag des Instituts Finanzen und Steuern

Der Kern des Reformvorschlags der IFSt-Arbeitsgruppe ist der Verzicht auf die Voraussetzung eines EAV. Ein solcher stellt nach Auffassung der Arbeitsgruppe einen „gravierenden gesellschaftsrechtlichen und betriebswirtschaftlichen Eingriff in den Konzern

---

[29] Nämlich die Faktoren Arbeit, Vermögen und Umsatz; die formelhafte Gewinnaufteilung ist Inhalt der sogenannten indirekten Methode. Das Gegenstück stellt die direkte Methode dar, die mittels transaktionsbezogener Verrechnungspreise auf Basis von Fremdvergleichspreisen (arm´s length principle) beruht; vgl. hierzu umfassend Spengel/Braunagel, EU-Recht und Harmonisierung der Konzernbesteuerung in der EU, StuW 2006, S. 49.

[30] Vgl. Spengel, Seminar I: GKKB und Drittstaatenfragen, IStR 2008, S. 556; s. a. Ries, Einführung einer GKKB in der EU, IWB 2010, S. 210; s. ebenso Spengel/Oestreicher, GKKB in der EU und Umsatzfragen, DStR 2009, S. 776.

[31] Vgl. Ries, Einführung einer GKKB in der EU, IWB 2010, S. 211; s. a. Czakert, GKKB in der EU, IStR 2006, S. 561 (565).

[32] Vgl. Blumenberg, Die Zukunft der grenzüberschreitenden Verlustverrechnung in der EU, FS Herzig 2010, S. 228.

dar und ist international unüblich".[33] Stattdessen soll ein einfacher Gruppenantrag genügen.[34]

Des Weiteren plädiert das IFSt für eine Anhebung der Mindestbeteiligungsquote auf 75 %.[35]

3. Grünbuch der Deutsch-Französischen Zusammenarbeit

Am 6. 2. 2012 wurde durch die deutsche Bundeskanzlerin und dem französischen Staatspräsidenten das „Grünbuch der Deutsch-Französischen Zusammenarbeit – Konvergenzpunkte bei der Unternehmensbesteuerung" (so genanntes „Grünbuch") vorgestellt, welches das französische und deutsche Körperschaftsteuerrecht in zentralen Punkten einander gegenüberstellt, Unterschiede eruiert sowie mögliche Angleichungen aufzeigt.[36] Das Grünbuch befasst sich unter anderem auch mit der Thematik der deutschen Organschaftsbesteuerung bzw. französischen Gruppenbesteuerung „intégration fiscale".

Neben der Abschaffung bzw. der Änderung des EAV wird die Anhebung der Mindestbeteiligungsquote empfohlen.[37] Da hierdurch bestehende Organschaften ggf. durch die geänderten Organschaftsregelungen von derselben ausgeschlossen wären, werden zusätzlich gesonderte Übergangsregelungen empfohlen. Gleichzeitig wird darauf hingewiesen, dass neue Restriktionen mit Abschaffung des EAVs verbunden sein könnten, wie etwa die Deckelung der Verlustverrechnung auf die Höhe des Buchwerts der Beteiligung an der Organgesellschaft.[38]

Dieser Vorschlag wurde auch im 12-Punkte-Programm[39] der Bundesregierung verankert und soll bis zum Jahr 2016 umgesetzt werden.

---

[33] Vgl. IFSt-Arbeitsgruppe, Einführung einer modernen Gruppenbesteuerung, IFSt-Schrift Nr. 471 (2011), S. 42.

[34] Vgl. IFSt-Arbeitsgruppe, Einführung einer modernen Gruppenbesteuerung, IFSt-Schrift Nr. 471 (2011), S. 55.

[35] Vgl. IFSt-Arbeitsgruppe, Einführung einer modernen Gruppenbesteuerung, IFSt-Schrift Nr. 471 (2011), S. 54.

[36] Vgl. Eilers, DB 2012, S. 535.

[37] Vgl. Grünbuch, S. 21.

[38] Vgl. Grünbuch, S. 20; s. a. Lenz, Grünbuch – Vorschläge zur Annäherung zwischen deutschem und französischen Unternehmenssteuerrecht, Steuerboard, abrufbar unter: http://blog.handelsblatt.com/steuerboard/2012/02/09/grunbuch-%E2%80%93-vorschlage-zur-annaherung-zwischen-deutschem-und-franzosischem-unternehmenssteuerrecht/#more-4320.

[39] abrufbar unter http://www.dstv.de/interessenvertretung/aktivitaeten/tb-nr.-33-12-12-punkte-plan (6. 9. 2012).

VI. Praktische Handlungsempfehlungen und Fazit

Resümierend kann festgehalten werden, dass unter Berücksichtigung der EuGH-Rechtsprechung eine grenzüberschreitende Berücksichtigung ausländischer laufender Verluste derzeit nach geltendem Recht nicht möglich ist.

Dies wäre aus heutiger Sicht nur dann denkbar, wenn der Steuerpflichtige sich eines ausländischen Steuerregimes – wie z. B. Österreichs – durch Zwischenschaltung einer entsprechenden Tochterkapitalgesellschaft bedienen würde. Denn das österreichische Gruppenbesteuerungssystem sieht grundsätzlich eine Berücksichtigung laufender ausländischer Verluste (mit Nachversteuerung) vor.

Klarer gestaltet sich die Rechtslage bei finalen Verlusten aus dem EU-Ausland. Ergeben sich auf Ebene einer ausländischen Tochterkapitalgesellschaft nach deren Umwandlung, der Übertragung ihrer Anteile oder ihrer endgültigen Liquidation nicht mehr weiter verwertbare Verluste, so ist dem inländischen Steuerpflichtigen zu empfehlen, diese auf Ebene der inländischen Mutterkapitalgesellschaft in der Steuererklärung des Jahres, in welchem die Verluste im Ausland untergegangen sind, im Inland anzusetzen; im Idealfall wurden dabei zwischen Mutter- und Tochterkapitalgesellschaft schuldrechtliche Verträge geschlossen, die den inhaltlichen Anforderungen der §§ 14 ff. KStG genügen. Im etwaigen Einspruchsverfahren sollte dann auf die einschlägigen Urteile des EuGH vom 13. 12. 2005 in der Rs. Marks & Spencer[40] sowie des BFH vom 9. 6. 2010[41] verwiesen und der Fall so offen gehalten werden.

Die GKKB als große Lösung für ein Gruppenbesteuerungssystem ist allenfalls mittel- bis langfristig denkbar und bedarf noch zahlreicher Diskussionen zwischen Wissenschaft, Praxis und den beteiligten Fisci. Kurzfristig praktikabel und mit weitaus weniger Friktionen mit dem geltenden Recht verbunden ist hingegen der Vorschlag des Instituts Steuern und Finanzen, welcher nicht nur dem Unionsrecht Rechnung trägt, sondern auch aus haushaltspolitischer Sicht keine Unwägbarkeiten beinhaltet. Auch das Grünbuch der Deutsch-Französischen Zusammenarbeit sieht den Verzicht auf einen EAV sowie die Anhebung der Mindestbeteiligungsquote vor. Dieses Ziel wurde ebenfalls im 12-Punkte-Plan der Bundesregierung verankert und soll bis zum Jahr 2016 umgesetzt werden. Vor diesem Hintergrund sollte das kurzfristige Ziel auf dem langen Weg zur modernen Gruppenbesteuerung zunächst die Aufgabe des Erfordernisses des EAV sowie eine behutsame Auslandsöffnung mit der europarechtlich gebotenen Berücksichtigung finaler Verluste von Gesellschaften im EU/EWR-Ausland sein.

---

[40] Vgl. EuGH vom 13. 12. 2005, C-446/03 (Rs. Marks & Spencer), IStR 2006, S. 19.
[41] Vgl. BFH vom 9. 6. 2010, I R 107/09, IStR 2010, S. 663.

Neue Ortregelungen bei sonstigen Leistungen

Dipl.-Finw. (FH) Thomas Meurer

I. Einführung

Nur bei einem Leistungsort im Inland unterliegen Lieferungen und sonstige Leistungen der inländischen Umsatzbesteuerung. In diesen Fällen hat der leistende Unternehmer in seiner Rechnung – vorbehaltlich einer etwaigen Steuerbefreiung oder Umkehr der Steuerschuldnerschaft – Umsatzsteuer auszuweisen. Bei nicht steuerbaren Leistungen führt der offene Ausweis deutscher Umsatzsteuer in einer Rechnung nach § 14c UStG zu einer Steuerschuld des leistenden Unternehmers, die beim unternehmerischen Leistungsempfänger jedoch nicht zu einer Erstattung von Vorsteuern führt.

Die MwStSystRL sieht in der ab dem 1. 1. 2013 geltenden Fassung erneut Änderungen bei den Regelungen zum Ort der sonstigen Leistungen vor. Auch nach Ablehnung des Jahressteuergesetzes 2013 durch den Bundesrat (vgl. BR-Drucksache 33/13 vom 1. 2. 2013), können sich Unternehmer bereits – mangels fristgerechter Umsetzung des Unionsrechts – auf die Regelungen der MwStSystRL berufen.

Am 6. 2. 2013 hat das BMF bekanntgegeben, dass die Bundesregierung eine Formulierungshilfe für ein Gesetz zur Umsetzung der Amtshilferichtlinie sowie zur Änderung steuerlicher Vorschriften (Amtshilferichtlinie-Umsetzungsgesetz – AmtshilfeRLUmsG) beschlossen hat.

Der Gesetzesentwurf enthält ursprünglich im Jahressteuergesetz 2013 enthaltene Angleichungen an das Unionsrecht, um Vertragsverletzungsverfahren durch die EU-Kommission zu vermeiden. Der Beitrag zeigt die notwendigen Änderungen des UStG auf.

II. Leistungserbringung an juristische Personen

1. Entwicklung

Mit der Durchführungsverordnung (EU) Nr. 282/2011 des Rates vom 15. 3. 2011 zur Festlegung von Durchführungsvorschriften zur Richtlinie 2006/112/EG über das gemeinsame Mehrwertsteuersystem (ABl. EU 2011 Nr. L 77 S. 1) (EU-Verordnung) wurden bestimmte Vorschriften der MwStSystRL mit Wirkung zum 1. 7. 2011 konkretisiert, insbesondere die Art. 43-59b MwStSystRL zum Ort der sonstigen Leistungen.

Im BMF-Schreiben vom 10. 6. 2011 (BStBl I 2011, 583) hat sich die Finanzverwaltung dieser EU-Vorgabe angeschlossen und Abschnitt 3a.2. Abs. 13 und 14 UStAE entsprechend angepasst. Demnach kommt es bei der Leistungserbringung an juristische Personen, die sowohl unternehmerisch als auch nichtunternehmerisch tätig sind, ab dem 1. 7. 2011 nicht mehr darauf an, ob die Leistungen für das Unternehmen ausgeführt werden oder nicht. Der Leistungsort bestimmt sich in diesen Fällen stets nach § 3a Abs. 2 Satz 1 UStG nach dem (Unternehmens-)Sitz der juristischen Person.

Diese Änderung der bisherigen Verwaltungsauffassung in Abschnitt 3a.2. Abs. 13 und 14 UStAE, nach der bei Leistungsbezügen durch juristische Personen, die sowohl unternehmerisch als auch nichtunternehmerisch (z. B. „hoheitlich" bei juristischen Personen des öffentlichen Rechts bzw. „ideell" bei juristischen Personen des privaten Rechts) tätig waren, darauf abzustellen war, ob die Leistung für den unternehmerischen Bereich bzw. den nichtunternehmerischen Bereich erbracht wurde, ergibt sich (auch) aus Art. 17 EU-Verordnung.

Danach bestimmt sich der Status des Leistungsempfängers als Steuerpflichtiger oder Nichtsteuerpflichtiger nach den Art. 9-13 und 43 MwStSystRL. Art. 43 Nr. 1 MwStSystRL bestimmt insofern, dass für die Zwecke der Anwendung der Regeln für die Bestimmung des Ortes der Dienstleistung ein Steuerpflichtiger, der auch Tätigkeiten ausführt oder Umsätze bewirkt, die nicht als steuerbare Lieferungen oder Dienstleistungen angesehen werden, in Bezug auf alle an ihn erbrachten Dienstleistungen als Steuerpflichtiger gilt.

Das bedeutet, dass ein Unternehmer, der auch nicht steuerbare Betätigungen ausübt, insgesamt als unternehmerischer Leistungsempfänger i. S. d. § 3a UStG gilt, unabhängig davon, ob die sonstige Leistung für den unternehmerischen oder nichtunternehmerischen Bereich bezogen wird.

Beispiel:

Der in Belgien ansässige Unternehmer U erbringt an die juristische Person des öffentlichen Rechts A mit Sitz in Deutschland eine Beratungsleistung ausschließlich für den Hoheitsbereich. A hat neben dem hoheitlichen Bereich noch einen Betrieb gewerblicher Art, der für umsatzsteuerliche Zwecke erfasst und dem eine USt-Id Nr. erteilt worden ist.

Lösung nach bisheriger Rechtslage und Verwaltungsauffassung:

Da die Beratungsleistung für den hoheitlichen (nichtunternehmerischen) Bereich der A verwendet wird, ist deren Leistungsort nach § 3a Abs. 1 UStG in Belgien. A hat ihre USt-Id Nr. nicht zu verwenden.

Lösung ab dem 1. 7. 2011:

Der Leistungsort für die Leistung des U an A bestimmt sich nach § 3a Abs. 2 Satz 1 UStG und liegt in Deutschland. A hat ihre USt-Id Nr. zu verwenden und wird gem. § 13b Abs. 1 und 5 UStG zum Steuerschuldner.

2. Notwendige Anpassung des UStG

Der deutsche Gesetzgeber hat bisher in § 3a Abs. 2 Satz 1 UStG abweichend geregelt, dass eine sonstige Leistung an einen Unternehmer **für dessen Unternehmen** ausgeführt werden muss. Die o. g. Verwaltungsmeinung in Abschnitt 3a.2. Abs. 13 und 14 UStAE steht dem Gesetz demnach entgegen, so dass eine Anpassung des nationalen Umsatzsteuerrechts erfolgen muss, die durch das JStG 2013 vorgenommen werden sollte und nun entsprechend in den Entwurf eines AmtshilfeRLUmsG übernommen wurde.

Nach der Ergänzung des § 3a Abs. 2 Satz 3 Halbsatz 2 UStG-E soll der Sitz des Leistungsempfängers als Leistungsort auch dann entsprechend gelten, wenn Leistungen an eine juristische Person, die sowohl unternehmerisch als auch nicht unternehmerisch tätig ist, erbracht werden. Ausgenommen sind nur die der Art nach unter § 3a Abs. 2 UStG fallenden sonstigen Leistungen, die für den privaten Bedarf des Personals der juristischen Person bestimmt sind (vgl. auch Art. 19 EU-Verordnung und Abschnitt 3a.2. Abs. 13 Satz 3 und Abs. 14 Satz 3 UStAE).

Durch den neuen § 3a Abs. 2 Satz 3 Halbsatz 2 UStG-E werden auch die Leistungen für den privaten Bedarf eines Gesellschafters von dieser Ortsregelung ausgenommen.

Aus diesem Grund ist eine der juristischen Person erteilte USt-Id Nr. durch diese auch dann zu verwenden, wenn die Leistung ausschließlich für den nichtunternehmerischen Bereich oder sowohl für den unternehmerischen als auch für den nichtunternehmerischen Bereich bezogen wird (Abschnitt 3a.2. Abs. 13 Satz 3 und Abs. 14 Satz 4 UStAE).

Der bisherige Satz 3 in § 3a Abs. 2 UStG, wonach nur nicht unternehmerisch tätige juristische Personen mit USt-Id Nr. für die Bestimmung des Leistungsorts wie ein Unternehmer zu behandeln sind, soll unverändert in § 3a Abs. 2 Satz 3 Halbsatz 1 UStG-E übernommen werden.

III. Vermietung von Beförderungsmitteln und Sportbooten – § 3a Abs. 3 Nr. 2 Sätze 3 und 4 UStG-E

Eine sonstige Leistung, die an einen anderen Unternehmer für dessen Unternehmen ausgeführt wird, wird nach § 3a Abs. 2 S. 1 UStG vorbehaltlich der §§ 3a Abs. 3 bis 8, 3b,

3e und 3f UStG an dem Ort ausgeführt, von dem aus der Empfänger sein Unternehmen betreibt (sog. business to business – Umsatz; „b2b"). D. h. sofern keine Sonderregelung greift, werden sonstige Leistungen zwischen Unternehmern am Unternehmenssitz des Leistungsempfängers besteuert.

Eine Sonderregelung enthält § 3a Abs. 3 Nr. 2 Satz 1 UStG, wonach die kurzfristige Vermietung eines Beförderungsmittels an dem Ort ausgeführt wird, an dem das Beförderungsmittel dem Empfänger tatsächlich zur Verfügung gestellt wird. Als kurzfristig gilt ein ununterbrochener Zeitraum von nicht mehr als 90 Tagen bei Wasserfahrzeugen und von nicht mehr als 30 Tagen bei anderen Beförderungsmitteln (§3a Abs. 3 Nr. 2 Satz 2 Buchstaben a und b UStG).

Eine Unterscheidung anhand des Status des Leistungsempfängers als Unternehmer bzw. Nichtunternehmer erfolgt nicht. Die langfristige Vermietung eines Beförderungsmittels fällt demnach bisher unter die allgemeinen Grundsätze des § 3a Abs. 1 UStG („b2c"; Unternehmer an Nichtunternehmer) bzw. § 3a Abs. 2 UStG („b2b"; Unternehmer an Unternehmer).

1. Notwendige Anpassungen bei langfristiger Vermietung von Beförderungsmitteln an Nichtunternehmer

Die Sonderregelung des § 3a Abs. 3 Nr. 2 UStG sollte durch das JStG 2013 ergänzt werden. Eine entsprechende Regelung enthält nun der Entwurf eines AmtshilfeRLUmsG. Danach soll § 3a Abs. 3 Nr. 2 Satz 3 UStG-E die Vermietung eines Beförderungsmittels an einen Nichtunternehmer, die nicht als kurzfristig anzusehen ist, an dem Ort besteuert werden, an dem der Empfänger seinen Wohnsitz oder Sitz hat. Die Neuregelung entspricht Art. 56 Abs. 2 und 3 der Richtlinie 2006/112/EG in der ab dem 1. 1. 2013 geltenden Fassung von Art. 4 der Richtlinie 2008/8/EG und soll eine Besteuerung am Verbrauchsort sicherstellen.

Nach der geplanten Neuregelung des § 3a Abs. 3 Nr. 2 Satz 3 UStG-E sind langfristige Vermietungen von Beförderungsmitteln am Wohnsitz des nichtunternehmerischen Leistungsempfängers zu versteuern. Erfolgt die Vermietung an einen ausländischen Nichtunternehmer, liegt der Ort des Umsatzes an dessen ausländischem Wohnort. Grundsätzlich ist der Unternehmer, der sonstige Leistungen in einem anderen EU-Mitgliedstaat ausführt, in diesem Mitgliedstaat Steuerschuldner der Umsatzsteuer, so dass dort eine Registrierung erfolgen muss (Art. 193 MwStSystRL und Abschnitt 3a.16. Abs. 4 UStAE). Für die Rechnungslegung gelten die Vorschriften des jeweiligen Mitgliedstaates.

III. Vermietung von Beförderungsmitteln und Sportbooten 143

Die Ergänzung der Sonderregelung des § 3a Abs. 3 Nr. 2 UStG soll nur für Vermietungen von Beförderungsmitteln, die nicht als kurzfristig anzusehen sind, gelten (vgl. § 3a Abs. 3 Nr. 2 Satz 3 UStG-E).

Liegt hingegen eine kurzfristige Vermietung i. S. d. § 3a Abs. 3 Nr. 2 Satz 2 UStG vor, bleibt es bei der der Regelung des § 3a Abs. 3 Nr. 2 Satz 1 UStG, wonach der Übergabeort des Pkw maßgebend ist. Auf den Status des Leistungsempfängers als In- oder Ausländer kommt es in diesen Fällen nicht an.

Beispiel:

Die X-GmbH verleast an den Privatmann P aus Amsterdam einen Audi TT. Der Vertrag läuft über 24 Monate. Der Pkw wird P am Unternehmenssitz der X-GmbH in Aachen übergeben. Nach Ablauf der Vertragslaufzeit muss P den Pkw an die X-GmbH zurückgeben.

Lösung bisher:

Der Leasingumsatz der X-GmbH gilt als langfristige Vermietung i. S. d. § 3a Abs. 3 Nr. 2 Satz 2 Buchstabe b UStG, weshalb die Sonderregelung des § 3a Abs. 3 Nr. 2 Satz 1 UStG nicht greift. Der Leistungsort bestimmt sich demnach gem. § 3a Abs. 1 Satz 1 UStG mit Aachen, da die X-GmbH von dort aus ihr Unternehmen betreibt.

Lösung nach der MwStSystRL (ab dem 1. 1. 2013) und dem AmtshilfeRLUmsG:

Der Leasingumsatz der X-GmbH an den Privatmann P gilt nicht als kurzfristige Vermietung i. S. v. § 3a Abs. 3 Nr. 2 Satz 2 Buchstabe b UStG und erfolgt an einen Nichtunternehmer, so dass der neue § 3a Abs. 3 Nr. 2 Satz 3 UStG-E zur Anwendung kommt. Der Ort des Umsatzes liegt in Amsterdam, am Wohnsitz des P. Die X-GmbH hat sich für diesen Umsatz in den Niederlanden zu registrieren und muss niederländische Umsatzsteuer abführen. Für eine Rechnungslegung sind die dortigen Anforderungen zu beachten.

2. Vermietungen eines Sportbootes an Nichtunternehmer

Die langfristige Vermietung eines Sportbootes an Nichtunternehmer fällt nach den o. g. Grundsätzen bisher unter § 3a Abs. 1 UStG und wird am Sitz des leistenden Unternehmers besteuert. Nach der geplanten Regelung des § 3a Abs. 3 Nr. 2 Satz 4 UStG-E soll auch die langfristige Vermietung eines Sportbootes – abweichend von § 3a Abs. 3 Nr. 2 Satz 3 UStG-E – am tatsächlichen Übergabeort besteuert werden, wenn die Vermietung an einen Nichtunternehmer erfolgt und wenn sich am Übergabeort auch der Sitz, die Geschäftsleitung oder eine Betriebsstätte des Unternehmers, von wo aus diese Leistung tatsächlich erbracht wird, befindet.

Bei entsprechenden Vermietungen an Unternehmer bzw. diesen gleichgestellten juristischen Personen soll weiterhin der allgemeine Grundsatz des § 3a Abs. 2 UStG gelten, wonach der Sitz des Leistungsempfängers maßgebend ist. Daher kommt es fortan bei der Vermietung von Sportbooten an Nichtunternehmer nicht auf die Dauer der Überlassung an, so dass neben der kurzfristigen auch die langfristige Vermietung eines Sportbootes an einen Nichtunternehmer am Ort der Übergabe zu besteuern ist.

Die Neuregelung entspricht Art. 56 Abs. 2 Unterabs. 2 MwStSystRL in der ab dem 1. 1. 2013 geltenden Fassung und soll eine Besteuerung am Verbrauchsort bezwecken.

IV. Fazit

Auch wenn bisher weder das JStG 2013 noch das AmtshilfeRLUmsG in Kraft getreten sind, müssen die dargestellten Regelungen zwingend umgesetzt werden und sind bereits jetzt überfällig. Die geplante Gesetzesänderung in Bezug auf juristische Personen als Leistungsempfänger (§ 3a Abs. 2 Satz 3 Halbsatz 2 UStG-E) gilt aufgrund der bisherigen Weisungslage bereits.

Änderungen gegenüber der bisherigen Rechtslage bei Vermietungsumsätzen mit Beförderungsmitteln ergeben sich bei der langfristigen Vermietung von Sportbooten an Nichtunternehmer (bisher Sitz des leistenden Unternehmers; neu Übergabeort) und bei der langfristigen Vermietung von Beförderungsmitteln an Nichtunternehmer (bisher Sitz des leistenden Unternehmers; neu (Wohn-) Sitz des Leistungsempfängers).

Unternehmer mit entsprechenden Umsätzen sollten genauestens prüfen, ob durch die Neuregelungen Änderungen beim Leistungsort eingetreten sind.

E-Bilanz

Thomas Wiegmann

I. Bedeutung der E-Bilanz

Mit „E-Bilanz" wird die elektronische Einreichung („Übermittlung") von Jahresabschlussinformationen an die Finanzverwaltung bezeichnet. Hintergrund für die Einführung der elektronischen Übermittlung von Jahresabschlussinformationen ist die deutsche E-Government-Strategie. Die E-Government-Strategie der Bundesregierung fordert den Ausbau des elektronischen Datenaustauschs zwischen Unternehmen und Finanzverwaltung.

Aus der Regierungsbegründung ist zu entnehmen: „Es gilt, diesen technisch und teilweise auch rechtlich anspruchsvollen Ansatz möglichst umfassend zu realisieren und dabei nicht zuletzt das enorme Potenzial zu nutzen, das in der elektronischen Übermittlung von Steuerdaten (ELSTER) bei den Steuererklärungen der privaten Steuerzahler und der Unternehmen liegt. Derzeit nutzen knapp 20 Prozent der Steuerpflichtigen das Angebot via ELSTER ihre Steuererklärung elektronisch abzugeben. Die Bundesregierung wird gemeinsam mit den Finanzbehörden der Länder alles daran setzen, dass sich dieser Wert schon in naher Zukunft signifikant erhöht"[1].

Unter dem Motto „Elektronik statt Papier" sollen Arbeitsabläufe zwischen Unternehmen und der Finanzverwaltung zukünftig elektronisch erfolgen. Dadurch soll eine hohe Wirtschaftlichkeit und Effizienz sowohl für die Unternehmen als auch für die Finanzverwaltung erreicht werden. Aus der Regierungsbegründung ergibt sich, dass zukünftig erheblich mehr Daten an die Finanzverwaltung übermittelt werden müssen: „Der Gesetzentwurf enthält ein Bündel von Maßnahmen, die dieser Zielsetzung in besonderem Maße gerecht werden: Einen Schwerpunkt bildet der Ausbau der elektronischen Kommunikation zwischen Unternehmen und Steuerbehörden, insbesondere durch papierlose Übermittlung der Steuererklärungsdaten **und ergänzender Unterlagen bei den Unternehmenssteuern**"[2].

---

[1] BR-Drucks. 16/10188, S. 13.

[2] Hervorhebung durch den Verfasser; BR-Drucks. 16/10188, S. 13.

E-Government Strategie
E-Government
„Elektronik statt Papier"
„medienbruchfrei"

Bisherige Bestandteile:

▸ elektronische Steuervoranmeldung

▸ elektronische Steuererklärung (ab Veranlagungs-/Erhebungszeitraum 2011)

▸ digitale Betriebsprüfung

Weiterer Ausbau:

▸ E-Bilanz

→ Standardisierung zur Effizienzsteigerung

→ Ausbau des Risikomanagements

- Analyse von Bilanz- und GuV-Strukturen

- Zeitreihenvergleiche

- Externe Betriebsvergleiche

Ausbau des E-Government

Bisheriger Ausbau des E-Government

Elektronische Steuervoranmeldung	Elektronische Steuererklärung	digitale Betriebsprüfung (GDPdU)

Zukünftiger Ausbau des E-Government

Elektronische Steuervoranmeldung	Elektronische Steuererklärung	Digitale Betriebsprüfung (GDPdU)	E-Bilanz

Aus der betrieblichen Praxis sind einzelne Beispiele bekannt, bei denen der Datenaustausch bereits elektronisch erfolgt:

▶ Lohnsteuer-Anmeldung

▶ Umsatzsteuer-Voranmeldung

Die E-Bilanz verlangt, dass Steuererklärungsdaten des Jahresabschlusses und ergänzender Unterlagen bei den Unternehmen nach einem **amtlich vorgeschriebenen Datensatz** zu übermitteln sind.

II. Welche Unterlagen sind elektronisch zu übermitteln?

Für **alle** Unternehmen gilt grundsätzlich, dass ab dem Jahr 2011 die Gewerbe- und Umsatzsteuererklärung elektronisch an das Finanzamt übermittelt werden müssen.[3] Der Jahresabschluss kann erstmals für Wirtschaftsjahre, die nach dem 31.12.2011 beginnen, elektronisch übermittelt werden. E-Bilanzen müssen erstmals für Wirtschaftsjahre übermittelt werden, die nach dem 31.12.2012 beginnen.[4]

Datensatz	Frist	Zwingend elektronische Übermittlung	Rechtliche Grundlage
Bilanz und Gewinn- und Verlustrechnung (bei Gewinnermittlung nach § 4 Abs. 1, § 5 oder § 5a EStG)	bis 31.5. des Folgejahres	für Wirtschaftsjahre, die nach dem 31.12.2011 beginnen; Nichtbeanstandung für Erstjahr	§ 5b EStG
Körperschaftsteuererklärung	bis 31.5. des Folgejahres	ab VZ 2011	§ 31 Abs. 1a Satz 1 KStG
Gewerbesteuererklärung	bis 31.5. des Folgejahres	ab VZ 2011	§14a Abs. 1 Satz 1 GewStG
Umsatzsteuererklärung	bis 31.5. des Folgejahres	ab VZ 2011	§ 18 Abs. 3 UStG

---

[3] § 5b EStG, § 14a Abs. l S. l GewStG, § 18 Abs. 3 UStG.

[4] BMF vom 28.09.2011: Elektronische Übermittlung von Bilanzen sowie Gewinn- und Verlustrechnungen; Anwendungsschreiben zur Veröffentlichung der Taxonomie, Tz. 27; Hinweis auf Anlage 4.

III. Steuerbürokratieabbaugesetz: Gesetzliche Grundlagen

Die gesetzliche Grundlage[5] für die elektronische Übermittlung der „E-Bilanz" wurde durch das Steuerbürokratieabbaugesetz (SteuBAG) eingefügt.

Gesetzliche Grundlage: Elektronische Übermittlung von Bilanzen sowie Gewinn- und Verlustrechnungen
Elektronische Übermittlung von Bilanzen sowie Gewinn- und Verlustrechnungen
Verpflichtung nach § 5b Abs. 1 EStG

Satz 1
Wird der Gewinn nach § 4 Abs. 1, § 5 oder § 5a ermittelt, so ist der Inhalt der Bilanz sowie der Gewinn- und Verlustrechnung nach **amtlich vorgeschriebenem Datensatz durch Datenfernübertragung** zu übermitteln.

Satz 2	Satz 3
Enthält die Bilanz Ansätze oder Beträge, die den steuerlichen Vorschriften nicht entsprechen, so sind diese Ansätze oder Beträge durch Zusätze oder Anmerkungen den steuerlichen Vorschriften anzupassen und nach amtlich vorgeschriebenem Datensatz durch Datenfernübertragung zu übermitteln	Der Steuerpflichtige **kann** auch eine den steuerlichen Vorschriften entsprechende Bilanz nach amtlich vorgeschriebenem Datensatz durch Datenfernübertragung übermitteln.
Handelsbilanz mit Überleitungsrechnung gem. § 60 EStDV	Steuerbilanz

Auf Grund der Stellung dieser Vorschrift innerhalb des EStG und ihrem Wortlaut ergibt sich Folgendes:

§ 5b EStG

▶ ist innerhalb der Gewinnermittlungsvorschriften verankert

▶ ergänzt § 25 EStG und § 31 Abs. 1a KStG (Verfahrensvorschrift)

▶ entfaltet keine materiellen Auswirkungen auf die steuerliche Gewinnermittlung

---

[5] § 5b EStG.

▶ ist im Verhältnis zu § 60 EStDV zu sehen:
- Verpflichtungen nach § 60 EStDV werden nicht ausgeweitet
- § 60 EStDV wird teilweise ersetzt
- Verpflichtung, Bilanz/GuV in Papierform einzureichen, entfällt
- Verpflichtung, Anhang, Lagebericht, Prüfungsbericht in Papierform einzureichen, bleibt (als Grundsatz) bestehen

▶ Bisher: Übermittlung der Steuererklärungen inkl. Jahresabschluss
▶ § 60 Abs. 1 S 1. EStDV n. F.:

„Der Steuererklärung ist eine Abschrift der Bilanz ... beizufügen, wenn der Gewinn nach § 4 Abs. 1, § 5 oder § 5a des Gesetzes ermittelt und auf eine elektronische Übermittlung nach § 5 Abs. 2 EStG verzichtet wird"

- Explizite Regelung fehlt!
- Spätestens bei Übermittlung der Steuererklärung?

§ 60 EStDV Unterlagen zur Steuererklärung

1. **Die Steuererklärung ist eine Abschrift der Bilanz**, die auf **dem** Zahlenwerk der Buchführung beruht, im Fall der Eröffnung des Betriebs auch eine Abschrift der Eröffnungsbilanz **beizufügen**, wenn der Gewinn nach **§ 4 Abs. 1, § 5** oder **§ 5a** des Gesetzes ermittelt und auf eine elektronische Übermittlung nach **§ 5b Abs. 2** des Gesetzes verzichtet wird.

    Werden Bücher geführt, die den Grundsätzen der doppelten Buchführung entsprechen, ist eine **Gewinn- und Verlustrechnung** beizufügen.

2. Enthält die Bilanz Ansätze oder Beträge, die den steuerlichen Vorschriften nicht entsprechen, so sind diese Ansätze oder Beträge durch Zusätze oder Anmerkungen den steuerlichen Vorschriften anzupassen.

    Der Steuerpflichtige **kann** auch eine den steuerlichen Vorschriften entsprechende Bilanz (Steuerbilanz) beifügen.

3. **Liegt ein Anhang, ein Lagebericht oder ein Prüfungsbericht vor**, so ist eine Abschrift der Steuererklärung **beizufügen**. Bei der Gewinnermittlung nach **§ 5a** des Gesetzes ist das besondere Verzeichnis nach **§ 5a Abs. 4** des Gesetzes der Steuererklärung beizufügen.

4. ...

> **BMF-Schreiben vom 28. 09. 2011:**
> Elektronische Übermittlung von Bilanzen und Gewinn- und Verlustrechnungen Anwendungsschreiben zur Veröffentlichung der Taxonomie.

> **BMF-Schreiben vom 05. 06. 2012:**
>
> Das BMF hat ein aktualisiertes Datenschema der Taxonomie veröffentlicht und verspricht dauerhaft Auffangpositionen, wenn sich ein Muss-Feld nicht mit Daten füllen lässt.
>
> **Neue Version**
>
> Die neue Version 5.1 der Taxonomien mit dem aktualisierten Datenschema und der technische Leitfaden stehen unter **www.esteuer.de** zur Ansicht und zum Abruf bereit. Mit jeder Version bleibt eine Übermittlung auch für frühere Wirtschaftsjahre möglich. Die aktualisierte Version ist grundsätzlich für die Bilanzen der nach 2012 beginnenden Wirtschaftsjahre zu verwenden – auch bei Liquidations- sowie Eröffnungsbilanzen, sofern diese ab 2013 aufzustellen sind. Es wird nicht beanstandet, wenn die neuen Taxonomien auch für das Wirtschaftsjahr 2012 oder bei Abweichung 2012/2013 verwendet werden. Dabei soll die Übermittlungsmöglichkeit mit dem aktuellen, neuen Datenschema voraussichtlich ab November 2012 möglich sein.
>
> Nach Veröffentlichung einer aktuelleren Taxonomie ist diese unter Angabe des Versionsdatums solange zu verwenden, bis es eine aktualisierte gibt. Eine Version ist grundsätzlich nur für ein Wirtschaftsjahr zu verwenden. Sie darf dann aber auch im Vorjahr angewendet werden. Die Übermittlung von Datensätzen soll dabei regelmäßig mit einem neuen ELSTER-Release im November des Vorjahres ermöglicht werden. Die Taxonomien gelten dann auch für abweichende Wirtschaftsjahre, die nach dem 31. 12. des Veröffentlichungsjahres beginnen. Ohne Aktualisierung ist die letzte Taxonomie auch für die folgenden Wirtschaftsjahre zu verwenden.

Ergebnis der Erörterung mit den obersten Finanzbehörden ist das Anwendungsschreiben des **BMF vom 28. 09. 2011**. Diesem (finalen) BMF-Schreiben vom 28. 09. 2011 gingen Entwürfe voraus, auf deren Basis verschiedene Beteiligte (Wirtschaftsverbände, Kammern, Softwarehersteller, Wissenschaftliche Institute, u. a.) zur Stellungnahme aufgefordert wurden. In mehreren Anhörungen und Gesprächsrunden sowie auf der Basis einer Pilotphase, an der 84 Unternehmen teilnahmen, wurden die Entwurfsschreiben weiterentwickelt.

Entwicklung aus vorangegangenen BMF-Schreiben

▶ 19. 01. 2010
- Festlegung auf XBRL als Übermittlungsstandard
- Konkretisierung der Härtefallregelung und Sanktionen
- „Die Grundsätze der Bilanzklarheit und Übersichtlichkeit (§ 243 Abs. 2 HGB) und Ansatz- und Bewertungsstetigkeit (§ 246 Abs. 3, § 252 Abs. 1 Nr. 6 HGB) sind zu beachten"

▶ 03. 02. 2010
- Arbeitsbericht
- Zusammensetzung der Fach AG
- Bei Fragen: Projektleiter Sebastian Kolbe (sebastian.kolbe@lfst.bayern.de)

▶ 31. 08. 2010
- Veröffentlichung der allgemeinen Taxonomie
- Strukturelle Anforderungen (Bestandteile)
- Inhaltliche Anforderungen (Mussfelder)

BMF- Scheiben vom 19. 01. 2010

„Bei der Übermittlung einer Handelsbilanz mit Überleitungsrechnung können auch vom Taxonomie-Schema abweichende individuelle Positionen übermittelt werden. Für diesen Ausnahmefall sieht die Taxonomie die Möglichkeit vor, zu den individuellen Positionen anzugeben, in welche – steuerlichen Vorschriften entsprechende – Positionen diese umzugliedern sind (Bsp.: Umgliederung einer handelsrechtlichen Position zwischen Anlage- und Umlaufvermögen auf Anlagevermögen einerseits und Umlaufvermögen andererseits)."

Schreiben des XBRL e. V. vom 17. 09. 2010

„Entgegen dem BMF Schreiben vom Januar 2010 beabsichtigt die Finanzverwaltung nun, keine individuellen Taxonomie-Erweiterungen mehr zuzulassen. Das geht aus dem aktuellen Entwurf zum BMF-Schreiben zwar nur mittelbar hervor, wurde aber dem Verein durch die Finanzverwaltung bestätigt. Taxonomie-Erweiterungen lassen Abweichungen vom standardisierten Gliederungsschema zu und ermöglichen bspw. die Verwendung von unternehmensspezifischen Bezeichnern einzelner Berichtspositionen."

→ Keine individuellen Taxonomiepositionen

Insgesamt lässt sich sagen, dass seitens des BMF diverse Kritikpunkte an den Entwurfsschreiben aufgegriffen und beseitigt wurden. Darin kommt das Bestreben zum Ausdruck, das „Projekt E-Bilanz" insgesamt nicht zu gefährden und die verpflichtende Einführung für die betroffenen Unternehmen – zunächst – ohne wesentliche Eingriffe in deren bisheriges Buchungsverhalten zu ermöglichen.

Es wird kontrovers diskutiert, ob seitens der Finanzverwaltung bei der Festlegung des Mindestumfangs der Ermächtigungsrahmen[6] ausgefüllt oder überschritten wurde. Ebenfalls durch das SteuBAG wurde in § 51 Abs. 4 EStG die Nr. 1b eingefügt.

> „§ 51 Ermächtigungen
> [4] Das Bundesministerium der Finanzen wird ermächtigt,
> [...]
> 1b. im Einvernehmen mit den obersten Finanzbehörden der Länder den Mindestumfang der nach § 5b elektronisch zu übermittelnden Bilanz und Gewinn- und Verlustrechnung zu bestimmen;"

Seitens der Finanzverwaltung wird argumentiert, dass der Mindestumfang über die Anforderungen der §§ 266 und 275 HGB nur insoweit hinausgeht, als die Informationen für Besteuerungszwecke erforderlich seien. Die Gegenmeinung hierzu verweist darauf, dass § 51 Abs. 4 Nr. 1b EStG i. V. m. § 5b EStG nicht erlaube,

▶ die handelsrechtlichen Rechnungslegungspflichten zu erweitern,

▶ die handelsrechtliche Gliederungsflexibilität (§ 265 HGB) einzuschränken und

▶ rechtsform- oder größenabhängige Erleichterungen faktisch aufzuheben.

---

[6] § 51 Abs. 4 Nr. 1b EStG.

IV. Zeitlicher Anwendungsbereich und erster Anwendungszeitpunkt

E-Bilanz: Zeitliche Verschiebung der Einführung

▶ Nach § 52 Abs. 15a EStG besteht die Verpflichtung nach § 5b EStG erstmals für Wirtschaftsjahre, die nach dem 31. 12. 2010 beginnen.

▶ Mit der Anwendungszeitpunktverschiebungsverordnung (AnwZpvV) vom 20. 12. 2010 wurde die erstmalige Verpflichtung auf Wirtschaftsjahre, die nach dem 31. 12. 2011 beginnen, verschoben.

Zielsetzung der AnwZpvV:

- Herstellung der technischen und organisatorischen Voraussetzungen.

- Überprüfung des Datenumfangs im Rahmen einer Pilotphase der Finanzverwaltung.

▶ BMF-Schreiben vom 28. 09. 2011: Allgemeine Nichtbeanstandungsregel bei Einreichung von Bilanz und GuV für 2012 in Papierform.

Dies bedeutet:

- E-Bilanzen können erstmals für Wirtschaftsjahre übermittelt werden, die **nach dem 31. 12. 2011** beginnen.

- E-Bilanzen müssen erstmals für Wirtschaftsjahre übermittelt werden, die **nach dem 31. 12. 2012** beginnen.

▶ Folge: In der Regel elektronische Übermittlung der E-Bilanz für 2013 im Jahr 2014.

V. Zeitlicher Anwendungsbereich und zukünftiger Anwendungszeitpunkt

BMF-Schreiben vom 28. 09. 2011 – weitere Erleichterungen der zeitlichen Umsetzung

▶ Wirtschaftsjahr 2015[7] (d. h. Übermittlung Anfang 2016):

E-Bilanz erstmals verpflichtend bei:

- Unternehmen mit ausländischen Betriebsstätten bzw. inländischen Betriebsstätten ausländischer Unternehmen,
- steuerbefreiten Körperschaften und
- juristischen Personen des öffentlichen Rechts mit Betrieben gewerblicher Art.

▶ Wirtschaftsjahr 2015[8] (d. h. Übermittlung Anfang 2016):

E-Bilanz erstmals mit folgenden Berichtsteilen:

- Kapitalkontenentwicklung für Personenhandelsgesellschaften und andere Mitunternehmerschaften.
- Sonder- und Ergänzungsbilanzen bei Personenhandelsgesellschaften und anderen Mitunternehmerschaften.

VI. Persönlicher Anwendungsbereich

Von der elektronischen Übermittlung[9] sind grundsätzlich alle einkommensteuer- und körperschaftsteuerpflichtigen bilanzierenden Unternehmen betroffen.[10]

Persönlicher Anwendungsbereich

1. Gewinnermittlung nach § 5 EStG i. V. m. § 4 Abs. 1 EStG
2. Gewinnermittlung nach § 4 Abs. 1 EStG

---

[7] Wirtschaftsjahre, die nach dem 31. 12. des Vorjahres beginnen.

[8] Wirtschaftsjahre, die nach dem 31. 12. des Vorjahres beginnen.

[9] § 5b EStG.

[10] Steuerpflichtige, die ihren Gewinn nach § 4 Abs. I; § 5 i. V. .m. § 4 Abs. I, oder § 5a EStG ermitteln; § 8 KStG bezieht sich auf das EStG.

V. Zeitlicher Anwendungsbereich und zukünftiger Anwendungszeitpunkt

3. Gewinnermittlung nach § 5a EStG
4. Inbound-Fälle
5. Outbound-Fälle
6. besondere Fälle
7. Härtefallregelung

▶ Gewinnermittlung mit Maßgeblichkeit[11]: Diese Vorschrift betrifft Gewerbetreibende, die auf Grund gesetzlicher Vorschriften[12] Bücher führen und Abschlüsse erstellen müssen. Grundsätzlich sind alle Kaufleute zur Buchführung verpflichtet. Befreit davon sind nur Einzelkaufleute, deren Umsatzerlöse 500.000 € und Gewinn 50.000 € an zwei aufeinanderfolgenden Abschlussstichtagen nicht übersteigen.

Zur Veranlagung der Steuer können diese entweder ihre Handelsbilanz um eine Überleitungsrechnmg[13] ergänzen oder eine gesonderte Steuerbilanz erstellen.

Von der AO werden solche Gewerbetreibende erfasst, die nicht nach HGB zur Buchführung und Abschlusserstellung verpflichtet sind, deren Umsatzerlöse im Kalenderjahr 500.000 € oder deren Gewinn im Wirtschaftsjahr 50.000 € übersteigen.

▶ Gewinnermittlung ohne Maßgeblichkeit:[14] Hiervon betroffen sind alle, die nicht Gewerbetreibende und nicht zur Buchführung verpflichtet sind, aber trotzdem freiwillig Bücher führen und Abschlüsse erstellen.

Zu nennen sind insbesondere:

- Land- und Forstwirte, die zur Buchführung und Abschlusserstellung verpflichtet[15] sind,
- Land- und Forstwirte, die freiwillig Bücher führen,
- selbstständig Tätige,[16] die freiwillig Bücher führen und regelmäßig Abschlüsse erstellen.

---

[11] § 5 EStG i. V. m. § 4 Abs. I EStG.
[12] Insb. §§ 238 ff. HGB oder 140 ff. AO.
[13] Gem. § 60 EStDV.
[14] Nach § 4 Abs. I EStG.
[15] § 141 Abs. I Nr. I, 3, oder 5 AO.
[16] I. S. d. §18 EStG.

▶ Tonnagenbesteuerung:[17] Handelsschiffe im internationalen Verkehr können auf Antrag ihren steuerpflichtigen Gewinn anstatt durch Betriebsvermögensvergleich auch pauschal nach Tonnage ermitteln. Der Steuererklärung ist neben einer Steuerbilanz[18] auch ein gesondertes jährlich fortzuentwickelndes Verzeichnis[19] beizufügen. Entsprechend ist ein Datensatz durch Datenfernübertragung zu übermitteln.

▶ Inbound-Fälle:[20] Hat ein ausländisches Unternehmen eine inländische Betriebsstätte und wird der Gewinn[21] ermittelt, beschränkt sich die Aufstellung der Bilanz und Gewinn- und Verlustrechnung auf die inländische Betriebsstätte als unselbständiger Teil des Unternehmens. Gleiches gilt grundsätzlich für Sachverhalte im Sinne der Rz. 3 und 7 des BMF-Schreibens.[22] Entsprechend ist ein Datensatz durch Datenfernübertragung zu übermitteln,

▶ Outbound-Fälle:[23] Hat ein inländisches Unternehmen eine ausländische Betriebsstätte, ist – soweit der Gewinn[24] ermittelt wird – für das Unternehmen als Ganzes eine Bilanz und Gewinn- und Verlustrechnung abzugeben. Entsprechend ist ein Datensatz durch Datenfernübertragung zu übermitteln.

▶ Besondere Fälle:[25] Wird für den wirtschaftlichen Geschäftsbetrieb einer steuerbegünstigten Körperschaft[26] oder die Betriebe gewerblicher Art einer juristischen Person des öffentlichen Rechts eine Bilanz erstellt, so fällt diese in den Geltungsbereich des § 5b EStG.

---

[17] Gewinnermittlung nach § 5a EStG.

[18] Nach § 4 Abs. 1 EStG.

[19] Gem. § 5a Abs. 4 EStG.

[20] BMF vom 28.09.2011: Elektronische Übermittlung von Bilanzen sowie Gewinn- und Verlustrechnungen; Anwendungsschreiben zur Veröffentlichung der Taxonomie, Tz. 4.

[21] Nach § 4 Abs. 1, § 5 oder § 5a EStG.

[22] BMF-Schreiben vom 16.05.2011, BStBl I 2011, S. 530.

[23] BMF vom 28.09.2011: Elektronische Übermittlung von Bilanzen sowie Gewinn- und Verlustrechnungen; Anwendungsschreiben zur Veröffentlichung der Taxonomie, Tz. 3.

[24] Nach § 4 Abs. 1, § 5 oder § 5a EStG.

[25] BMF vom 28.09.2011: Elektronische Übermittlung von Bilanzen sowie Gewinn- und Verlustrechnungen; Anwendungsschreiben zur Veröffentlichung der Taxonomie, Tz. 5.

[26] Gem. § 51 ff. AO.

▶ Härtefallregelung:[27] In Abhängigkeit von Größenklasse oder Rechtsform sind vom Gesetzgeber grundsätzlich keine Erleichterungen vorgesehen. Ob die Härtefallregelung[28] zur Anwendung kommt, ist im Einzelfall zu entscheiden.

Für die Inanspruchnahme der Härtefallregelung ist zunächst ein schriftlicher Antrag des Steuerpflichtigen nötig. In der Anfangsphase[29] wird auch ein konkludenter Antrag, alleine durch Abgabe der Daten in Papierform, akzeptiert. Es soll auch nur bei begründeten Zweifeln am Vorliegen eines Härtefalls seitens des Finanzamtes weiter nachgeforscht werden.

Nach der Anfangsphase sind Härtefallanträge ausschließlich schriftlich einzureichen und ausreichend zu begründen. Von Härtefällen geht die Finanzverwaltung üblicherweise aus, wenn:

- nicht die erforderliche technische Ausstattung vorliegt und die Anschaffung für den Steuerpflichtigen nur mit erheblichem finanziellen Aufwand verbunden wäre und/oder

- der Steuerpflichtige nach seinen fachlichen Kenntnissen und Fähigkeiten nur bedingt oder gar nicht in der Lage ist, eine korrekte Datenfernübertragung durchzuführen.

Bei einer positiven Entscheidung kommt es jedoch nur vorläufig zur Befreiung von der Pflicht zur elektronischen Übermittlung.

Beachte

▶ Zwangsgeld gem. §§ 328 ff. AO (BMF-Schreiben vom 19. 01. 2010)

▶ Bei Buchführung im Ausland – kann nur bewilligt werden wenn „Besteuerung nicht beeinträchtigt wird" (§146 2a Satz 4 AO)

- Rückverlagerung

- Verzögerungsgeld (§146 2b AO)

- Erwägung der Umformulierung zur Anwendbarkeit auf E-Bilanz ohne Auslandssachverhalt

---

[27] Gem. § 150 Abs. 8 AO.

[28] § 5b Abs. 2 EStG i. V. m. § 150 Abs. 8 AO.

[29] Dieser Begriff wurde von der Finanzverwaltung in den FAQ verwendet. Da er nicht genauer bestimmt ist, ist noch offen, wie lange diese „Anfangsphase" andauert.

VII. Sachlicher Anwendungsbereich

Nach § 5b Abs. 1 müssen der Inhalt der Bilanz[30] und die Gewinn- und Verlustrechnung elektronisch an das Finanzamt übermittelt werden. Nach enger Auslegung der gesetzlichen Vorschrift umfasst dies nur die jährlichen **Schlussbilanzen und Eröffnungsbilanzen**. Dabei kann entweder die Handelsbilanz mit einer Überleitungsrechnung[31] oder eine eigenständige Steuerbilanz übermittelt werden.

Strittig ist eine weite Auslegung des Gesetzes. Danach sollen **ergänzende Unterlagen bei den Unternehmenssteuern** und folgende Bilanzen übermittelt werden:[32, 33]

▶ Liquidationsbilanz

▶ Umwandlungssteuerbilanz

▶ Übergangsbilanzen bei Änderung der Gewinnermittlungsart

▶ Ergänzungs- und Sonderbilanzen

▶ Zwischenbilanzen zum Zeitpunkt eines Gesellschafterwechsels

Sachlicher Anwendungsbereich – Was?

▶ Pflichtbestandteile per Gesetz

- Steuerbilanz, alternativ Handelsbilanz plus steuerliche Überleitungsrechnung

- (handelsrechtliche) Gewinn- und Verlustrechnung

---

[30] § 4 Abs. 1; § 5 oder § 5a EStG.

[31] § 60 Abs. 2 EStDV.

[32] BR-Drucks. 16/10188, S. 13; BMF vom 28. 09. 2011: Elektronische Übermittlung von Bilanzen sowie Gewinn- und Verlustrechnungen; Anwendungsschreiben zur Veröffentlichung der Taxonomie, Anlage zu Rn. 11: Ausgestaltung der Taxonomie.

[33] BMF vom 28. 09. 2011: Elektronische Übermittlung von Bilanzen sowie Gewinn- und Verlustrechnungen; Anwendungsschreiben zur Veröffentlichung der Taxonomie, Tz. 1: „Auch die anlässlich einer Betriebsveräußerung, Betriebsaufgabe, Änderung der Gewinnermittlungsart oder in Umwandlungsfällen aufzustellende Bilanz ist durch Datenfernübertragung zu übermitteln. Zwischenbilanzen, die auf den Zeitpunkt eines Gesellschafterwechsels aufgestellt werden, sind als Sonderform einer Schlussbilanz ebenso wie Liquidationsbilanzen nach § 11 KStG durch Datenfernübertragung zu übermitteln".

- ▶ Zusätzliche Pflichtteile gem. BMF
  - Stammdaten zum Unternehmen/Dokument/Bericht (GCD-Modul)
  - Ergebnisverwendung (bei Ausweis Bilanzgewinn)
  - Steuerliche Gewinnermittlung (Personengesellschaften)
  - Kapitalkontenentwicklung (Personengesellschaften)
- ▶ Freiwillige Berichtsteile
  - Anhang
  - Anlagespiegel
  - Kapitalflussrechnung

VIII. Zeitlicher Anwendungsbereich

1. Erstmaliger Übermittlungszeitpunkt

Die **erstmalige** verpflichtende elektronische Übermittlung gem. § 5b EStG wurde verschoben:[34]

E-Bilanz: Zeitliche Verschiebung der Einführung

▶ Nach § 52 Abs. 15a EStG besteht die Verpflichtung nach § 5b EStG erstmals für Wirtschaftsjahre, die nach dem 31. 12. 2010 beginnen.

▶ Mit der Anwendungszeitpunktverschiebungsverordnung (AnwZpvV) vom 20. 12. 2010 wurde die erstmalige Verpflichtung auf Wirtschaftsjahre, die nach dem 31. 12. 2011 beginnen, verschoben.

Zielsetzung der AnwZpvV:

- Herstellung der technischen und organisatorischen Voraussetzungen.
- Überprüfung des Datenumfangs im Rahmen einer Pilotphase.

---

[34] Zeitliche Anwendung gem. § 52 Abs. 15a EStG i. V. m. § I AnwZpvV: Verordnung zur Festlegung eines späteren Anwendungszeitpunktes der Verpflichtungen nach § 5b des Einkommensteuergesetzes (Anwendungszeitpunktverschiebungsverordnung).

▶ BMF-Schreiben vom 28. 09. 2011: Allgemeine Nichtbeanstandungsregel bei Einreichung von Bilanz und GuV für 2012 in Papierform.

Dies bedeutet:

- E-Bilanzen können erstmals für Wirtschaftsjahre übermittelt werden, die **nach dem 31. 12. 2011** beginnen.
- E-Bilanzen müssen erstmals für Wirtschaftsjahre übermittelt werden, die **nach dem 31. 12. 2012** beginnen.

▶ Folge: In der Regel elektronische Übermittlung der E-Bilanz für 2013 in 2014.

Somit ist die erste verpflichtende elektronische Übermittlung im Kalenderjahr 2014 für das Jahr 2013 vorzunehmen. Im Kalenderjahr 2013 kann für das Jahr 2012 eine elektronische Übermittlung erfolgen. Um einen „Nachbearbeitungsaufwand" für die Jahresabschlüsse 2013 zu vermeiden, müssen ab Anfang Januar 2013 entsprechende Vorkehrungen getroffen sein.

▶ Ursprünglich erstmalig für WJ 2011 geplant

▶ Einführung um 1 Jahr verschoben, weil organisatorische / technische Voraussetzungen für Umsetzung nicht ausreichend (**Anwendungszeitpunktverschiebungsverordnung – AnwZpvV** vom 17. 12. 2010 i. V. m. § 51a Abs. 4 Nr. 1b EStG)

▶ Verschiebung um ein weiteres Jahr bei Inanspruchnahme der **Nichtbeanstandungsregelung** (Entwurf zum Anwendungsschreiben vom 1. 7. 2011 → Bislang noch keine endgültige Version dieses BMF-Schreibens)

→ E-Bilanz erstmals für Wj 2013 in 2014 bei WJ = KJ

→ Papierform bedeutet „wie bisher" also auch ohne Gliederung gemäß Taxonomie

2. Zukünftige Übermittlungszeitpunkte

Die **weiteren Anwendungszeitpunkte** ergeben sich wie folgt:

BMF-Schreiben vom 28. 09. 2011 – weitere Erleichterungen der zeitlichen Umsetzung

▶ Wirtschaftsjahr 2015[35] (d. h. Übermittlung Anfang 2016):
E-Bilanz erstmals verpflichtend bei

---

[35] Wirtschaftsjahre, die nach dem 31. 12. des Vorjahres beginnen.

- Unternehmen mit ausländischen Betriebsstätten bzw. inländischen Betriebsstätten ausländischer Unternehmen
- Steuerbefreiten Körperschaften
- Juristischen Personen des öffentlichen Rechts mit Betrieben gewerblicher Art

▶ Wirtschaftsjahr 2015[36] (d. h. Übermittlung Anfang 2016):
E-Bilanz erstmals mit folgenden Berichtsteilen

- Kapitalkontenentwicklung für Personenhandelsgesellschaften und andere Mitunternehmerschaften
- Sonder- und Ergänzungsbilanzen bei Personenhandelsgesellschaften und anderen Mitunternehmerschaften

IX. Was ist eine Taxonomie?

Die Taxonomie definiert als „Datenschema" die Struktur und den Umfang der zu übermittelnden Daten. Insofern wird die Beziehung der einzelnen Datenfelder zueinander, insbesondere die rechnerische Verknüpfung, festgelegt. Jede Position wird einer Oberposition zugeordnet. Die gesamte Klassifikation kann daher mit Hilfe einer **Baumstruktur** abgebildet werden. Mit einer zunehmenden Verzweigung der Taxonomie wird das darin hinterlegte Wissen immer spezifischer. Die Verästelungen ergeben sich aus den einzelnen Posten von Bilanz und GuV.

Durch die Taxonomie werden Felder definiert, in die die Werte zur Berichterstattung „eingetragen" („gefüllt") werden. Taxonomiepositionen werden zusätzlich mit bestimmten Eigenschaften belegt. Die Finanzverwaltung beschreibt die Taxonomie wie folgt:[37]

BMF vom 28. 09. 2011, Rn. 9:
„Eine Taxonomie ist ein Datenschema für Jahresabschlussdaten. Durch die Taxonomie werden die verschiedenartigen Positionen definiert, aus denen z. B. eine Bilanz oder eine Gewinn- und Verlustrechnung bestehen kann (also etwa die Firma des Kaufmanns oder die einzelnen Positionen von Bilanz und Gewinn- und Verlustrech-

---

[36] Wirtschaftsjahre, die nach dem 31. 12. des Vorjahres beginnen.
[37] BMF vom 28. 09. 2011: Elektronische Übermittlung von Bilanzen sowie Gewinn- und Verlustrechnungen; Anwendungsschreiben zur Veröffentlichung der Taxonomie; http://www.bundesfinanzministeriurn.de/DE/BMF__Startseite

nung) und entsprechend ihrer Beziehung zueinander geordnet."

1. Kerntaxonomie

Es wurde ein Taxonomie-Schema entwickelt, in dem die unterschiedlichen Reportinganforderungen von Einzelunternehmen, Personengesellschaften und Kapitalgesellschaften berücksichtigt wurden. In der finalen Fassung des BMF-Schreibens wird dieses Schema als sogenannte **Kerntaxonomie** vorgelegt, die für alle Rechtsformen und alle Unternehmensgrößen heranzuziehen ist. Für bestimmte Wirtschaftszweige gelten Besonderheiten.

Taxonomie – Arten und Branchentaxonomien

▶ Kerntaxonomie

▶ Spezialtaxonomien

- **Ersetzen** Kerntaxonomie
- Anwendung: Banken (RechKredV), Versicherungen (RechVersV), Pensionsfonds (RechPensV)

▶ Ergänzungstaxonomien

- **Ergänzende** Kerntaxonomie
- Anwendung: Krankenhäuser (KHBV), Pflegeeinrichtungen (PBV), Land- und Forstwirtschaft (BMELV-Musterabschluss), Verkehrsunternehmen (JAbschl-VUV), Kommunale Eigenbetriebe (EBV o. ä.), Wohnungswirtschaft (JAbschl-WUV)

Die Kerntaxonomie (GAAP-Modul) als Excel-Datei: 4409 Zeilen, 69 Spalten	
Kopfzeilen	4
Bilanz	1.177
Haftungsverhältnisse	39
GuV	1.040
Ergebnisverwendung	105
Kapitalkontenentwicklung für Personengesellschaften	158
Eigenkapital	45
Kapitalflussrechnung	106
Anhang	1.515

Lagebericht	53
Steuerliche Modifikationen	21
Andere Berichtsbestandteile	11
Detailinformationen zu Positionen	5
Berichtigungen	15
Steuerliche Gewinnermittlung	115
Summe	**4.409**

Finanzverwaltung definiert in der Kerntaxonomie **Pflichtfelder**, die für jeden Jahresabschluss übertragen werden müssen:

▶ Mussfelder

▶ Mussfelder, Kontennachweis erwünscht

▶ Summenmussfelder

▶ Rechnerisch notwendig, soweit vorhanden

Sofern die Konten der Buchführung (noch) nicht die Differenzierung der geforderten Mindestpositionen hergeben, kann an zahlreichen Stellen eine Überleitung auf sogenannte „**Auffangpositionen**" erfolgen.

2. Feldeigenschaften

E-Bilanz: Amtlich vorgeschriebener Datensatz

▶ Mussfeld

▶ Mussfeld, Kontennachweis erwünscht

▶ Summenmussfeld

▶ Rechnerisch notwendig, soweit vorhanden

▶ Auffangposition

> Summenfelder => zwingend übermitteln

- Letzlich keine eigenständige Bedeutung, da folgende Plausibilität erfüllt werden muss und ebenfalls bei der Übermittlung geprüft wird:
Werthaltige Übermittlung einer <u>unteren Position</u> verlangt auch werthaltige Übermittlung aller übergeordneten Positionen.

$$\downarrow$$
$$\Sigma$$

2.1 Mussfeld

Als „Mussfelder" gekennzeichnete Positionen sind zwingend zu befüllen und zu übermitteln. Kann ein Mussfeld nicht mit Daten aus der Buchführung befüllt werden, so ist ein sogenannter NIL-Wert (Not-in-List) einzutragen und zu übermitteln.

2.2 Mussfeld, Kontennachweis erwünscht

Für Mussfelder, für die ein Kontennachweis gewünscht ist, gelten dieselben Vorgaben, wie für normale Mussfelder. Allerdings wird hier seitens der Finanzverwaltung ein Kontennachweis unter Angabe von Kontonummer, Kontobezeichnung und Saldo zum Abschlussstichtag gewünscht. Dieser Kontennachweis ist freiwillig. Unterbleibt die Übermittlung, kann er jedoch jederzeit von der Finanzverwaltung nachgefordert werden.

2.3 Summenmussfeld

Summenmussfelder müssen zwingend übermittelt werden. Sie sind rechnerisch mit ihren Unterpositionen verknüpft und müssen sich aus ihnen ergeben. Wichtig ist hierbei, dass Summenmussfelder nicht direkt angesprochen, sondern nur über Unterpositionen gefüllt werden können.

2.4 Rechnerisch notwendig, soweit vorhanden

Die übermittelten Datensätze müssen den im Datenschema hinterlegten Rechenregeln genügen. Aus diesem Grunde werden Positionen, die auf der gleichen Ebene wie rechnerisch verknüpfte Mussfelder stehen, als „Rechnerisch notwendig, soweit vorhanden" gekennzeichnet. Diese Positionen sind dann zwingend mit Werten zu übermitteln, wenn ohne diese Übermittlung die Summe der Positionen auf der gleichen Ebene nicht dem Wert der Oberposition entspricht, mit denen diese Positionen rechnerisch verknüpft sind. Oberpositionen, die über rechnerisch verknüpften Mussfeldern stehen, sind als Summenmussfelder gekennzeichnet. Werden z. B. im Datenschema rechnerisch in eine Oberposition verknüpfte Positionen übermittelt, so ist auch die zugehörige Oberposition mit zu übermitteln.[38]

Rechnerisch notwendige Positionen:

- ▶ Alle Positionen innerhalb einer Datenstruktur, auf deren Ebene sich ein Mussfeld befindet

- ▶ Positionen müssen werthaltig übermittelt werden, wenn sonst rechnerische Richtigkeit nicht erfüllt ist

- ▶ Rechnerische Richtigkeit wird bei Übermittlung geprüft; unrichtige Datensätze werden zurückgewiesen.

2.5 Auffangposition

Auffangpositionen sind daran erkennbar, dass der beschreibende Text der Position „nicht zuordenbar" enthält. Auffangpositionen sollen Eingriffe in das Buchungsverhalten der Steuerpflichtigen vermeiden und eine Ausweichmöglichkeit bieten, wenn eine Differenzierung der Werte zur Befüllung der Mussfelder nicht möglich ist.

Ein Steuerpflichtiger, der eine durch Mussfelder vorgegebene Differenzierung für einen bestimmten Sachverhalt nicht aus der Buchführung ableiten kann, kann zur Sicherstellung der rechnerischen Richtigkeit für die Übermittlung der Daten alternativ die Auffangpositionen nutzen.[39]

Der BMF spricht hier von einer durch Mussfelder vorgegebenen Differenzierung für einen Sachverhalt, die aus der Buchführung nicht ableitbar ist. Es ist hier der Begriff „ableitbar," weiter zu präzisieren. Nach Auffassung des BMF ist „ein Wert [...] grund-

---

[38] BMF vom 28. 09. 2011: Elektronische Übermittlung von Bilanzen sowie Gewinn- und Verlustrechnungen; Anwendungsschreiben zur Veröffentlichung der Taxonomie; Tz. 14; http://www.bundesfinanzministeri-uni.de/DE/BMF__Startseite

[39] BMF vom 28. 09. 2011: Elektronische Übermittlung von Bilanzen sowie Gewinn- und Verlustrechnungen; Anwendungsschreiben zur Veröffentlichung der Taxonomie, Tz. 19.

sätzlich aus der Buchführung ableitbar, wenn er sich aus den Buchführungsunterlagen im Sinne des § 140 AO ergibt".[40]

Auffangpositionen

▶ Erkennbar durch Formulierung „nicht zuordenbar" im Bezeichner

▶ BMF-Schreiben:

„Ein Steuerpflichtiger, der eine durch Mussfelder vorgegebene Differenzierung für einen bestimmten Sachverhalt nicht aus der Buchhaltung ableiten kann, kann zur Sicherstellung der rechnerischen Richtigkeit für die Übermittlung diese Auffangpositionen nutzen."   ↓

BMF: „Ein Wert ist aus der Buchführung ableitbar, wenn er sich aus den Buchführungsunterlagen i. S. d. § 140 AO ergibt."

▶ Durch die dauerhafte Nutzung der Auffangpositionen kann bei der E-Bilanz die nahezu identische Gliederung der Handelsbilanz erreicht werden.

▶ Zu bedenken hierbei ist:

- Auffangpositionen bleiben zwar dauerhaft bestehen, aber
- unterliegen wie alle anderen Taxonomiepositionen der jährlichen Überprüfung durch die Finanzverwaltung
- Nutzung von Auffangpositionen in erweitertem Umfang kann das Nachfragerisiko seitens der Finanzverwaltung erhöhen

Gemäß Pressemitteilung BMF Mai 2012 und FAQ-Papier Finanzverwaltung Juni 2012.

Positionen sind **nicht** zu verwechseln mit solchen, deren beschreibender Text „übrige" oder „**sonstige**" enthält. Bei diesen Positionen ist eine tatsächliche Zuordnung zu anderen Positionen nicht möglich, weil die damit in Zusammenhang stehenden Sachverhalte die Kriterien anderer Positionen nicht erfüllen.

Dauerhafte Auffangpositionen, Pressemitteilung BMF vom 20. 05. 2012

Positiv anzumerken ist, dass Auffangpositionen – nicht wie geplant nur für die Dauer von fünf bis sechs Jahren, sondern – dauerhaft eingeführt werden. Das geht aus einer

---

[40] BMF vom 28. 09. 2011: Elektronische Übermittlung von Bilanzen sowie Gewinn- und Verlustrechnungen; Anwendungsschreiben zur Veröffentlichung der Taxonomie; Tz. 19.

Pressemitteilung des BMF hervor. Dabei wird besonders hervorgehoben, dass nur die im Hauptbuch enthaltenen Bilanzposten elektronisch übermittelt werden müssen.

▶ Im Weiteren wurden zu den Auffangpositionen die folgenden Punkte festgelegt: Lässt sich ein Mussfeld nicht mit Werten füllen – etwa mangels entsprechenden Buchungskontos oder Ableitung aus der individuellen Buchführung – wird die entsprechende Position leer übermittelt.

▶ Auffangpositionen können dann genutzt werden, wenn für einen Sachverhalt eine durch Mussfelder vorgegebene Differenzierung nicht aus der Buchführung abgeleitet werden kann. Diese Vorgehensweise verhindert den Eingriff ins Buchführungswesen des Unternehmens.

▶ Insbesondere für mittelständische Unternehmen wird auf der Webseite von ELSTER eine kleine Datenbank mit am Markt verfügbarer Steuersoftware mit ELSTER-Schnittstelle vorgehalten.

2.6 Überleitungsrechnung

▶ Bei Übermittlung einer Handelsbilanz sind im Rahmen der Überleitung alle Ebenen überzuleiten, nicht nur die untersten Positionen

▶ Die Taxonomie sieht vor, dass erfolgswirksame Auswirkungen aus der Überleitungsrechnung den GuV-Positionen zugeordnet werden (Auffangposition: Sammelposten für Gewinnänderungen aus der Überleitungsrechnung)

▶ Interne Errechnung von Steuerbilanz und steuerlicher GuV aus handelsrechtlichen Ausgangswerten sowie Deltawerten aus Überleitungsrechnung

Inhalte Überleitungsrechnung laut Taxonomie

▶ Art der Überleitung: Änderung Wertansätze

▶ Name des Passivpostens (laut Taxonomie): Drohverl.RSt

▶ Wertänderung aus dem aktuellen Wirtschaftsjahr: 5

▶ Wertänderung aus Vorperioden: 0

▶ Name des GuV-Postens (laut Taxonomie) mit erfolgswirksamen Abweichungen: sonstiger betriebl. Ertrag

▶ Wertänderung aus dem aktuellen Wirtschaftsjahr: 5

2.7 Unzulässige Positionen

Die Bezeichnung der unzulässigen Positionen bzw. Elemente im GAAP-Modul lautet

▶ „für handelsrechtlichen Einzelabschluss unzulässig" oder

▶ „steuerlich unzulässig".

Die erste Position darf in einem der Finanzverwaltung einzureichenden Jahresabschluss nicht enthalten sein, d. h. sie darf weder in einer Handelsbilanz noch in einer Steuerbilanz verwendet werden.

Die als „steuerlich unzulässig" gekennzeichneten Positionen dürfen in der Handelsbilanz, jedoch nicht in der Steuerbilanz enthalten sein und sind in der Überleitungsrechnung zwingend aufzulösen.

Beispiele hierfür sind die Positionen „Aktive latente Steuern", „Passive latente Steuern" und „Selbst geschaffene gewerbliche Schutzrechte und ähnliche Rechte und Werte".

3. Übermittlungsstandard XBRL

Zur Umsetzung der Übermittlung der Jahresabschlüsse wird der weit verbreitete Standard **XBRL (eXtensible Business Reporting Language)** verwendet.[41]

XBRL als technische Grundlage

Technischer Übermittlungsstandard: XBRL (eXtensible Business Reporting Language)

▶ Vorteile von XBRL:

- Vermeidung eines von der Verwaltung einseitig vorgegebenen Standards
- XBRL ist frei verfügbare elektronische Sprache für das „Financial Reporting"

▶ Weitere Informationen: www.xbrl.de

Nutzung von XBRL in Deutschland (Auswahl)

▶ Bundesanzeiger: seit 2007 „Elektronischer Bundesanzeiger" mit XBRL-Annahme

▶ Bundesbank: Jahresabschlusspool mit XBRL-Annahme

▶ DATEV: seit einigen Jahren Erstellung von XBRL-Reports „auf Mausklick" für über zwei Millionen Mandanten

---

[41] BMF vom 19. 01. 2010, Rn. 8.

▶ Deutsche Bank: geplante Nutzung von XBRL bei der automatisierten Verarbeitung der Kreditwürdigkeitsprüfung

Nutzung von XBRL International (Auswahl)

▶ Staatliche Stellen und/oder öffentliche Organisationen

- US-Börsenaufsicht SEC
- Spanien: Finanzministerium übernimmt XBRL als Standard für die gesamte öffentliche Administration

▶ Börsen in Japan, Australien, Korea

▶ Banken in USA, Japan

▶ Finanzbehörden in Großbritannien, Japan, den Niederlanden, Australien

▶ Förderung durch die EU

Wesentliches Merkmal von XBRL ist (im Vergleich z. B. mit Daten im PDF-, Microsoft Word-, oder Microsoft Excel-Format], dass die Unternehmensdaten elektronisch verwertet und für die weitere Bearbeitung genutzt werden können. In diesem Format werden den Daten sogenannte „Tags" verliehen. „Tags" sind eine Art Etikett, das genau bestimmt, wo die Daten „örtlich" stehen.

Beispiel

Der Wert der Vorräte zum 31. 12. 2010 beträgt 209.343 €. Diese Angabe hat den „Tag" „<t:bs.ass.currAss.inventory contextRef=„31DEC2010" ...> 20934300"

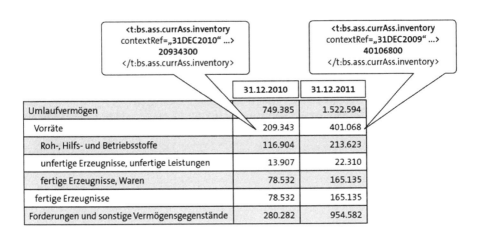

"Tags" umfassen folgende Informationen:

Bezeichnung in Tag	Englische Bedeutung	Deutsche Übersetzung
t:	Taxonomy	Taxonomie
bs.	Balance sheet	Bilanz
ass.	Assets	Vermögen
currAss.	Cuirent Assets	Umlaufvermögen
inventory.	Inventory	Vorräte
contextRef	Context reference	Bezug auf
„31DEC2010"	December 3 lst 2010	31. Dezember 2010
20934300	209.343 € (Saldo)	209.343 € (Saldo)

Einem großen Kreis von Anwendern ist XBRL bereits aus der Einreichung von Jahresabschlüssen für Offenlegungszwecke beim elektronischen Bundesanzeiger bekannt.

Der zukünftige Prozess mit DATEV

▶ Finanzbuchführung/Jahresabschluss

1. (organisatorische) Vorbereitung und Berücksichtigung der E-Bilanz-Pflichtfelder (inkl. der neuen Konten) bzgl. des unterjährigen Buchungsverhaltens (Kontierungsrichtlinien, Vorsysteme, ...); relevant zum 01. 01. 2012

2. Einrichtung eines „Zwei-Kreis-Systems" (IFRS: gegebenenfalls drei) schon unterjährig zum 01. 01. 2012 (Empfehlung!) oder zum Abschluss; eine Differen-

zierung der Pflichtfelder inkl. Dokumentation erst in der Überleitungsrechnung ist zwar möglich, aber eher problematisch

▶ E-Bilanz-Assistent

3. Erstellung der E-Bilanz auf Basis der Handelsbilanz mit Überleitungsrechnung oder der Steuerbilanz (neue „E-Bilanz-ZOT") in DATEV

4. Plausibilitätsprüfungen in DATEV

5. „Vorschau der E-Bilanz" über eine eigene Auswertung in DATEV

6. Übertragung des Datensatzes über das DATEV-Rechenzentrum an die Finanzverwaltung

7. Statusmeldung der Finanzverwaltung (Eingangsbestätigung, ...)

4. Mapping

Um aus den Datensätzen der Buchführung eine ordnungsgemäße E-Bilanz erstellen zu können, müssen die Konten den einzelnen Taxonomiepositionen zugeordnet werden. Diesen Vorgang nennt man Mapping.

Können ein oder mehrere Konten eindeutig einer Taxonomieposition zugeordnet werden, so ist das Mapping unproblematisch. Von DATEV wurde bereits eine Zuordnungstabelle hinterlegt: → **„Kontenzuweisung SKR 03/SKR 04 auf E-Bilanz-Taxonomie"**.[42]

Problematisch ist das Mapping, wenn mehrere Geschäftsvorfälle auf einem Konto gebucht wurden, aber die Geschäftsvorfälle verschiedenen Taxonomiepositionen zuzuordnen sind.[43]

Falls eine Auffangposition für Mussfelder = ein Konto/verschiedene Mussfelder gefüllt wird, ist das Mapping wieder unproblematisch.

---

[42] Schnellberechnung: Kontenzuweisung SKR 03/SKR 04 auf E-Bilanz-Taxonomie; Dok.-Nr.: 1021885; http://www.datev.de/inus2/inus?handler=doc&type=0&docnr=1021885&outfmt=view&acc==l

[43] Herrfurth: Die Umsetzung der Anforderungen zur F-Bilanz nach § 5b EStG, StuB 2011, S. 563 ff.; Herzig, Briesemeister, Schäperclaus: E-Bilanz und Steuer-Taxonomie – Entwurf des BMF-Schreibens vom 31. 08. 2010, DB 2010, Beilage 5.

5. Praxisfälle Mapping

5.1 Sachanlagevermögen

Berichtsbestandteil	Ebene	Bezeichnung	Anforderung
Bilanz	4	Sachanlagen	Summenmussfeld
Bilanz	5	Grundstücke, grundstücksgleiche Rechte und Bauten einschließlich der Bauten auf fremden Grundstücken	Summenmussfeld
Bilanz	6	unbebaute Grundstücke	Mussfeld, Kontennachweis erwünscht
Bilanz	6	grundstücksgleiche Rechte ohne Bauten	Mussfeld, Kontennachweis erwünscht
Bilanz	6	Bauten auf eigenen Grundstücken und grundstücksgleichen Rechten	Mussfeld, Kontennachweis erwünscht
Bilanz	7	Bauten auf eigenen Grundstücken und grundstücksgleichen Rechten, davon Grund und Boden-Anteil	Mussfeld
Bilanz	6	Bauten auf fremden Grundstücken	Mussfeld, Kontennachweis erwünscht
Bilanz	6	übrige Grundstücke, nicht zuordenbar	rechnerisch notwendig, soweit vorhanden

Beispiel

Ein Unternehmen hat in seinem Sachanlagevermögen folgende Positionen auf dem Konto 0200 (SKR 04) bzw. 0050 (SKR 03) erfasst:

Anlagegut			SKR 04	SKR 03
Unbebautes Grundstück		50.000	0200	0050
Fabrikhalle	Anteil Gebäude	550.000	0200	0050
	Anteil Grundstück	320.000	0200	0050
Bürogebäude	Anteil Gebäude	400.000	0200	0050
	Anteil Grundstück	140.000	0200	0050
Hof- und Wegbefestigung		40.000	0200	0050
Summe		1.500.000		

IX. Was ist eine Taxonomie?

Zuerst müssen die alten Konten den neuen Taxonomiepositionen zugeordnet werden. Die Buchwerte der Fabrikhalle und des Bürogebäudes werden einschließlich der Grund- und Bodenanteile komplett in der Taxonomieposition „**Bauten auf eigenen Grundstücken und grundstücksgleichen Rechten**" abgebildet. Dennoch müssen die Grund- und Bodenanteile für die E-Bilanz erfasst werden. Eine differenzierte Buchung ist unabdingbar.

Danach müssen Umbuchungen vorgenommen werden, um die Positionen korrekt zu füllen. Gebäudeanteile müssen auf „**Gebäudekonten**" und Grundstücksanteile auf „**Grundstückskonten**" gebucht werden. Die Hof- und Wegebefestigung kann ebenfalls einem passenden Konto zugeordnet werden und fällt somit auch in die Position „**Bauten auf eigenen Grundstücken und grundstücksgleichen Rechten**". Das unbebaute Grundstück muss ebenfalls, soweit es aus der Buchführung als solches erkennbar ist, der Position „**Unbebaute Grundstücke**" zugeordnet werden. Andernfalls fällt es in die Auffangposition „**Übrige Grundstücke**, nicht zuordenbar".

Es sind folgende Umbuchungen vorzunehmen:

Soll	Haben	Gegen-konto SKR 04	Gegen-konto SKR 03	Datum	Konto SKR 04	Konto SKR 03	Position
	50.000	0215	0065	01.01.	0200	0050	unbebaut
	550.000	0250	0100	01.01.	0200	0050	Fabrik Geb.
	320.000	0235	0085	01.01.	0200	0050	Fabrik GuB
	400.000	0240	0090	01.01.	0200	0050	Büro Geb.
	140.000	0235	0085	01.01.	0200	0050	Büro GuB
	40.000	0285	0112	01.01.	0200	0050	Wegebefest.

SKR 04	SKR 03	Kontobezeichnung
0200	0050	Grundstücke, grundstücksgleiche Rechte und Bauten einschließlich der Bauten auf fremden Grundstücken
0215	0065	Unbebaute Grundstücke
0235	0085	Grundstückswerte eigener bebauter Grundstücke
0240	0090	Geschäftsbauten
0250	0100	Fabrikbauten
0285	0112	Hof- und Wegebefestigungen

5.2 Beteiligungen

Berichtsbestandteil	Ebene	Bezeichnung	Anforderung
Bilanz	5	Beteiligungen	Summenmussfeld
Bilanz	6	davon Beteiligungen an assoziierten Unternehmen	
Bilanz	6	davon Anteile an Joint Ventures	
Bilanz	6	Beteiligungen an Personengesellschaften	Mussfeld, Kotennachweis gewünscht
Bilanz	6	Beteiligungen an Kapitalgesellschaften	Mussfeld, Kotennachweis gewünscht
Bilanz	6	stille Beteiligungen	Summenmussfeld
Bilanz	7	typisch stille Beteiligung	Mussfeld, Kotennachweis gewünscht
Bilanz	7	atypisch stille Beteiligung	Mussfeld, Kotennachweis gewünscht
Bilanz	6	Sonstige Beteiligungen, nicht zuordenbar	Rechnerisch notwendig, soweit vorhanden

X. Szenarien für alle Unternehmen

1. Beispiel DATEV

Auf Unternehmen können erhöhte Anforderungen an die Buchführung zukommen. Das erfordert ein steuerliches Fachwissen der Buchführungskräfte. Andernfalls können sich für den Jahresabschluss umfangreiche Umbuchungen ergeben, weil die Buchführung nicht E-Bilanz-taugliche Daten liefert. Für die E-Bilanz-Buchführung wird ein geeignetes „Kontenangebot" benötigt. Beispielsweise wurden von der DATEV im Kontenrahmen SKR 03 und SKR 04 für das Jahr 2012 mehr als 150 neue Konten eingeführt. Für die Unternehmen ergeben sich grundsätzlich folgende Szenarien:

Szenario A

Der Steuerberater erstellt die Buchführung und den Jahresabschluss mit DATEV oder der Mandant bucht mit DATEV.

Szenarien	FIBU	Abschluss	E-Bilanz	Steuern

X. Szenarien für alle Unternehmen

				Handels-bilanz	Steuer-bilanz		
Szenario A	Erstellung mit DATEV-Anwendungen	DATEV	DATEV	DATEV	DATEV	DATEV	

Wenn die Buchführung [vom Mandanten oder Steuerberater] in DATEV „aggregiert" (z. B. nur auf Bilanzposten oder GuV-Ebene) geführt wird, muss geklärt werden, wer die Umstellung auf die E-Bilanz-Positionen vornimmt, falls keine Auffangposition gewählt werden kann. Dies sollte der Steuerberater in einem gesonderten (Auftrags-)Schreiben an den Mandanten regeln.[44]

Bucht der Mandant selbst seine laufenden Geschäftsvorfälle, so ist zwar eine problemfreie Übertragung der Datensätze und Zuordnungen in die Anwendungen des Steuerberaters möglich, aber dennoch sollte der Mandant die Buchführungsunterlagen von seinem Steuerberater prüfen lassen. Hierzu stellt DATEV eine sogenannte „Schnellberechnung" kostenlos zur Verfügung.[45]

Szenario B

Das Unternehmen führt die Buchführung mit einer Fremdsoftware; der Steuerberater erstellt den Jahresabschluss mit DATEV.

Szenarien		FIBU	Abschluss		E-Bilanz	Steuern
			Handels-bilanz	Steuer-bilanz		
Szenario A	Erstellung mit DATEV-Anwendungen	DATEV	DATEV	DATEV	DATEV	DATEV
Szenario B	Finanzbuchführung über Fremdsoftware	Fremd-software	DATEV	DATEV	DATEV	DATEV

---

[44] Verlautbarung der Bundessteuerberaterkammer zu den Grundsätzen für die Erstellung von Jahresabschlüssen vom 12./13. 04. 2010.

[45] Schnellberechnung: Kontenzuweisung SKR 03/SKR 04 auf E-Bilanz-Taxonomie; Dok,-Nr.: 1021885; http://www.datev.de/inus2/inus?handler=doc&type=0&docnr-1021885&out(mt=view<acc=I

Dieser Fall ist ähnlich wie Szenario A (der Mandant bucht selbst). Es ergibt sich ein erhöhter Umstellungsaufwand, da überprüft werden muss, ob der Kontenrahmen der Fremdsoftware die Möglichkeiten zur Abbildung der Taxonomie bietet. Außerdem muss kontrolliert werden, dass die Übergabe der Daten an die taxonomiekonformen Konten erfolgt. Es empfiehlt sich eine unterjährige Überprüfung durch den Steuerberater, um einen Umbuchungsstau bei der Jahresabschlusserstellung zu vermeiden. Hierzu stellt DATEV eine sogenannte „Schnellberechnung" kostenlos zur Verfügung.[46]

Szenario C

Das Unternehmen führt die Buchführung und erstellt den handels- und steuerrechtlichen Jahresabschluss mit einer Fremdsoftware (nicht DATEV). Die E-Bilanz soll vom Steuerberater aufbereitet werden; der Steuerberater erstellt die Steuererklärungen.

Szenarien	FIBU	Abschluss		E-Bilanz	Steuern
		Handelsbilanz	Steuerbilanz		
Szenario A	Erstellung mit DATEV-Anwendungen	DATEV	DATEV	DATEV	DATEV
Szenario B	Finanzbuchführung über Fremdsoftware	Fremdsoftware	DATEV	DATEV	DATEV
Szenario C	Finanzbuchführung und Jahresabschluss über Fremdsoftware	Fremdsoftware	Fremdsoftware	Fremdsoftware	DATEV	DATEV

Dieses Szenario ist eine besondere Herausforderung für den Steuerberater. Für die Erstellung der E-Bilanz muss zuerst die Übergabe von den Fremdsoftware-Daten an das DATEV-System auf Taxonomiekonformität überprüft werden. Danach muss für alle Konten die Zuordnung zu Taxonomiepositionen hergestellt, kontrolliert und gegebenenfalls geändert werden.

---

[46] Schnellberechnung: Kontenzuweisung SKR 03/SKR 04 auf E-Bilanz-Taxonomie; Dok.-Nr.: 1021885; http://www.datev.de/inus2/inus?handler=doc&type=0&docnr=1021885&outfmt=view&acc=l

2. Folgen für die Unternehmen

Konkret ist mit folgenden grundlegenden Anpassungen bzw. Änderungen zu rechnen:[47]

▶ Anpassung der EDV an die Anforderungen der elektronischen Datenübermittlung (DATEV-E-Bilanz-Assistent)

▶ Anpassung der Kontenrahmen an die Anforderungen der vorgegebenen Taxonomie; Schaffung der Voraussetzungen zur Erweiterung der Datenbasis/Datenschnittstelle

▶ Überarbeitung von internen Buchungsvorgaben

▶ Weiterführung der Umstellungen im Rechnungswesen nach BilMoG (Erstellung einer separaten Steuerbilanz bis hin zur separaten Steuerbuchführung)

▶ Anpassung und ggf. Integration von Nebenbuchführungen (Anlagen- und Personalbuchführung]

Die Konsistenz der Daten nach der Umstellung auf die E-Bilanz ist prozessual zu gewährleisten.[48]

Kleinere Unternehmen haben oft ihre Buchführung ausgelagert. Der meiste Umstellungsaufwand für diese Unternehmen ist damit verbunden, die erforderlichen Daten aufzubereiten und bereitzustellen.

Für „Selbstbucher" erhöht sich der Umstellungsaufwand erheblich. Sofern eine standardisierte Softwarelösung (z. B. DATEV Mittelstand classic pro mit Rechnungswesen) verwendet wird, garantiert DATEV, dass eine Aktualisierung des Standardkontenrahmens regelmäßig erfolgt. Das Augenmerk muss hier also nicht nur auf die Aufbereitung der Daten, sondern insbesondere auf die Anpassungen im Buchungsverhalten gerichtet werden. In diesem Fall sollten die Buchführungskräfte frühzeitig auf die Umstellungen durch Schulungen vorbereitet werden.

Änderungen des Verfahrensablaufs ergeben sich jedoch nicht nur aufgrund der „E-Bilanz". Spätestens in den Jahresabschlüssen für 2010 mussten die gesetzlichen Neu-

---

[47] Wittkowski, Knopf: E-Bilanz als aktueäle Herausforderung an das unternehmerische Rechnungswesen, BC 2011, S. 255 ff.; Koch, Nagel, Themanns: Die elektronische Übermittlung von Jahresabschlüssen NWB 2010, S. 3780 ff., Ahhoff/Arnotd/Jansen/Polka/Wetzel: Die neue E-Bilanz, 1. Aufl. 2011, S. 74 ff.

[48] DATEV: GDPdU- Digitale Betriebsprüfung; http://www.datev.de/portal/ShowPage.do?pid=dpi&nid=11698&stat_Mparam=ext_surnkad_2201_3-GDPdU&zanpid=1566809263274595330; Herrfurth: Die Umsetzung der Anforderungen zur E Bilanz nach § Sb EStG, StuB 2011, S. 563 ff.

regelungen des BilMoG berücksichtigt werden. Bereits zu dem Zeitpunkt stellte sich die Frage, ob eine Einheitsbilanz bzw. eine Handelsbilanz mit Überleitungsrechnung noch zweckmäßig ist.

Strategien des Steuerpflichtigen

▶ **Minimalstrategie:** Ausweis Mindestumfang unter weitgehender Nutzung der Auffangpositionen
  - Vorteil: wenig Eingriffe ins Buchungsverhalten, geringer Aufwand
  - Nachteil: Rückfragen von der Finanzverwaltung, Steuerpflichtiger rückt u. U. in den Fokus der Betriebsprüfung (Vermutung)

▶ **Anpassungsstrategie:** Ausweis aller aus der Buchführung ableitbaren Positionen entsprechend der Taxonomie
  - Vorteil: wenig Rückfragen, geringere Wahrscheinlichkeit zur BP (Vermutung)
  - Nachteil: Eingriffe in das Buchungsverhalten, Aufwand durch Anpassungen in den Systemen des betrieblichen Rechnungswesens

3. Folgen (Vorteile) für die Finanzverwaltung

Im Hinblick auf zukünftige Betriebsprüfungen werden Änderungen der Betriebsprüfungstechnik auf die Unternehmen zukommen. Die durch die E-Bilanz standardisierten Daten können leicht von der Finanzverwaltung aufbereitet und verarbeitet werden. Der Finanzverwaltung wurden bisher die relevanten steuerlichen Daten in verschiedener Form (Papier oder elektronisch) und auf unterschiedlichen Wegen (Steuererklärung im ELSTER-Verfahren, Datenbereitstellung bzw. -zugriff nach den GDPdU)[49] bereitgestellt. Die Konsistenz dieser Daten nach der Umstellung auf die E-Bilanz ist prozessual zu gewährleisten.[50]

Neben einer Kostenersparnis wird sich vor allem für die Finanzverwaltung die Möglichkeit zur Auswertung von Jahresabschlussinformationen erheblich vergrößern. Durch standardisierte Datensätze lassen sich schnell, einfach und ohne größeren Zeitaufwand Auswertungen erstellen.

---

[49] Gem. § 147 Abs. 6 AO.

[50] DATEV: GDPdU- Digitale Betriebsprüfung; http://www.datev.de/portal/ShowPage.do?pid=dpi&nid=11698&stat_Mparam=ext_sumkad_2201_3-GDPdU&zanpid=1566809263274595330; Herrfurth: Die Umsetzung der Anforderungen zur E Bilanz nach § 5b EStG, StuB 2011, S. 563 ff.

X. Szenarien für alle Unternehmen

Vorstellbar sind beispielsweise:

▶ Analyse von Bilanzkennzahlen

▶ Zeitreihenvergleiche

▶ externe Betriebsvergleiche dieser Auswertungen

Betroffen werden insbesondere kleine und mittelgroße Unternehmen. Statistisch werden im Schnitt mittlere Betriebe alle 13,7 Jahre, kleine Betriebe alle 26,2 Jahre und Kleinstbetriebe nur alle 91,9 Jahre geprüft.

Durch die einheitlichen Datensätze der Bilanz, GuV und **ergänzender Unterlagen bei den Unternehmensteuern**[51] können Unternehmen mit auffälligen Kennzahlen ausgewählt werden, um gezielt und zeitnah eine Betriebsprüfung anzuordnen.

---

[51] BR-Drucks. 16/10188, S. 13; BMF vom 28. 9. 2011: Elektronische Übermittlung von Bilanzen sowie Gewinn- und Verlustrechnungen; Anwendungsschreiben zur Veröffentlichung der Taxonomie, Anlage zu Rn. 11: Ausgestaltung der Taxonomie.

Zivilrechtliches Eigentum contra steuerliche Zurechnung im Lichte des BFH-Urteils vom 21. 10. 2012 – IX R 51/10

Prof. Dr. Dorothee Endriss und Dr. Axel Endriss

I. Einführung

Die schenkungsweise Übertragung von Gesellschaftsanteilen unter Vorbehalt des Nießbrauches stellt eine häufige Ausgestaltung der vorweggenommenen Erbfolge an Unternehmensbeteiligungen dar. Die Frage, wann das wirtschaftliche Eigentum an den Gesellschaftsanteilen gem. § 39 Abs. 2 Nr. 1 AO auf den Erwerber übergeht, hat den BFH schon mehrfach auf den Plan gerufen.[1] In seiner insoweit jüngsten Entscheidung vom 24. 1. 2012 hat der IX. Senat des BFH entschieden, dass derjenige, der Gesellschaftsanteile im Rahmen einer vorweggenommenen Erbfolge unter dem Vorbehalt des Nießbrauchs übertragen erhält, diese nicht im Sinne von § 17 Abs. 2 Satz 5 EStG erwirbt, wenn sie weiterhin dem Nießbraucher gem. § 39 Abs. 2 Nr. 1 AO zuzurechnen sind.[2] Der Umstand, dass der Erwerber der Anteile den Nießbraucher aufgrund des Übertragungsvertrages unwiderruflich zur Ausübung des Stimmrechtes in allen Gesellschaftsanteilen bevollmächtigt hatte, bildete einen wesentlichen Eckpfeiler der Entscheidung.

Der folgende Beitrag beleuchtet insbesondere das Postulat des Gerichts dahingehend, ein Nießbraucher sei zivilrechtlich unter bestimmten Voraussetzungen einem Gesellschafter gleichzustellen. Er behalte deshalb das wirtschaftliche Eigentum an den übertragenen Gesellschaftsanteilen, wenn er alle mit der Beteiligung verbundenen wesentlichen Rechte ausüben und im Konfliktfall effektiv durchsetzen könne.[3]

---

[1] Vgl. nur BFH, Urteil vom 17. 2. 2004, VIII R 28/02, BeckRS 2004, 24001728 = BStBl II 2005, S. 46 ff.; BFH, Urteil vom 26. 1. 2011 IX R 7/09 Beck RS 2011, 95033 = BStBl II 2011, S. 540.

[2] Vgl. BFH, Urteil vom 24. 1. 2012, IX R 51/10, BStBl. 2012 II, S. 380 = ZEV 2012, S. 284 ff. m. A. v. Daragan.

[3] BFH, Urteil vom 24. 1. 2012, IX R 51/10, ZEV 2012, S. 284, 285.

II. Sachverhalt

Der Entscheidung liegt folgender Sachverhalt zugrunde:

Der Vater des Klägers schenkte und übertrug dem Kläger im Jahre 2004 aufgrund eines notariellen Übertragungsvertrages drei (weitere) Gesellschaftsanteile. Der Vater behielt sich an den übertragenen Beteiligungen den lebenslänglichen unentgeltlichen Nießbrauch vor. Dem Nießbraucher gebührten danach die während des Nießbrauchs auf die Beteiligungen entfallenden ausgeschütteten Gewinnanteile. Zwar standen die Mitgliedschaftsrechte, insbesondere das Stimmrecht, weiterhin dem Kläger zu, er bevollmächtigte seinen Vater allerdings unwiderruflich zur Ausübung des Stimmrechts in sämtlichen Gesellschaftsangelegenheiten. Gleichzeitig verpflichtete sich der Kläger gegenüber seinem Vater, von seinem eigenen Stimmrecht hinsichtlich der übertragenen Anteile keinen Gebrauch zu machen bzw. (ersatzweise) nach Weisung des Vaters zu stimmen. Nach Vertragsdurchführung betrugen die Anteile des Klägers am Stammkapital der GmbH 99,17 % und der Anteil des Vaters 0,83 %.

Der Kläger und sein Vater verkauften im Jahre 2006 sämtliche Anteile an der GmbH an eine KG. Die Parteien vereinbarten eine aufschiebend bedingte Übertragung bis zur Zahlung des Kaufpreises – nicht vor dem 8. 1. 2007. Der Vater des Klägers verzichtete im Rahmen einer Vereinbarung vom 15. 12. 2006 auf sein Nießbrauchsrecht; als Gegenleistung vereinbarten die Parteien einen Ablösebetrag in Höhe von 1.679.800 €, den die KG für den Kläger unmittelbar auf das Konto des Vaters zahlen sollte.

Der Kläger stritt mit dem Finanzamt um die zutreffende Ermittlung des Veräußerungsgewinns für das Streitjahr 2007, und zwar insbesondere, weil das Finanzamt den vom Kläger an den Vater geleisteten Ablösebetrag nicht als nachträgliche Anschaffungskosten ansah. Es ermittelte einen Veräußerungsgewinn in Höhe von 2.731.073 € und unterwarf diesen in Anwendung des Halbeinkünfteverfahrens zur Hälfte der Besteuerung.

Die Klage des Klägers hatte Erfolg. Die Revision des Finanzamtes führte zur Aufhebung und Zurückverweisung an das Finanzgericht. Der BFH rügte insbesondere, dass das FG es unterlassen habe zu prüfen, ob dem Kläger die Gesellschaftsanteile gem. § 39 Abs. 2 Nr. 1 AO zurechnen seien.

III. Rechtliche Würdigung

Den Ausgangspunkt für die Ermittlung des Veräußerungsgewinnes bildet § 17 Abs. 1 Satz 1 EStG, wonach zu den Einkünften aus Gewerbebetrieb auch der Gewinn aus der Veräußerung von Anteilen an einer Kapitalgesellschaft gehört, wenn der Veräußerer innerhalb der letzten fünf Jahre am Kapital der Gesellschaft unmittelbar oder mittelbar zu mindestens 1 % beteiligt war. Die Veräußerung an die KG stellt sich nach der genannten Vorschrift unproblematisch als einen steuerbaren Vorgang dar; fraglich erscheint allerdings, welche Anschaffungskosten im Rahmen der Ermittlung des Veräußerungsgewinns zugrunde zu legen sind. Insoweit kommen zwei Denkansätze in Betracht:

1. Unentgeltlicher Erwerb der Anteile durch den Kläger im Jahre 2004

Zum einen könnte der Kläger die Gesellschaftsanteile aufgrund des notariellen Übertragungsvertrages im Jahre 2004 unentgeltlich erworben haben; die einkommensteuerrechtlichen Folgen ergäben sich aus § 17 Abs. 2 Satz 5 EStG. Nach der letztgenannten Vorschrift sind im Falle des unentgeltlichen Erwerbs durch Erbfall[4] oder Schenkung[5] die Anschaffungskosten des Rechtsvorgängers maßgeblich, der die Anteile zuletzt erworben hat, und zwar auch, um Fälle mehrerer unentgeltlicher Übertragungen hintereinander einzubeziehen.[6]

Der Kläger könnte mithin im Rahmen der Ermittlung des Veräußerungsgewinnes in zweierlei Hinsicht Anschaffungskosten für den Erwerb der GmbH-Anteile geltend machen: Zunächst begründen die Anschaffungskosten des Vaters als Rechtsvorgänger im Sinne des § 17 Abs. 2 Satz 5 EStG solche des Klägers („Fußstapfentheorie")[7]. Darüber hinaus könnte der Kläger auch die Ablösesumme als nachträgliche Anschaffungskosten ansetzen, welche er an den Vater als Gegenleistung für den Verzicht auf das Nießbrauchrecht geleistet hat.

---

[4] Vgl. Schneider in: Kirchhof/Söhn/Mellinghoff, Kommentar zum EStG, Stand 2012, § 17 Rn. C 190 m. w. N. aus der Rechtspr. des BFH.

[5] Vgl. Schneider in: Kirchhof/Söhn/Mellinghoff, Kommentar zum EStG, Stand 2012, § 17 Rn. C 190 m. w. N. aus der Rechtspr. des BFH.

[6] Vgl. Zimmermann/Zimmermann-Schwier in: Bordewin/Barndt, Kommentar zum EStG, Stand September 2010, § 17 Rn. 318.

[7] Vgl. Plewka/Pott, Die Entwicklung des Steuerrechts, NJW 2012, S. 2560.

2. Entgeltlicher Erwerb der Anteile durch den Kläger im Jahre 2006

Der Kläger könnte die Anteile im Jahre 2006 allerdings auch entgeltlich erworben haben. Die Anteile an der GmbH könnten nämlich bezogen auf den Übertragungsvertrag aus dem Jahre 2004 – auch gem. § 39 Abs. 2 Nr. 1 AO – dem Vater des Klägers als wirtschaftlichen Eigentümer steuerrechtlich zuzurechnen sein. Dann aber hätte der Kläger die GmbH-Anteile wirtschaftlich betrachtet erst im Jahre 2006 erworben, und zwar entgeltlich gegen die Ablösezahlung als Gegenleistung. Folgerichtig müsste das Finanzamt im Rahmen der Ermittlung des Veräußerungsgewinns ausschließlich den Ablösebetrag berücksichtigen, den der Kläger seinem Vater als Gegenleistung für den Verzicht auf das Nießbrauchsrecht gezahlt hat; die historischen Anschaffungskosten des Vaters blieben dagegen unberücksichtigt.[8]

Diese Lösung entspricht der Entscheidung des BFH. Auch der Staat dürfte eine dahingehende Vorgehensweise zu Recht anstreben: Der Vater des Klägers hätte bei einer entgeltlichen (wirtschaftlichen) Übertragung im Jahre 2006 einen steuerpflichtigen Veräußerungsgewinn realisiert, indem er von dem Kläger als Gegenleistung für seinen Verzicht auf das Nießbrauchsrecht die Ablösesumme erhalten hat.[9]

IV. Zivilrechtliches Eigentum contra wirtschaftliche Betrachtungsweise

Die genannten Denkansätze werfen Fragen im Spannungsfeld zwischen dem Rechtsinstitut des zivilrechtlichen Eigentums einerseits und dem Begriff der steuerrechtlichen Zurechnung von Wirtschaftsgütern andererseits auf.

1. Verhältnis Zivilrecht – Steuerrecht allgemein

Zivilrecht und Steuerrecht bilden nebengeordnete, gleichrangige Rechtsgebiete, die denselben Sachverhalt aus einer anderen Perspektive und unter anderen Wertungsgesichtspunkten beurteilen.[10] Insoweit herrscht kein Prioritätsgrundsatz zugunsten des

---

[8] Vgl. auch Plewka/Pott, Die Entwicklung des Steuerrechts, NJW 2012, S. 2558, 2560.

[9] Deshalb hat der BFH dem FG den Rat erteilt, den Vater des Klägers gem. § 174 Abs. 5 AO an dem Verfahren zu beteiligen, BFH, Urteil vom 24.01.2012 - IX R 51/10, BStBl. 2012, S. 540 = ZEV 2012, S. 284, 286. Zustimmend Geck/Messner, ZEV-Report Steuerrecht, S. 254, 257.

[10] Vgl. Urteil des BVerfG vom 27. 12. 1991 - 2 BvR 72/90, BStBl II, 1992, S. 212 = NJW 1992, 1219 ff.

Zivilrechts.[11] Konflikte entstehen indes, wenn es infolge der Unterordnung eines Lebenssachverhaltes unter einen steuerrechtlichen Tatbestand zu einer Abweichung von zivilrechtlichen Vorgaben kommt. Es gilt insoweit zwar eine Vorherigkeit für die Anwendung des Zivilrechts, jedoch kein Vorrang.[12]

2. Zivilrechtlicher Eigentumserwerb

Das zivilrechtliche Eigentum dient dazu, eine bestimmte Sache einer konkreten Person zuzuordnen[13]; es schafft eine dingliche Rechtsbeziehung zwischen dem Eigentümer und der Sache. Diese Zuordnung begründet zum einen eine Sachherrschaft und zum anderen eine Verantwortung der Person für die Sache gegenüber der Rechtsgemeinschaft.[14]

Der Kläger hat die GmbH-Anteile zivilrechtlich durch den notariellen Übertragungsvertrag aus dem Jahre 2004 erworben. Die zivilrechtlichen Fundamente für den rechtsgeschäftlichen Eigentumsübergang bilden bei beweglichen Sachen die Vorschriften der §§ 929 ff. BGB bzw. §§ 873, 925 BGB für Grundstücke. Danach vollzieht sich der Eigentumsübergang allein durch Einigung und Übergabe[15] bzw. durch Einigung und Eintragung des neuen Grundstückseigentümers in das Grundbuch. § 15 Abs. 3 GmbHG verlangt für die Übertragung von Gesellschaftsanteilen deren Abtretung in notarieller Form.

Weder das BGB noch das GmbHG kennen im Hinblick auf den Eigentums- bzw. Anteilserwerb eine Korrektur bzw. eine Abweichung von den gesetzlichen Regelungen, und zwar weder durch die Verkehrsanschauung noch durch eine wirtschaftliche Betrachtungsweise.

---

[11] A. A.: Crezelius, Steuerliche Rechtsanwendung und allgemeine Rechtsordnung, 1983, S. 330 (334): „Führungsrolle des Zivilrechts im Verhältnis zum Steuerrecht".

[12] Vgl. BVerfG Urteil vom 27. 12. 1990 - 2 BvR 72/90, BStBl. 1991, S. 212.

[13] Vgl. Bassenge in: Palandt, Kommentar zum Bürgerlichen Gesetzbuch, 73. Auflage 2013, vor § 854 Rn. 1.

[14] Vgl. Drüen in: Tipke/Kruse, Kommentar zu AO, Stand Juni 2012, § 39 Rn. 12.

[15] Die Parteien können statt der tatsächlichen Übergabe auch ein Übergabesurrogat vereinbaren, etwa im Rahmen einer Sicherungsübereignung gem. § 930 BGB oder gem. § 931 BGB durch Abtretung des Herausgabeanspruches, falls sich ein Dritter – und nicht der Veräußerer – im Besitz der Sache befindet.

3. Die eigenständige wirtschaftliche Betrachtungsweise

Nach der zivilrechtlichen Prüfung schließt sich die Frage an, ob dem Kläger die Anteile auch steuerrechtlich gem. § 39 AO zuzurechnen sind. Diese Vorschrift bringt – ebenso wie §§ 40, 41, 42 AO – die wirtschaftliche Betrachtungsweise zum Ausdruck.[16] Zurechnung im Sinne des Steuerrechts – insbesondere im Sinne des § 39 AO – bedeutet im Unterschied zum Zivilrecht die steuerliche Zuordnung eines Wirtschaftsguts in persönlicher Hinsicht.[17]

4. Regelfall – § 39 Abs. 1 AO – zivilrechtliche Rechtslage maßgeblich

Die Anteile sind dem Kläger als zivilrechtlicher Rechtsinhaber grundsätzlich auch steuerrechtlich zuzurechnen. Das Steuerrecht übernimmt nämlich grundsätzlich die für den Eigentumsübergang geltenden Regeln des Zivilrechts indem es in § 39 Abs. 1 AO bestimmt, dass Wirtschaftsgüter dem Eigentümer zuzurechnen sind.

Eigentümer eines Wirtschaftsgutes im Sinne des § 39 ist der nach Maßgabe des Privatrechts Berechtigte; also entweder der Eigentümer oder der Inhaber eines Gesellschaftsanteils. Die Vorschrift weicht damit vom engen Eigentumsbegriff des BGB ab, da hiernach Eigentum auch an Wirtschaftsgütern – und nicht nur an Sachen – denkbar ist. Sie ist daher aus Sicht des BGB unjuristisch.[18]

Den Begriff des Wirtschaftsgutes definiert die AO nicht. Rechtsprechung und Literatur fassen ihn weit und unterstellen ihm nicht nur Gegenstände, sondern neben Tieren auch Rechte, tatsächliche Zustände und insbesondere Anteile an Gesellschaften.[19]

Der BFH stellt den Nießbraucher bereits zivilrechtlich einem Gesellschafter mit der Folge einer Zurechnung gem. § 39 Abs. 1 AO gleich, wenn der Nießbrauch die gesamte Beteiligung umfasst und ihm eine Position vermittelt, die ihm (z. B. durch die ihm eingeräumte Stimmrechtsvollmachten) entscheidenden Einfluss auf die Geschicke der Gesellschaft verschafft.[20]

---

[16] Vgl. Schmiezek in: Beermann/Gosch, Kommentar zu AO, Stand Dezember 2012, § 39 Rn. 2.

[17] Vgl. Drüen in: Tipke/Kruse, Kommentar zur AO, Stand Juni 2012, § 39 Rn. 12.

[18] Vgl. Drüen in: Tipke/Kruse, Kommentar zur AO, Stand Juni 2012, § 39 Rn. 4 mit Verweis auf Olzen, Die Bedeutung des „wirtschaftlichen Eigentums" für die privatrechtliche Störerhaftung, 1975, S. 174.

[19] Vgl. Drüen in: Tipke/Kruse, Kommentar zur AO, Stand Juni 2012, § 39 Rn. 17 m. w. N.; Schmiezek in: Beermann/Gosch, Kommentar zur AO, Stand Dezember 2012, § 39 Rn. 4.1.

[20] BFH, Urteil vom 24. 1. 2012, IX R 51/10, ZEV 2012, S. 284, 285.

Der Nießbraucher erhält zwar ein dingliches Nutzungsrecht an dem GmbH-Anteil; er erwirbt aber nicht die Gesellschafterstellung.[21] Das primäre Recht des Eigentümers stellt gem. § 903 Satz 1 BGB die Befugnis dar, mit der Sache nach seinem Belieben zu verfahren und jeden anderen von der Einwirkung auszuschließen. Der Nießbraucher besitzt eben dieses, dem Eigentum immanente Recht gerade nicht. Ihm fehlt die Verfügungsmacht über die Anteile dahingehend, sie zu belasten, inhaltlich zu ändern, zu veräußern oder aufzugeben. Einen Dispositionsnießbrauch gibt es nicht.[22] Dieses Recht steht exklusiv dem Inhaber des Vollrechts zu. Inhalt des Nutzungsrechts an Gesellschaftsanteilen sind dagegen gem. §§ 1030 Abs. 1, 1068 BGB die Früchte der Mitgliedschaft gem. § 100 BGB.

Der BFH begründet die quasi-Gesellschafterstellung des Vaters aufgrund seines Nießbrauchsrechts verbunden mit der unwiderruflichen Stimmrechtsvollmacht lediglich mit dem Verweis auf einen Beschluss des BGH vom 5. 4. 2011.[23] Eine solche Rechtsprechung existiert jedoch nicht. Der BGH hat sich in der genannten Entscheidung ausschließlich auf die zwischenzeitlich aufgehobene Vorschrift das § 32a GmbHG a. F. über das Eigenkapitalersatzrecht bezogen. Der II. Senat stellt den Nießbraucher ausdrücklich nur im Rahmen des Eigenkapitalersatzrechts einem Gesellschafter gleich, wenn ihm neben dem Gewinn der Gesellschaft in atypischer Weise weitreichende Befugnisse zur Einflussnahme auf die Geschäftsführung und die Gestaltung der Gesellschaft eingeräumt sind.[24]

5. Zurechnung der Gesellschaftsanteile gem. § 39 Abs. 2 Nr. 1 AO

Der BFH rechnet dem Vater die Gesellschaftsanteile gem. § 39 Abs. 2 Nr. 1 AO aufgrund eines Erst-Recht-Schlusses zu: Wenn ein Nießbraucher bereits zivilrechtlich unter den genannten Voraussetzungen einem Gesellschafter gleichzustellen sei, seien sie ihm erst recht gem. § 39 Abs. 2 Nr. 1 AO zuzurechnen. Der BFH bejaht die wirtschaftliche Zurechnung allerdings nicht abschließend, da der Übergang des wirtschaftlichen Eigentums nach dem Gesamtbild der tatsächlichen Verhältnisse im jeweiligen Einzelfall zu beurteilen seien und nicht lediglich das formal Erklärte oder formal-rechtlich Verein-

---

[21] Vgl. Urteil des BGH vom 9. 11. 1998 - II ZR 213/97, NJW 1999, S. 571.

[22] Vgl. Daragan, Anm. zum Urteil des BFH vom 24. 1. 2012, IX R 51/10, BStBl. 2012 II, S. 380 = ZEV 2012, S. 284, 287.

[23] Vgl. BGH, Beschluss vom 5. 4. 2011 – II ZR 173/10 = NJW RR 2011, 1061 f.

[24] Vgl. BGH, Beschluss vom 5. 4. 2011 – II ZR 173/10 = NJW RR 2011, 1061 f.

barte, sondern das wirtschaftlich Gewollte und das tatsächlich Bewirkte ausschlaggebend sei.[25]

Das kurze und knappe Postulat des Gerichts zieht die Gretchenfrage nach sich, ob der Vater aufgrund des ihm eingeräumten Nießbrauches verbunden mit der unwiderruflichen Stimmrechtsvollmacht wirtschaftliches Eigentum an den Gesellschaftsanteilen erlangt hat. Dies scheitert indes an der fehlenden Herrschaftsmacht des Vaters, den Sohn von der Einwirkung auf die Gesellschaftsanteile auszuschließen; § 39 Abs. 2 Nr. 1 AO knüpft dies jedoch als wesentliche Voraussetzung an die Zurechnung des Wirtschaftsgutes an den Nichtberechtigten.

Die genannte Vorschrift enthält von der Regelzuordnung eine Ausnahme, indem sie zum Zwecke der Besteuerung[26] demjenigen das Wirtschaftsgut zurechnet, der die tatsächliche Sachherrschaft über ein Wirtschaftsgut in der Weise ausübt, dass er den Eigentümer im Regelfall für die gewöhnliche Nutzungsdauer von der Einwirkung auf das Wirtschaftsgut ausschließen kann.

Das ist dann der Fall, wenn dem nach Maßgabe des Zivilrechts Berechtigten kein oder nur ein tatsächlich wertloser Herausgabeanspruch zusteht. Das Paradebeispiel des Diebstahls verdeutlicht anschaulich das Auseinanderfallen von zivilrechtlichem und wirtschaftlichem Eigentum: Der Dieb erwirbt kein Eigentum an der von ihm gestohlenen Sache, und zwar weil er sich mit dem Eigentümer der Sache nicht gem. § 929 BGB über den Eigentumsübergang geeinigt haben dürfte.[27] Steuerrechtlich „muss" er sich das gestohlene Gut allerdings zurechnen lassen.

Die Etikettierung „wirtschaftliches Eigentum" verleitet indessen zu der irrigen Annahme, im Steuerrecht existiere einen selbständiger Eigentumsbegriff. Dieser deckt sich jedoch mit dem des Zivilrechts; es existiert keine weiteres Rechtsinstitut in Gestalt eines steuerrechtlichen Eigentums.[28]

Der BFH knüpft den Übergang des wirtschaftlichen Eigentums an einem Kapitalgesellschaftsanteil auf den Erwerber gem. § 39 Abs. 2 Nr. 1 AO an drei Voraussetzungen:

---

[25] Vgl. BFH vom 24. 1. 2012, IX R 51/10, BStBl. 2012 II, S. 380 mit Verweis auf den Beschluss des BGH vom 4. 11. 2011 – II ZR 173/10.

[26] Vgl. Schmieszek in: Beetmann/Gosch, § 39 Rn. 9.

[27] Vgl. Seßinghaus in: Eisele/Seßinghaus/Sikorski, Steuer Kompendium Band 2, 9 Auflage, Fünfter Teil Rn. 45.

[28] Vgl. BR-Drucks 23/71, S. 113; Drüen in: Tipke/Kruse, Kommentar zur AO, Stand Juni 2012, § 39 Rn. 21.

IV. Zivilrechtliches Eigentum contra wirtschaftliche Betrachtungsweise

1) Der Käufer des Anteils hat aufgrund eines (bürgerlich-rechtlichen) Rechtsgeschäftes bereits eine rechtlich geschützte, auf den Erwerb des Rechts gerichtete Position erworben, die ihm gegen seinen Willen nicht mehr entzogen werden kann, und

2) die mit dem Anteil verbundenen wesentlichen (Verwaltungs- und Vermögens-) Rechte (insbesondere Gewinnbezugsrecht und Stimmrecht) sowie

3) Risiko und Chance von Wertveränderungen sind auf ihn übergegangen.[29]

5.1 Kläger als „ein anderer als der Eigentümer" im Sinne des § 39 Abs. 2 Nr. 1 AO

Der Ansatz des BFH dahingehend, das FG hätte prüfen müssen, ob dem Kläger die Anteile im Jahre 2004 auch wirtschaftlich gem. § 39 Abs. 2 Nr. 1 AO zuzurechnen sind, erscheint indes aus dogmatischer Sicht zumindest unglücklich formuliert. Die Vorschrift findet nämlich auf den Kläger überhaupt keine Anwendung, da er berechtigter Inhaber der Gesellschaftsanteile ist. § 39 Abs. 2 Nr. 1 AO verlangt allerdings, dass ein Nichtberechtigter im Sinne des Zivilrechts die dauerhafte Herrschaftsmacht über das Wirtschaftsgut innehält.[30] Das folgt bereits aus dem eindeutigen Wortlaut, welcher verlangt, dass „ein anderer als der Eigentümer" die tatsächliche Herrschaft über ein Wirtschaftsgut in der dort genannten Weise ausübt. § 39 Abs. 2 Nr. 1 AO regelt die Ausnahmefälle, in denen privatrechtliches und „wirtschaftliches" Eigentum auseinanderfallen, und zwar dann, wenn jemand den zivilrechtlich Berechtigten dauerhaft von der Einwirkung auf das Wirtschaftsgut ausschließt. § 39 Abs. 2 Nr. 1 AO findet deshalb allein auf den Vater des Klägers Anwendung, da nur er ein anderer als der zivilrechtlich Berechtigte ist. Ihm allein könnten die Anteile nach der Ausnahmeregelung zuzurechnen sein.

5.2 Vater als wirtschaftlicher Eigentümer

Dies befürwortet der BFH mit dem bereits erwähnten Erst-Recht-Schluss: Der Nießbraucher sei einem Gesellschafter unter den genannten Voraussetzungen zivilrechtlich gleichzustellen. Erst Recht sei dem Nießbraucher daher der Gesellschaftsanteil steuerrechtlich gem. § 39 Abs. 2 Nr. 1 AO zuzurechnen, wenn dieser alle mit der Beteiligung

---

[29] St. Rspr. des BFH, Urteil des BFH vom 26. 1. 2011 - IX R 7/09, BStBl 2011, 540 m. w. N.; Urteil des BFH vom 24. 1. 2012 - IX R 51/10, BStBl II 2012, S. 308.

[30] Vgl. Mayer, Übergang des wirtschaftlichen Eigentums an Kapitalgesellschaftsanteilen – Kritische Anmerkungen zum BFH Urteil vom 9. 10. 2008 (IX R 73/06); Drüen in: Tipke/Kruse, § 39 Rn. 21a.

verbundenen wesentlichen Rechte ausüben und im Konfliktfall effektiv durchsetzen könne.

Eine steuerrechtliche Zurechnung nach dieser Ausnahmeregelung scheitert daran, dass der Nießbraucher aufgrund seines beschränkt dinglichen Rechts nicht die Herrschaftsmacht besitzt, den Inhaber des Gesellschaftsanteiles von der Einwirkung auf die Anteile auszuschließen. Auch die unwiderrufliche Bevollmächtigung des Vaters zur Ausübung des Stimmrechtes verbunden mit dem Verzicht des Klägers auf sein Stimmrecht begründet keinen von § 39 Abs. 2 Nr. 1 AO geforderten Ausschluss auf die Einwirkung auf die Gesellschaftsanteile. Der Kläger ist Inhaber aller Verwaltungsrechte einschließlich des Stimmrechtes geblieben. Die weitreichende und verdrängende Stimmrechtsvollmacht des Vaters ist nämlich unwirksam.[31]

Den Ausgangspunkt dieser Feststellung bildet die – von der unwiderruflichen Stimmrechtsvollmacht zu unterscheidende – vollständige Übertragung des Stimmrechts, welche unwirksam ist.[32] Der GmbH-Gesellschafter kann sein Stimmrecht ebenso wenig wie die übrigen Verwaltungsrechte von seinem Gesellschaftsanteil losgelöst und selbständig übertragen. Mitgliedschaft und Mitgliedschaftsrechte sind vielmehr untrennbar miteinander verbunden.[33] Das beschränkt dingliche Nutzungsrecht verschafft dem Nießbraucher gem. §§ 1068, 1030 Abs. 1 BGB das Recht, die Nutzungen des Anteils zu ziehen. Die Vorschriften über das Nießbrauchsrecht an Rechten sehen dagegen keine Teilhabe an den Herrschafts- bzw. Verwaltungsrechten des Rechtsinhabers vor.

Die Übertragung des Stimmrechts auf den Nießbraucher läuft schützenswerten Interessen von Gesellschaftern und unter Umständen auch von Gläubigern der Gesellschaft zuwider. Sie birgt die Gefahr in sich, dass bei den Entscheidungen der Gesellschaftsversammlung zum Nachteil der GmbH ein ertragsorientiertes oder von Gleichgültigkeit beherrschtes Interesse den Ausschlag gibt.[34] Dies gilt auch vor dem Hintergrund, als der Nießbraucher nicht für Gesellschaftsschulden der GmbH einstehen muss. Der Gesellschafter haftet zwar gem. § 13 Abs. 2 GmbH grundsätzlich ebenfalls

---

[31] Vgl. OLG Koblenz, Urteil vom 16. 1. 1992 – 6 U 963/92, MittBayNot 1992, S. 284, 286 m. w. N.; Fleischer, Aktuelle Entwicklungen zum Stimmrecht des Nießbrauchers am Anteil einer Personengesellschaft im Zivil-, Ertrag- und Erbschaftssteuerrecht, ZEV 2012, S. 466, 468 m. w. N.

[32] Vgl. OLG Koblenz, Urteil vom 16. 1. 1992 – 6 U 963/92, MittBayNot 1992, S. 284, 286 m. w. N.; Fleischer, Aktuelle Entwicklungen zum Stimmrecht des Nießbrauchers am Anteil einer Personengesellschaft im Zivil-, Ertrag- und Erbschaftssteuerrecht, ZEV 2012, S. 466, 468 m. w. N.

[33] Vgl. BGH, Urteil vom 17. 11. 1986 - II ZR 96/86, NJW 1987, S. 780 f.; OLG Koblenz, Urteil vom 16. 1. 1992 – 6 U 963/92, MittBayNot 1992, S. 284, 286 m. w. N.

[34] Vgl. OLG Koblenz, Urteil vom 16. 1. 1992 – 6 U 963/92, MittBayNot 1992, S. 284, 286.

nicht mit seinem Privatvermögen für die Verbindlichkeiten der Gesellschaft. In Ausnahmefällen kommt allerdings auch bei GmbH-Gesellschaftern eine Durchgriffshaftung in Betracht, bei der das Haftungsprivileg des § 13 Abs. 2 GmbHG entfällt.[35]

Die unwiderrufliche Stimmrechtsvollmacht ist ebenfalls unwirksam. Sie beinhaltet einen Verzicht des Gesellschafters auf sein Stimmrecht zugunsten des Nießbrauchers und kommt der Übertragung des Stimmrechts an diesen gleich.[36]

Die Möglichkeit des Vaters, alle mit der Beteiligung verbundenen wesentlichen Rechte im Konfliktfall effektiv durchzusetzen, nicht besteht, kann er den Kläger nicht von seiner Einwirkung auf die Gesellschaftsanteile ausschließen.

V. Ausblick

Der BFH beabsichtigt mit seiner Konstruktion zu verhindern, dass die Ablösesumme in Höhe von 1.679.800 €, die der Vater erhält und die wirtschaftlich bei ihm einen Veräußerungserlös darstellt, durch die gewählte Gestaltung der Besteuerung entzogen wird. Das Gericht verweist die Sache an das FG zurück, und zwar mit dem Hinweis, das FG möge prüfen, ob die Anteile dem Kläger auch gem. § 39 Abs. 2 Nr. 1 AO zuzurechnen seien oder ob der Vater wirtschaftlicher Eigentümer der Anteile geblieben sei. Dann nämlich hätte der Kläger die Anteile im Jahre 2006 durch ein entgeltliches Rechtsgeschäft im Sinne des § 17 Abs. 1 EStG erworben und der Vater hätte einen Veräußerungsgewinn im Sinne dieser Vorschrift erzielt.[37]

Die Besteuerungsfolgen des Urteils sind im Ergebnis sicherlich richtig, da das aktuelle Einkommensteuerrecht insoweit ein Einfallstor für Umgehungsgeschäfte darstellt. Es ermöglicht die Realisierung eines Gewinns, welcher dem staatlichen Steueranspruch nicht unterfällt. Das Ergebnis lässt sich allerdings – wie bereits dargelegt – mit der geltenden Gesetzeslage nicht begründen.

---

[35] Vgl. zur Durchgriffshaftung das Urteil des BGH vom 14. 11. 2005 - II ZR 178/03, NJW 2006, 1344 ff.

[36] Vgl. OLG Koblenz, Urteil vom 16. 1. 1992 – 6 U 963/92, MittBayNot 1992, S. 284, 286 m. w. N.; Fleischer, Aktuelle Entwicklungen zum Stimmrecht des Nießbrauchers am Anteil einer Personengesellschaft im Zivil-, Ertrag- und Erbschaftssteuerrecht, ZEV 2012, S. 466, 468 m. w. N.

[37] Vgl. Daragan, Anm. zum Urteil des BFH vom 24. 1. 2012, IX R 51/10, BStBl. 2012 II, S. 380 = ZEV 2012, S. 284, 286.

Des Pudels Kern liegt darin, dass die Zahlung der Abstandssumme an den Vater nicht dem § 17 EStG unterfällt somit also einen nicht steuerbaren und damit im Ergebnis steuerfreien Vorgang begründet.[38]

Die Übertragung einer wesentlichen Beteiligung im Sinne der genannten Vorschrift unter Vorbehalt eines Nießbrauches im Wege der vorweggenommenen Erbfolge als unentgeltliche Vermögensübertragung stellt nämlich keine Veräußerung im Sinne von § 17 Abs. 1 EStG dar. Eine Anteilsveräußerung liegt auch dann nicht vor, wenn das Nießbrauchsrecht später abgelöst wird und der Nießbraucher für seinen Verzicht eine Abstandszahlung erhält, sofern der Verzicht auf einer neuen Entwicklung der Verhältnisse beruht. § 173 Abs. 1 Nr. 1 AO bietet auch keine Rechtsgrundlage für die steuerrechtliche Berücksichtigung des gezahlten Ablösebetrages als Veräußerungspreis im Sinne des § 17 EStG. Ob ein rückwirkendes Ereignis im Sinne des § 175 Abs. 1 Satz 1 AO vorliegt, beurteilt sich in erster Linie nach materiellem Recht, mithin gem. § 17 EStG.[39]

Die Anteilsübertragung auf den Kläger im Jahre 2004 stellt für den Vater ein unentgeltliches Rechtsgeschäft dar. Damit fehlt es an einem wesentlichen Tatbestandsmerkmal, welches § 17 EStG an die Besteuerung knüpft. Bei der späteren Zahlung der Ablösesumme handelt es sich nicht um ein rückwirkendes Ereignis im Sinne des § 175 Abs. 1 Satz 1 AO. Das unentgeltliche Rechtsgeschäft behält vielmehr regelmäßig seinen ursprünglichen Charakter und verliert diesen nicht durch die Umqualifizierung (die spätere Zahlung).[40] Der BFH hat insoweit nämlich den Grundsatz aufgestellt, dass ein sachlicher Zusammenhang zwischen dem Übertragungsvorgang und der geleisteten Zahlung bestehen muss. Der Rechtsgrund für die später geleistete Zahlung muss bereits in dem abgeschlossenen Rechtsgeschäft angelegt sein.[41]

Letztere beruht auf dem Veräußerungsvorgang der Anteile an die KG im Jahre 2007. Die Leistung der Ablösesumme an den Vater hat dieses Rechtsgeschäft erst ermöglicht. Sie findet ihren Ursprung dagegen nicht in der schenkungsweisen Übertragung auf den Kläger im Jahre 2004. Insoweit fehlt es an einem „Gesamtplan".[42]

---

[38] Siehe nur Urteil des BFH vom 14. 6. 2005 – VIII R 14/04, BStBl II 2006, S. 15 = ZEV 2005, S. 537 ff., m. w. N. aus der Rechtsprechung.

[39] Vgl. Urteil des BFH vom 14. 6. 2005 – VIII R 14/04, BStBl II 2006, S. 15 = ZEV 2005, S. 537 m. w. N.

[40] Vgl. Fleischer, Anm. zum Urteil des BFH vom 14. 6. 2005 – VIII R 14/04, ZEV 2005, S. 537, 539.

[41] Vgl. Urteil des BFH vom 14. 6. 2005 – VIII R 14/04, BStBl II 2006, S. 15 = ZEV 2005, S. 537 f.

[42] Vgl. Fleischer, Anm. zum Urteil des BFH vom 14. 6. 2005 – VIII R 14/04, ZEV 2005, S. 537, 539.

V. Ausblick

Nach alledem ist der Gesetzgeber gefragt, die Steuerbarkeit von Ablösebeträgen als Gegenleistung für den Verzicht auf ein Nießbrauchsrecht an Gesellschaftsanteilen dem § 17 EStG zu unterwerfen und dadurch die bestehende Grauzone de lege ferenda zu beseitigen.